KB264934

주 역 원 론①

- 시간과 공간 -

김승호 지음

도서출판 선영사

머리말

오늘날에는 동양이나 한국보다도 오히려 미국이나 유럽 쪽에서 더욱 활발히 주역을 연구하고 있는 실정이다. 그들은 주역을 과학의 한 분과로서 정밀하고 합리적인 접근을 하고 있다.

동양, 특히 우리 나라에서는 주역을 단순히 점술서 정도로 인식하는데, 서구의 과학적 탐구는 우리 모두 본받아야 할 태도가 아닐 수 없다. 사실 주역은 최고의 진리를 담고 있는 아주 중요한 과학이다.

20세기 최대의 과학자인 아인슈타인은 평생을 주역 공부에 몰두하였으며, 임종 직전에도 주역 책을 읽었다고 한다. 그리고 그에 버금가는 과학자인 닐스 보어는 노벨상을 받는 영광스런 자리에 주역의 팔괘 마크가 새겨진 옷을 입고 등장했다.

이는 주역에 대한 존경심일 뿐만 아니라, 그들이 과학 분야에서 그토록 뛰어난 업적을 성취할 수 있었던 것도 실은 주역에 절대적으로 힘입었기 때문이다.

그럼 주역이란 도대체 어떠한 학문일까? 우리 나라에서는 흔히 점술서나 동양 철학서로 알려져 있으나 사실은 그렇지 않다.

서구인들은 이미 몇 백 년 전부터 주역의 심오한 이치에 관심을 보여 우리의 관점과는 많은 차이점이 있다. 그들에게 있어서 주역은 자연의 깊은 원리를 담고 있는 과학이었고, 우리에게는 점술서일 뿐이었다.

어째서 이러한 현상이 나타났을까? 주역은 자연의 최고 원리를 담고 있는 과학 중의 과학이다. 이러한 이치는 앞으로 인류의 과학이 천 년을 거듭 발달한다 해도 마찬가지일 것이다. 왜냐 하면 주역은 그만큼 심오한 자연의 원리를 담고 있기 때문이다.

그런데 왜 우리에게는 점술서나 미신 또는 단순히 동양 사상서로 여겨질까? 이에 대해서는 두 가지 이유를 들 수 있다. 첫째, 동양인은 서양인에 비해 다분히 비과학적이기 때문이다. 우리는 곧잘 신비 사상에 빠져드는 반면, 서양인은 모든 사물을 과학적 방식으로 바라본다.

그들은 무작정 신비를 부여하지 않는다. 과학적 가능성을 가늠한 뒤 신비는 그 다음이다. 그러나 우리 동양인은 과학을 귀찮게 여기거나 천박하게 여기는 경향이 있다. 즉, 신비를 숭배하는 경향이 있는 것이다.

주역에 대해서도 마찬가지이다. 주역이 그리 쉬운 책은 아닐지라

도 너무나 신비를 부여한 나머지 그 속에 담겨 있는 단순한 과학
적 진리조차도 보지 못하게 된 것이다. 여기에는 한문도 한몫을 했
다.

　주역이 우리에게 거의 미신이 되어가고 있는 두 번째 이유이기
도 한 한문은 논리를 설명하는 데 불편하기 그지없다. 오늘날 우리
가 초등학교에서 공부하는 산술의 단순한 원리도 한문을 사용한다
면 얼마나 전달하기 어려울까? 복잡한 수학은 차치하고 중학교 학
생 수준의 수학 정도만 되어도 한문으로는 풀이가 거의 불가능할
것이다.

　주역은 어떠한가? 그 속에 담긴 진리는 고도의 과학이고, 또한
수학적이어서, 한문의 논리로써는 접근이 너무나 어렵다. 주역이
우리 나라에 들어온 지는 수천 년이나 된다. 그러나 그 오랜 세월
동안 주역이 과학적으로 탐구된 적은 한 번도 없었다.

　그럴 수밖에 없었다. 주역이란 책이 한문으로 되어 있고, 그것을
해설한 책도 역시 한문으로 되어 있었기 때문이다. 게다가 그 동안
의 주역 책은 주역에 담겨 있는 자연과학적 진리는 전혀 상관하지
않고, 오로지 문자풀이만 거듭하였던 것이다.

　이래서는 주역이 무엇인지 결코 알 수가 없다. 주역에는 우주 탄
생의 원리와 생명의 비밀이 있고, 자연의 법칙과 사회의 법칙이 포

함되어 있다. 또한 주역은 과학적 구성과 고도의 수학적 구조를 가지고 있다. 머지않아 우리는 미국에서 들여온 책을 번역해서 주역을 공부해야 할 실정이지만, 지금부터라도 주역에 대해 과학적 접근을 시도해 볼 때이다.

이 책도 그러한 일환으로 만들어졌다. 필자는 지난 30년간 주역을 연구하면서 주역에 담겨 있는 진리를 현대인에게도 쉽게 전달할 수 있는 방법을 모색해 왔다.

원래 진리란 고금이 따로 없고 동서가 따로 없다. 다만 그것을 설명하는 방식에 차이가 있을 뿐이다. 그런데 오늘날 우리는 서구의 합리주의에 입각해서 공부를 해 왔기 때문에 이해의 방식도 자연스럽게 그와 같이 되어 있는 것이다.

그러한 우리가 한문 문장풀이로 되어 있는 주역 책에서 무엇을 얻을 수 있을 것인가! 모처럼 가지고 있는 합리주의 정신이 손상을 입을 뿐이다. 필자는 어려서 현대 과학을 공부했고 수학도 공부했다. 후에는 주역도 공부했지만, 주역 책이 과학이나 수학을 전혀 사용하지 않은 것에 적이 놀랐다.

주역의 내용은 체계적이고 과학적이어서 그것을 설명하는 데 체계적인 과학이 전혀 사용되지 않는다면 주역을 올바로 설명하고 있다고 봐야 하겠는가! 이 책의 본문을 자세히 읽어 보면 차차 주역의 과학적 구조를 이해하겠지만, 주역에는 우주의 모든 것이 포함되어 있다.

필자는 주역의 진리를 탐구하는 한편, 현대의 학문과 접속시키기 위해 30여 년 동안 많은 노력을 기울여 왔다. 긴긴 세월 동안 필자는 주역과 문명, 주역과 과학, 혹은 주역과 수학, 또는 화학이나 생물학 등을 대비하여 연구했다.

그 결과 오늘날 이렇게 주역 연구서를 내놓게 된 것이다. 필자는 오래 전부터 현대적으로 주역을 강의해 왔는데, 그것을 간추려서 책으로 내놓게 된 것이다.

이 책은 특히 주역이 무엇인지를 소개하고, 주역에 담겨 있는 과학적 구조와 심오한 원리를 설명했다. 이 책으로 주역이 무엇인지 분명히 밝혀질 것이며, 초보자든 전문가든 여기서 논하는 합리적 방식에 따라 주역의 기초가 굳건해질 것이다. 이 책은 기본적으로 강의록을 수록한 것인데, 곳곳에 많은 설명을 덧붙여 주역의 개념도 확고히 하였다.

독자는 이 책을 그저 신문 읽는 것처럼 쉽게 읽어 가면 그만이다. 그것만으로도 충분히 주역의 심오한 이치를 깨달을 수 있다. 그리고 앞으로 이 책에 이어 같은 형식으로 다음 단계의 책을 또 내놓을 생각이지만, 이 책은 자체적으로 완결된 구조를 갖고 있다.

따라서 이 책만으로도 주역을 이해할 수 있고, 앞으로 얼마든지 혼자 주역을 공부해 나갈 수 있을 것이다. 요컨대 주역의 과학적 탐구가 관건이다.

이 책은 미신이 아닌 과학적 진리를 탐구하는 사람을 위해 씌어졌다. 전체를 통해 한문으로 된 문장은 하나도 없다. 다만 정밀한 논리를 통해 주역의 실체에 접근해 갈 수 있도록 구성하였다.

당초 현대인들이 쉽게 주역을 알 수 있도록 과학적인 해설 방식으로 여러 권을 계획했었다. 이 책은 그 중에서 첫번째 것이지만, 사실 순서가 그리 중요한 것은 아니다. 무엇을 먼저 읽어도 상관없다는 뜻이다.

원래 주역의 이치는 둥글어서 어디가 처음이고 어디가 끝이란 법은 없다. 단지 이 책은 주역의 기초 또는 기본이라고 생각하면 된다. 물론 주역의 끝이라고 해도 좋다. 문제는 주역의 모든 것을 깨닫기 위해서는 하나라도 분명하게 알아야 한다는 것이다.

주역의 원리는 하나에서 하나가 발생해서 끊임없이 이어지기 때문에, 하나를 알면 어느 새 전부를 알게 된다. 그래서 문제가 있으면 확실히 알아야지 적당히 얼버무려서는 안 된다. 자연의 모든 이치가 그렇지만 주역은 99점이 없다. 알면 100점이고 모르면 0점이다. 정확히 알아야 한다는 뜻이다.

특히 과학적 방식에 의한 이해가 습관적이어야 한다. 원래 이해란 등급이 있게 마련인데, 예를 들어 화가가 건축물을 보듯 이해해서는 건축물을 이해했다고 볼 수 없을 것이다. 사물에 대한 이해, 또는 깨달음이란, 과학적이고 수학적인 바탕을 갖춘 연후에 국어학적 또는 감상적 이해를 추가해야만 하는 것이다.

주역은 더더구나 그렇다. 주역이란 그것을 통해 만물의 뜻을 규명하는 것이므로 주역 그 자체는 철두철미하게 과학적이고도 수학적이어야 한다. 결코 문학적이어서는 안 된다. 주역은 예술도 아니고 문학도 아니다. 자연의 법칙, 원리를 설명하는 과학인 것이다.

그렇기 때문에 단순히 문장 해석의 수준에서 주역을 공부해서는 안 된다. 어디까지나 주역의 본질을 이해해야 하는 것이다. 그것은 한마디로 괘상을 뜻하지만, 이는 문자로 설명하기 전에 그 자체로 이미 모든 표현을 내포하고 있다.

우리는 괘상의 뜻을 깨달아야 한다. 이는 언어를 초월해서 존재하는바, 오로지 정밀하고 진지한 과학적 방식에 의해서 이해될 수 있다. 과학적 방식 한 가지를 예로 들어 보자.

물질이란 무엇인가? 이러한 질문은 사람에 따라 답이 각각일 것이다. 철학자는 장광설을 늘어놓을 것이고, 종교인은 신의 논리를 전개할 것이다. 예술인은 자기의 감상을 논할 것이고, 시인은 좋은 언어로 묘사할 것이다.

그렇다면 물질이란 과연 무엇일까? 이것에 대한 과학적 답은 무엇일까? 그것은 아주 간단하다. 과학에서 물질이란 '공간을 차지하고 있는 것'이다. 기가 막히다. 이렇게 간단히 물질의 정의를 내리다니!

과학은 이렇게 성립된다. 이제 물질의 정의가 내려진 이상 그것을 탐구하면 된다. 공간을 차지하고 있는 것, 바로 이것이다. 사랑이란 말 또는 개념은 공간을 차지하고 있지 않다. 그래서 과학자들이 사랑이란 것을 연구하지는 않는다.

물론 정신 과학은 또 다른 종류의 과학이다. 이것은 마음 속의 일을 연구하는 학문으로 정신 과학자인 '융'은 주역을 결사적으로 연구한 바 있다. 주역은 물질 세계는 물론 정신 세계의 법칙까지도 망라하고 있는 것이다.

다소 서문이 길어진 것 같다. 하지만 독자들은 이 서문을 읽으면서 이미 주역 공부를 시작한 것이다. 앞으로 전개되는 주역의 논리는 과학적으로 이루어져 있다는 것을 다시 한 번 밝히는 바이다.

끝으로 이 책을 출간해 준 선영사는 주역에 관해서 현대적인 해설서를 출간할 계획이다. 그것은 시리즈 형태로 주역의 모든 것을 망라하는 현대적인 학술서가 될 것이다.

　오늘날 우리 나라의 현실에서 이러한 류의 책을 내놓을 수 있게
된 것에 대해 긍지를 느낀다. 보람있는 계획을 세워 준 선영사 김
영길 사장님께 진심으로 감사 드린다. 이 책을 주역의 세계에 도전
하는 학인들에게 바친다.

차 례 1

차 례 **2**

차　례 **3**

차   례 4

玉虛眞經 (1)

猶未出謂之天眞 廻之謂道德也 心輒向內自起 能爲眞人也
愚者求之於外 可是人人具之 但勿用之 故而遠之

아직 나서지 않는 것을 천진(天眞)이라 하고 되돌아가는
것을 도덕(道德)이라 한다. 항상 마음을 안으로 향해 스스
로 자신을 일으킨다면 곧 진인(眞人)이 될 수 있는 것이다.
어리석은 사람은 구태여 밖에서 구하려 하지만, 누구나 다
이미 갖추어져 있는 것이다. 단지 그것을 쓰지 않는 까닭
에 날로 멀어져 간다.

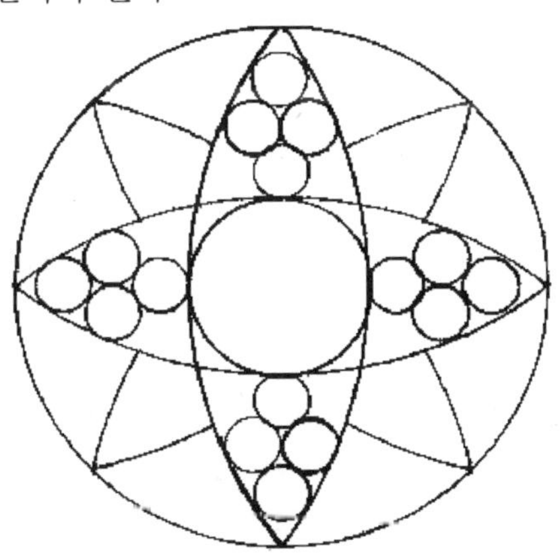

강의를 시작하기 전에

강의를 시작하기 전에 몇 가지 부연을 하고 싶다. 필자는 지난 30년간 주역을 연구해 오면서 이것을 오늘날의 문명과 결부시켜, 보다 알기 쉽게 해석하고자 했다. 원래 진리란 동서 고금이 따로 있는 것이 아니다. 다만 표현 방식에 차이가 있을 뿐이다.

주역도 마찬가지이다. 주역에 담긴 자연의 진리는 영구 불변한 것일진대, 그 형식이 태고적에 이루어져서 오늘날의 식견으로는 쉽게 이해되어지는 것이 아니다. 하지만 방법만 달리한다면 주역은 얼마든지 이해할 수 있다.

필자는 여기에 주안점을 두었다. 주역의 이해! 이것은 당연히 우리 인간의 인식 능력 안에 있는 것이지만, 그 동안은 방법에 문제가 있었던 것이다. 그것은 두말 할 것도 없이 논리를 결여한 막연한 문자 풀이였다. 현대에 와서는 누구나 서구 문명의 합리적 사고 방식으로 교육받으며 성장해 왔기 때문에 동양 전래의 주역이 오히려 생소한 것이 되어 버렸다.

그럴 수밖에 없다. 주역이란 고대의 언어, 즉 한문으로 해설되어 있기 때문에 쉽게 이해할 수가 없는 것이다. 사실 주역을 설명한 한문 그 자체도 올바르게 정의되어 있지 않은 실정이다. 진리를 설명함에 있어 모호한 언어로서 설명한다면 어찌 내용을 밝힐 수 있겠는가!

오늘날 간단한 산수조차도 한문을 사용한다면 이해시키기 어려울 것이다. 하물며 고도의 논리를 포함하고 있는 주역을 어떻게 한문으로 풀어 낼 수 있을까?

문제는 여기에 있다. 주역의 이치는 아주 과학적으로 구성되어 있음에도 불구하고 그것을 설명하는 문자가 비과학·비효율적이어서 올바른 내용에 접할 수 없게 된 것이다.

그런 이유로 해서 필자는 주역이 갖고 있는 본질을 파악함에 있어 아주 효율적이고 과학적인 방법을 사용하고자 한 것이다. 실은 그렇게 해야만 주역을 이해할 수 있다.

주역에는 확실히 정의된 기호, 즉 음과 양이 있고, 이것이 중첩된 분명한 구조가 있다. 이것이 바로 주역의 내용이다. 이제 그것을 올바로 해석하는 일만 남았다. 그 방법은 당연히 합리적이고 단순해야 한다. 난해하고 모호한 문자를 사용한다면 주역을 이해하기는커녕 오히려 거짓된 관념에 도달할 것이다. 애써 거짓에 도달할 필요가 있겠는가!

오늘날 서구에서는 많은 과학자가 주역을 연구하고 있다. 이미 상당한 연구가 이루어져 있거니와, 그것은 오직 합리적이고 단순한 논리로서만 가능했던 것이다. 나중에 밝혀지겠지만, 주역의 이치는 오늘날 과학의 근저에 자리잡고 있는 최고의 진리, 바로 그것이다. 필자는 이것을 밝히고자 이 글을 쓰고 있는 것이다.

기실 20세기 최대의 과학자라고 하는 아인슈타인이나 양자역학의 창시자인 닐스 보어 같은 사람의 업적은 모두 주역의 이치에서 나온 것이다. 그들은 평생을 주역 공부에 몰두했거니와, 물리학자인 닐스 보어는 아예 노벨상을 받는 자리에 주역의 괘상이 그려진 옷을 입고 나타났던 것이다. 그리고 그 옷도 노벨상 위원회측이 닐스 보어의 요구에 따라 만들어 주었던 것이다.

닐스 보어는 어째서 이토록 엉뚱한 짓을 했을까? 그것은 무엇보다도 자신에게 노벨상의 명예를 안겨 준 소이(所以)가 주역에 있었기 때문이다. 닐스 보어의 상보성 원리는 곧 음양의 원리였던 것이다. 아인슈타인의 상대성 원리도 마찬가지이다.

그 외에 물리학자 하이젠베르크의 불확정성 원리는 곧 태극의 원리인 것이다. 다른 분야의 과학자로는 정신분석학자인 구스타프 융이 있다. 융은 꿈을 10만 가지나 분석하면서 그것에 존재하는 원형(原型)이라는 개념을 확립했다. 원형은 바로 그대로 주역의 괘상인 것이다.

주역을 연구했던 과학자들 중에는 중세기 사람도 있는데, 수학자인 라이프니츠는 카톨릭 신부를 통해 주역에 접했다. 그는 2진법이란 것을 확립하고 그것으로 중국을 교화하려 했으나, 중국에는 이미 수천 년 전에 2진법 체계가 있었다. 2진법은 오늘날 컴퓨터 논리의 절대적인 수단이지만, 주역의 논리가 바로 그렇게 되어 있는 것이다.

주역의 이치는 실로 광대하다. 오늘날 저 유명한 스티븐 호킹 박사의 이론도 그 내용은 주역의 이치를 벗어나지 못한다. 생물의 세계에 있어 생명 그 자체가 무엇인가를 밝히는 데는 주역의 천(天)의 원리가 있다. 이렇듯 주역의 이치는 모든 분야에 근간을 이루고 있는 것이다.

일찍이 공자는 주역의 이치를 다 배워 자신의 수업을 완성하려 했던 것이고, 제갈공명도 주역의 이치를 통하여 그 신출귀몰한 병법을 구사할 수 있었다. 필자는 30년 전 젊은 나이에 주역의 탐구에 평생을 바칠 것을 결심했었다.

주역의 세계는 깊고도 넓다. 이를 통해 우주 자연의 모든 비밀은 모습을 드러내게 되는 것이다. 그뿐이 아니다. 사회의 모든 원리도 근본적으로 주역에서 나오는 것이다. 주역은 바로 이러한 것이다.

단지 그 구성이 난해하게 되어 있어 현대인이 쉽게 접근할 수 없는데, 여기에도 길이 있다. 바로 주역의 현대적 이해이다. 현대적이라고 해서 주역이 갖고 있는 본질이 달라지는 것은 아니다. 오히려 주역의 세계를 극명하게 드러내는 것이다.

예전에는 주역이 너무나 어려워서 선비가 세상의 많은 이치를 공부한 후에 마지막으로 도전하는 영역이었다. 그리고 주역을 터득하면 세상의 모든 이치에 통달하게 되는 것이있다. 디만 옛 선비들이 주역을 공부하는 방식은 고작해야 선현들이 풀어 놓은 문장이나 풀어 보는 것뿐이었다. 이래서는 진정 주역의 깊은 이치에 접근할 수 없다.

단순한 예를 들어 보자.

주역의 원전에 보면 양을 9로 표시하고 음을 6으로 표시하고 있다. 이유인즉, 양의 괘상 숫자는 7과 9이고, 음의 그것은 6과 8인바, 그 중에서 대표적 숫자를 택한 것이다.

이 내용은 8괘에서 나오는데, 8괘는 각각 숫자로 표시할 수 있다. ☰은 9, ☷은 6, ☶·☵·☳은 7, ☴·☲·☱은 8이다. 이것을 또 분석하면 —은 3, --은 2라는 결과가 나온다.

—은 양인바 천(天)이고, --은 음인바 지(地)이다. 주역에서는 천을 3이라 하고, 지를 2로 하여 위와 같은 결과를 만들어 낸 것이다.

다시 문제를 진행해 보자. 천은 왜 3이고, 지는 왜 2인가?

이는 아주 근본적인 문제이다. 그저 옛 어른들이 천3 지2라고 했으니까 따르면 그만이라고 할지 모르겠으나 학문은 그렇지 않다. 어디까지나 이유를 알아야 한다. 주역은 더욱 그렇다. 만물의 뜻을 규명하는 것이 주역인데, 그 자체가 애매 모호하다면 그것으로 어떻게 만물을 해석할 수 있겠는가?

천3 지2의 이유를 살펴보자. 먼저 옛사람에 의하면, 모가 난 사각형은 그 둘레가 지름의 2배이기 때문에 지를 2로 했고, 둥근 원은 그 둘레가 지름의 3배이기 때문에 3으로 했다는 것이다. 그런데 원의 둘레는 지름의 3배가 아니다.

옛사람의 설명은 대충 3배라는 것인데, 대충이란 것으로 논리를 풀어서는 안 된다. 그렇다면 천3이라는 숫자는 대체 어디서 나온 것일까?

이것은 주역에서 가장 근본적인 숫자이기 때문에 그냥 넘어갈 수는 없다. 다만 성인이 말했기 때문에 그만한 이유가 있으려니와 그렇다고 해서 이유를 모르고 지나가면 처음부터 논리를 외면하는 것이 된다.

성인이 말했기 때문에 믿는 것은 좋지만 이유만은 반드시 알고 가야 하지 않겠는가! 옛사람은 막연히 천은 둥글고, 둥근 것은 그 둘레가 지름의 3배(대충 3배)이기 때문에 천을 3이라고 말한다. 그래 놓고는 이것을 토대로 6이니 9이니 하는 숫자를 설명하고 있다.

이래서는 결코 학문일 수가 없다. 천이 3이고 지가 2인 이유를 반드시 찾아야 한다. 옛사람은 누구도 이유를 밝히지 못했다

그리고 또한 주역을 공부하는 그 누구도 이런 문제를 더 이상 생각하지 않았다. 이것이 그 동안 주역의 공부 방식이었다.

서양의 학문을 생각해 보자. 그들은 만유 인력을 발견하는가 하면 전자의 원리를 발견하기도 했다. 그 결과 오늘날의 문명을 이룩할 수 있었다. 과학에는 한 치도 어긋남이 있을 수 없다. 만일 누가 거짓된 주의 주장을 가지고 TV를 만들었다고 하자. 그렇다면 화면이 제대로 나오겠는가?

진리란 대충 넘어갈 수는 없다. 철저히 규명해야 하는 것이다. 주역노 마친가지이다. 어디까지나 객관적 진리를 토대로 그 논리가 이루어져야 한다. 주역이란 원래 완벽한 구조노 이루어졌거니와 그것을 풀어나가는 데 있어서도 정밀한 논리가 필수적이다.

오늘날에 와서 주역이 과학으로 인정받지 못한 이유는 그 동안 논리적인 주역 해석이 이루어지지 않았기 때문이리라!

주역은 결코 문학도 신념도 아니다. 진리인 것이다. 그렇기 때문에 그 논리는 올바로 이루어져야 한다.

사실 주역에는 오늘날의 문명조차도 초월하는 심오한 원리가 존재한다. 그런데 이것을 모르는 사람들이 막연히 신비주의에 사로잡혀 사변적인 데만 치우쳤기 때문에 주역의 진리는 길이 막혀 버린 것이다.

주역은 예술이 아니다. 어디까지나 치밀하고 정연한 논리로 구축되어 있다. 사람이 그것을 모를 뿐이다. 오늘날 수많은 과학자들이 차츰 주역에 관심을 갖는 것은 그나마 주역의 진리가 일부나마 밝혀졌기 때문이다. 그것은 문자 풀이가 아니라 주역의 괘상 그 자체에서 나온 것이다.

주역의 괘상은 64개로 이루어져 있는바, 이것은 6개층 구조를 갖고 있다. 여기에는 광대한 이치가 내장되어 있다. 이것은 단지 지구적인 내용이 아니다. 음양의 원리가 천지 자연의 일반적 진리이기 때문에 주역의 괘상은 우주 어느 곳에서도 보편적일 수밖에 없다.

따라서 만일 우주 저 먼 곳에 우리와 같은 지성체가 살고 있다고 한다면 그 곳에도 주역이 존재할 것이고, 괘상은 꼼짝없이 64개일 뿐이다.

우리는 주역을 통해 사회와 자연은 물론 우주 전역의 원리를 찾아낼 수 있는 것이다.

이러한 주역은 누가 만든 것일까? 일반적인 견해는 멀고 먼 옛날 성인이 어리석은 인간을 깨우치기 위해 만들었다고 한다. 주역이 범인의 경지를 초월하는 심오한 이치를 담고 있기 때문에 이는 당연한 추측이라 할 수 있다. 그러나 만일 먼 과거에 우주 지성체가 지구를 다녀가면서 주역을 남겨 놓았다 해도 이상하다고 할 수는 없다.

진리라는 것이 원래 그렇듯이, 주역의 이치는 고금을 꿰고 우주를 관통시키는 최고 최대의 진리이다. 이 글은 주역의 이러한 이치를 밝히기 위해 씌어졌다. 방법은 아주 단순한 논리와 과학적인 것이 될 것이다. 그래야만 올바른 주역에 도달할 수 있기 때문이다.

어디까지나 합리적으로 납득할 수 있는 것이어야 한다. 그래야만 주역도 하나의 과학, 아니 정교하고 심오한 과학이라는 것을 보일 것이다.

주역의 이치는 깊고 깊은 내용을 담고 있다. 한 가지를 고찰해 보자. 오늘날 생명체의 근원 물질이라고 하는 DNA는 4개의 염기로 이루어진 긴 사슬이다. 4개의 염기는 ATCG로 표현하거니와, 이들은 3중으로 짝을 이루어 하나의 아미노산을 지정한다. 따라서 아미노산 코드는 모두 64개가 된다.

이것은 주역의 괘상과 정확히 일치한다. 주역의 괘상도 천·지·인이라는 3중 구조를 가지고 있고, 한 층에는 소양·노양·소음·노음이라는 4개의 요소가 있다. 주역의 64괘 구성은 DNA의 아미노산 지정 코드와 일치하는 것이다.

이것은 우연의 일치일까? DNA는 우주의 보편적 생명체 구조이다. 그런데 이것이 왜 하필 주역의 괘상과 일치할까? 어쩌면 주역이란 우주인이 DNA의 아미노산 지정 코드를 보이기 위해 만들어 놓은 것은 아닐까?

어떻게 생각해도 좋을 것이다. 문제는 64라는 숫자가 갖는 필연성이다. 주역의 64괘상은 우주의 모든 것을 설명하고 있다. 64는 보편적인 원리를 담고 있는 숫자이다. 생명체인 DNA도 이것에 준거하여 만들어진 것이 아닐까? 이 문제는 앞으로 차차 규명해 나갈 수 있을 것이다.

여기서 앞에서 제기한 문제, 즉 천3 지2의 문제를 살펴보자. 먼저 생각할 것은 둥글다는 것과 모가 났다는 것이다. 천이란 원래 양으로 '통하고 합친다'는 뜻이 있는데, 이것은 '연속'이라는 뜻이다. 지는 음으로서, 막히고 국한되고 분리된다는 뜻인바, 이는 불연속을 상징한다.

둥글다는 것은 연속적으로 연결되어 있다는 뜻이고, 모가 났다는 것은 꺾어졌다는 것, 즉 막히고 국한되었다는 뜻이다. 옛사람이 통한 것을 둥글다고 표현하고, 막힌 것을 모가 났다고 표현한 것은 시비의 여지가 없다.

흔히 원만한 사람, 또는 모가 난 사람이라는 말을 사용하는데, 원만하다는 것은 시원히 잘 통한다는 뜻이고, 모가 났다는 것은 개인적이고 막히고 이해심이 부족하다는 뜻이다. 그야말로 양과 음인 것이다.

문제는 양이 어째서 3이냐는 것이다. 차라리 1이라면 이해가 될 것 같다. 이 문제를 현대 수학적 논리로 풀어 보자.

먼저 점이라는 것이 있다. 이는 0차원의 존재이지만 위치라는 요소를 가지고 있고, 점을 하나 찍는 것으로 표현할 수 있다. 다음으로는 선이라는 것이 있는바, 이것은 점의 궤적이다. 그런데 현대 수학의 첨단 개념인 위상 개념에 의하면 선은 점 두 개로 표시한다.

여기서 위상 수학(位相數學)의 개념을 상세히 설명할 수는 없지만, 선의 양끝이 점이라는 것을 생각하면 선을 점 두 개로 표시하는 이유를 알 수 있을 것이다. 요컨대 선이라는 것은 두 지점의 사이라는 것이다.

여기서 생각해 보자. 선의 양끝을 연결하려면 어떻게 해야 하는가? 위상 수학에서는 선 끝을 잇기 위해 점이 하나 필요하다고 한다. 다음 그림을 보자.

이것은 끊어져 있고 끝이 두 개이다. 그래서 점 두 개로 선을 표시하는 것이지만, 이것에 점을 하나 가미해 보자.

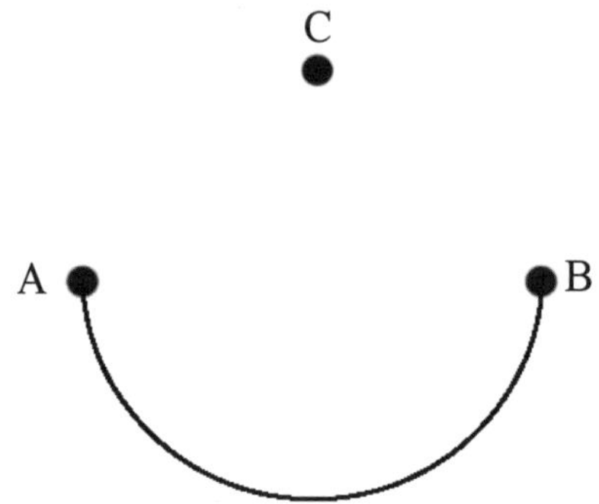

A, B는 양끝이다. 그것에 C가 있어 서로 연결시켰다면 점 세 개
로 이루어졌다는 뜻이 된다. 즉,

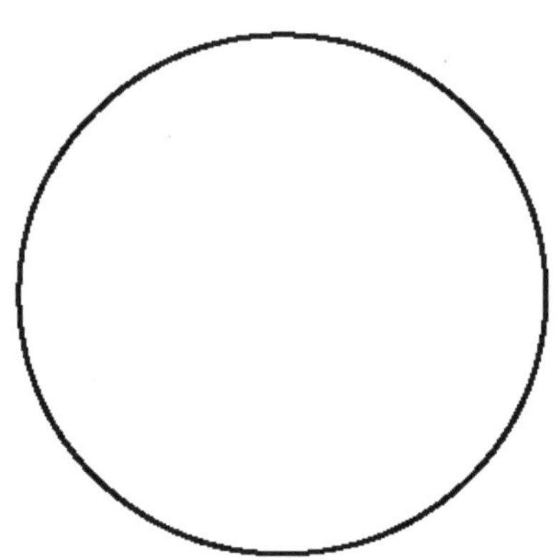

이 그림은 점이 세 개인 것이다. 이것을 끊어내기 위해서는 점
하나를 떼어내면 된다. 그러면 다시 점 두 개인 선이 된다.

이제 주역의 숫자를 보자. 주역에서 양은 —, 음은 -- 으로 표시하는데, 이것은 이어진 것과 끊어진 것을 상징하고 있다. 일설에는 —은 한문 일(一)자를 뜻하고 --는 이(二)자를 뜻한다고 한다. 양이 첫째이고 음은 둘째라는 이유에서이다. 그러나 이어짐과 끊어짐으로 보는 게 타당할 것이다.

아무튼 그 뜻이 중요하다. 이미 살펴본 바와 같이 양은 통하고 연결된다는 뜻과 함께 3이었다. 음은 막히고 끊어져서 2였다. 이것은 오늘날 수학적으로 밝혀진 사실 그 자체이다.

《천부경(天符經)》에 보면 일석 삼극(一析三極)이란 말이 있는데, 하나는 천의 숫자로 통한다는 뜻이 있는바, 이는 3을 의미한다. 2라는 숫자는 분열을 상징하고 막힌다는 뜻이 있다. 즉, 1이 나뉘면 2가 되고, 2가 합치면 3이 된다. 양이 막혀서 음이 되면 2가 되고, 음이 통해서 양이 되면 3이 된다는 의미인 것이다. 천삼 지이는 이러한 내용을 포함하고 있다.

그런데 만일 오늘날 토플로지(位相數學)라고 명명된 고도의 학문이 개발되어 있지 않았다면 천삼 지이의 뜻을 어떻게 알 수 있었을까? 필자는 주역을 30년간이나 연구하면서 이 문제에 필사적으로 매달린 바 있다. 주역의 가장 기본적인 숫자이기 때문이다.

천삼지이의 뜻을 모른다면 주역 원전의 6과 9의 뜻을 이해할 수 없다. 막연히 6은 음의 대표요, 9는 양의 대표라 믿고 따라봤자 가슴에 차지 않는다. 모름지기 학문이란 이치를 규명하는 것이므로 뜻을 모르고 나간다는 것은 허탈하기 그지없다.

필자는 천삼 지이의 뜻을 알기 위해 수많은 문헌을 뒤적였고 많은 학자들과 논의도 해 봤다. 그러나 결코 답이 나오지 않았다. 성인의 말씀은 이토록 어려운 것일까! 결국 현대의 첨단 수학 이론을 통해 그 뜻을 알 수 있었던 것이다.

이뿐이 아니다. 앞으로 점차 알게 되겠지만, 주역은 고도의 과학적 논리 구조를 가지고 있어서 수박 겉핥기 식으로 공부해서는 어림없는 이야기이다. 주역이 비록 5,000년 전에 만들어져 있다 해도 그 속에는 오늘날 성립된 고도의 과학 논리가 추호도 어긋남이 없이 정밀하게 내장되어 있다.

이는 고대의 성인이 만들어 놓은 것이나 수백만 년 이후의 인류가 도달할 과학도 결국 그 범위 안에 있을 뿐이다. 주역은 이렇게 되어 있다. 옛사람이 주역을 몰랐던 것은 그들이 과학을 몰랐기 때문이다.

주역은 오늘날 과학에서 심오하게 논의되고 있는 모든 문제가 망라되어 있다. 이른바 혼돈의 문제, 프렉탈, 위상 수학, 만유 인력, 척력, 행렬, 우주의 기원, 생명 탄생, 엔트로피, 우주의 종말, 문화, 사회 운명, 시간과 공간, 전자기 등 이루 다 말할 수 없는 내용이 포함되어 있다.

주역은 종합의 과학이다. 오늘날 산타페 연구소에서 이런 과학을 연구하는 중이려니와 동양의 주역은 이미 수천 년 전에 준비되어 있었다. 우리가 공부하고자 하는 것은 바로 이것이다. 누구든 주역을 공부함으로써 무한대의 지혜를 획득할 수 있을 것이다.

필자는 주역을 현대인이 알 수 있도록 과학적인 논리 구조를 발견하기 위해 평생을 바쳤다. 필자의 생각은 현대인에게 아주 쉽고 분명하게, 그리고 정확하게 주역의 진리를 알리고 싶은 것이다. 그래서 이런 글을 쓰고 있는 것이다.

논리와 과학을 모르는 사람은 다소 어렵게 여겨질 수도 있다. 하지만 자세히 살펴보면 그게 아니다. 진리란 원래 쉬운 법이다. 그리고 진리를 밝히는 논리는 더욱 쉬운 법이다. 눈여겨 보면 '아!' 하고 깨달을 수 있을 것이다.

여기서 전개하는 논리는 고도의 지능이 필요 없다. 지극히 평범한 사람들이 이해할 수 있는 것이다. 지금부터 시작하는 강의는 현재의 평범한 사람들에게 필자가 주역의 기초를 다년간 강의한 것을 책으로 만든 것이다. 그저 소설 읽듯 읽어 나가면 어느 새 주역의 깊은 이치를 터득하게 될 것이다.

玉虛眞經 (2)

修道者心必廣窄通也 入道門則窄矣 入道屋則廣也

무릇 도(道)를 닦는 사람은 그 마음을 좁게도 넓게도 할
수 있어야 한다. 도(道)의 문(門)에 들어설 때는 좁게 하는
것이고, 도(道)의 방에 들어서서는 넓게 하는 것이다.

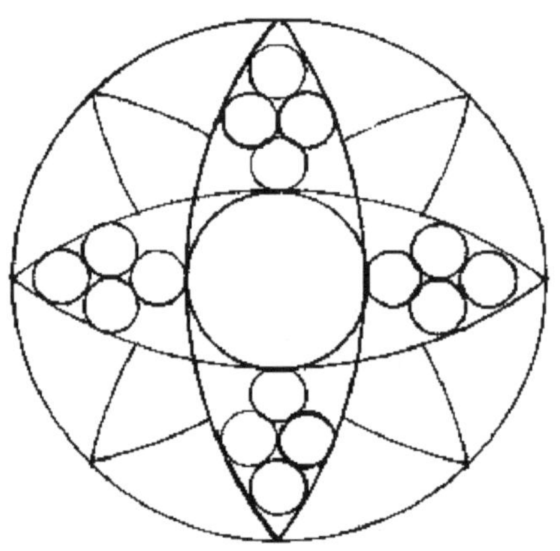

괘상(卦象)의 탐구

　당장에 주역의 괘상에 뛰어들어가 보자. 괘상이 뭔지 전혀 몰라도 상관없다. 모르는 것이 무엇인지 살펴보는 것도 유익하기 때문이다. 주역의 괘상이라고 하는 것은 우주 삼라만상의 뜻을 나타내고 있는 것인데, 팔괘(八卦)라는 원소를 가지고 중복(重複)해서 표현하고 있다. 이것을 소위 64괘라고 하는 것인데, 다른 말로 대성괘(大成卦)라고 한다.

　대성괘라고 하는 것은 팔괘를 두 개 사용하여 사물의 뜻을 나냈기 때문에 그렇게 불려진다. 물론 팔괘 하나만을 얘기했을 때는 소성괘라고 한다. 아무튼 소성괘라는 것이 있고, 대성괘라는 것도 있으며, 이것을 팔괘, 64괘라는 것으로 알면 된다.

　처음에는 마구잡이로 접근해도 차츰 길을 찾게 될 것이다. 우리가 말을 배울 때 생활상에서 닥치는 대로 배우는 것과도 같다. 처음에 '엄마, 아빠, 맘마' 등을 배우다가 점점 인생의 모든 것을 표현하게 된다.

주역 공부를 시작함에 있어 우선 대성괘를 접하게 되는데, 이것이 바로 주역이라는 경전의 핵심 구성이다. 우리는 그저 이런 것이 주역이구나 하는 정도로 시작하면 된다. 혹 어떤 독자들은 이미 주역에 상당한 경지에 있을 것이다. 하지만 모든 것을 비우고 천천히 시작하자.

대성괘(大成卦)를 정복하기 위해서는 쉬운 괘, 알고 있는 괘부터 정리해 나가는 것이 요령이다. 그리고 대충이나마 느낌을 갖고 있는 괘상과 전혀 모르는 괘상의 분류도 필요하다.

괘상이란, 처음에는 느낌 정도로 시작하고 나서 차차 자세한 내용으로 들어가면 된다. 사실 주역의 괘상이란 잘 알고 있는 사람이라도 깊게 들어가면 다시 모르게 된다. 다시 말해서, 괘상은 처음에 모르다가 나중에 알고, 또한 처음에 알다가도 나중에는 모르게 된다는 것이다.

그만큼 괘상의 극의(極義)가 심오하기 때문이려니와, 알고 모름을 반복하다 보면 괘상의 이해가 깊어진다. 컴퓨터는 알면 알고, 모르면 모르는 것이 딱 정해지지만, 사람은 약간 안다거나 깊게 안다거나 하는 식으로 점진적 이해가 가능하다. 어린아이가 말을 배울 때도 이런 식이다. 어린아이는 나름대로 대충 이해하다가 나중에 점점 수정해 간다.

우리가 주역을 공부할 때도 이와 같은 이치가 성립한다. 다만 주역의 괘상이 하나의 지식으로서가 아니라 지혜의 형식으로 우리의 잠재 의식 속에 깊게 자리잡는 것이다. 괘상을 공부하게 되면 우리의 정신이 틀을 잡게 되고, 사물에 대한 이해가 깊어져 마음의 심층부 혹은 영혼까지 변화가 오게 된다. 옛날부터 주역 공부는 죽을 때도 가지고 간다고 하는데, 바로 이렇기 때문이다.

주역 공부는 인생에 있어 지식을 넓혀 나가는 것이 아니다. 주역 공부는 영혼 그 자체의 자세를 가다듬는 것이기 때문에 지혜를 수련하는 것이다. 지혜는 인간의 세 가지 덕목 중의 하나로 철학의 목표이기도 하다.

예로부터 수많은 도인들이 지혜를 이루기 위해 주역을 공부했거니와, 그 중에서도 공자가 평생을 매달렸다는 것은 참으로 의미 심장하다.

제갈공명도 주역을 공부하여 탁월한 지혜를 구사할 수 있었던 것이고, 아인슈타인이나 닐스 보어 등 현대의 물리학자도 주역의 깊은 지혜를 추구했던 것이다.

필자도 지혜를 높이기 위해 주역 공부를 시작했다는 것을 앞에서 밝혔지만, 그 판단이 옳았음을 세월이 갈수록 더욱 절실하게 느낄 수 있다.

옛말에 주역을 공부하면 수명이 줄어든다는 말이 있다. 그러나 이 말은 주역 공부가 그만큼 어렵다는 것을 뜻할 뿐 정말로 수명이 준다는 것은 당치도 않은 일이다. 오히려 수명이 길어진다고 볼 수 있다.

왜냐 하면 주역 공부란 일종의 두뇌 운동이 되기 때문에 뇌가 튼튼해진다. 뇌가 튼튼해지면 모든 것이 튼튼해지게 마련이다. 주역 공부를 하면 뇌뿐 아니라 영혼마저도 튼튼해지기 때문에 운명도 강해지지 않겠는가!

그렇기 때문에 주역 공부는 단순히 두뇌로 하는 것이 아니다. 전신으로 해야 하는 것이다. 그러나 처음부터 괘상을 완벽하게 이해하려 들다가는 그야말로 신경쇠약에라도 걸리게 된다.

주역의 괘상은 애당초 완벽한 이해가 없다. 점점 접근해 갈 뿐이다. 공자도 그러했고 제갈공명도 그러했다. 이는 마치 무술의 동작과도 같아서 끝없이 연마해 나가야 하는 것이다.

주역을 공부하는 사람들은 괘상을 아무거나 하나 잡아서 이리저리 음미하는 습관을 들여야 한다. 이로써 괘상의 이해가 점점 깊어진다.

그런데 주역의 괘상은 서로 간에 수많은 연관이 있어서 하나의 괘상을 이해하면 그로 미루어 다른 괘상을 이해하기가 쉬워진다. 이는 마치 등산을 하는데, 한 사람이 먼저 올라가 줄을 내려 주는 것과도 같다.

물론 괘상의 탐구적 이해란 다른 괘상의 힘을 빌리지 않고 독립해서 이해해야 하는 것이다. 한 괘상이 이해되면 그것을 다른 괘상을 이해하는 데 쓸 수 있다. 그렇기 때문에 주역의 괘상을 공부하는 방법은 두 가지가 있다. 하나는 다른 괘상과 연관시켜 조직적으로 이해의 폭을 넓히는 것이고, 또 하나는 막연히 주역 괘상에 뛰어들어 답을 추구하는 것이다.

처음의 방식은 학자역(學者易)의 방식이며, 두 번째 방식은 도사역(道士易)이라 할 수 있다. 도사역의 방식은 높이는 데 쓰고, 학자역의 방식은 넓히는 데 쓰면 좋을 것이다. 또한 학자역의 방식은 차분한 판단력으로 개념을 확립하는 데 필요하고, 도사역은 직감적 이해 방식이 된다. 인간의 정신에 두 가지가 필요한 것은 물론이다. 우선 직감적·탐구적 이해를 추구해 보자.

괘상 ䷇의 뜻은 무엇인가?

직감적으로 느껴 보자. 깊게 생각할 필요가 없다. 이 괘상은 사물로 비유하자면 땅 위의 물이다. 땅 위에 물이 있다는 것이 무슨 뜻일까? 땅이 축축해진다, 즉 비옥하다는 뜻이다. 또한 땅과 물은 친하지 않은가. 아침에 직장에 나갔다가 저녁이 되면 각자 집으로 돌아오는 모습이다.

물은 결국 어디로 가겠는가? 물의 고향은 땅이다. 고향에 가서는 친하다. 괘상의 이름은 비(比)라고 되어 있는바, 친하다는 뜻이 내포되어 있다. 한마디로 사생활(私生活)로 돌아감이다.

괘상 ䷘은 무슨 뜻인가?

이는 태양이 드넓은 하늘로 올라가는 형상이다. 이 말이 무슨 뜻이냐고? 그것을 생각해 보는 게 주역 공부이다. 주역이란 무심한 자연의 형상에서도 그 뜻을 읽어내는 공부이다.

태양이 떠오르는 형상? 여기에는 무슨 뜻이 있을까? 태양을 꼭 불덩이라고 생각하면 안 된다. 하늘도 마찬가지이다. 단순한 창공이 아니다. 주역의 괘상을 비유로써 태양과 하늘을 이야기했을 뿐이다. 하늘은 대섭리, 혹은 국가나 위인, 공적(公的)인 일들을 말한다. 태양을 단순히 사람 또는 사람의 행동으로 볼 수 있다.

따라서 ䷌ 의 괘는 대섭리와 합치하는 도인의 행적과도 같으며, 국가의 부름에 응하는 일과 같으며, 뜻을 같이하는 위대한 사람을 향해 가는 것과도 같다. 이는 제갈공명이 현덕의 부름을 받아 은거하던 곳을 나오는 형상과 완전히 부합된다. 괘상의 이름은 동인(同人)으로, 이는 동지와 함께 한다는 뜻이다. 앞에 나온 ䷆ 와 다른 점은 사적(私的)인 일이 아니라 공적(公的)인 일에, 작은 일이 아니라 큰 일에 합치하는 것으로 보면 된다. 생각하기에 따라서는 물이 땅에 합치하는 것이나, 불이 하늘에 합치하는 것이나 다 같은 뜻으로 보일 수 있지만, 하늘은 크고, 높고, 바른 것이다. 이에 비해 땅은 편협한 것으로 볼 수 있다.

불과 물도 마찬가지이다. 물은 흩어지는 존재이니 사적인 것이고, 불은 뭉치는 존재이니 공적인 것이다. 이 정도로 이해하고 다른 괘로 넘어가자.

䷖ 은 땅 위에 산이 있는 형상이다. 이 말의 뜻은 무엇일까? 땅 위에 산? 당연한 모습이 아닌가! 이런 것도 뜻이 있을까? 물론이다. 세상에 뜻없는 사물은 없다. 미친 놈이 꾸는 꿈에도 뜻이 있는 것이다.

꿈 이야기가 나왔으니 이에 대해 잠시 이야기해 보자. 인간의 꿈처럼 애매 모호한 것은 없다. 하지만 이러한 꿈에 중대한 뜻이 있어서 정신 분석의 중요 재료로 쓰이는 것이다. 정신 분석학자 융은 10만 가지나 되는 꿈을 분석했는데, 그는 주역 공부에 아주 심취했던 사람이다. 그리고 그는 그 수많은 꿈 속에 들어 있는 패턴을 규명하기 위해 주역의 기법을 이용했던 것이다.

예로부터 수많은 학자나 도인들이 꿈을 해몽했었는데, 그 방법은 오직 괘상에 의해서였다. 꿈은 세상의 사물처럼 온갖 형태가 있지만 그 뜻은 결국 일정한 틀에 귀결하게 마련이다. 융은 그것을 원형(原型)이라고 불렀는데, 원형이란 것이 바로 팔괘인 것이다.

천지 자연의 현상들, 인간의 사회, 그리고 인간의 마음 속에 일어나는 현상들은 뜻이 있고, 뜻이 있으면 곧 팔괘로 나타내는 것이 가능하다. 난해하기로 정평이 나 있는 피카소의 그림만 해도 한 인간의 마음이 반영되어 있는 것이므로 당연히 괘상으로 분석할 수 있다.

그럼 주역의 괘상 ䷳ 에 대해 계속 공부하자. 이것은 땅 위에 산이 있는 것으로 지극히 평범한 모양이다. 하지만 그 뜻은 아주 중대하다. 이 형상은 바로 정부와 국민의 관계를 나타내는데, 통솔의 의미를 보여 주고 있다. 산은 땅을 끌고 올라갔거니와, 땅은 산을 끌고 내려 오는 것이다.

이는 사회에 있어서 통솔의 의미와 완전히 같다. 통솔 내지 관리하는 쪽에서는 어떡해서든지 통합하려고 애쓰는 법이고, 반대로 끌려 다니는 구성원들은 어떤 형태로든 문제를 발생시키게 마련이다. 유치원 선생의 입장이 되어 보라, 얼마나 통솔하기 어려운가!

질서가 잘 잡혀 있는 군대도 이탈을 막기 위해 온갖 힘을 기울여야 한다. 통솔과 이탈. 이것은 땅 위에 있는 산의 모습에서 그 역학(力學) 관계를 알 수 있다. 군중과 통솔이란 으레 이탈과 집결의 싸움인 것이다.

집결은 마치 산이 높아지려는 것과 같은 것이고, 이탈이란 산이 허물어지려는 성질이다. 국민과 정부도 바로 이런 관계인데, 국민은 어떻게 해서든지 정부를 끄집어내리려고 하고, 정부는 버티거나 통솔하려고 애쓴다.

☰☰ 은 이름이 박(剝)이려니와 박은 끌어내린다는 뜻이다. 예로부터 ☰☰의 괘상은 지도자의 상으로 일컬어져 왔다. 우리는 정부의 입장, 지도자의 입장을 좀 이해하자. 작은 의견의 차이 때문에 이탈하지 말자는 뜻이다. 이는 산을 허물어뜨리는 것과 마찬가지이기 때문이다. 그럼 다음 괘로 넘어가자.

☰☰ 은 하늘 아래서 부는 바람이다. 이 말은 무슨 뜻일까?

이것은 바람이 하늘을 끌어 잡아당기고 있는 형상이다. 높게 잘 있는 하늘을 끄집어내려 무슨 이익이 있을까? 이는 여인이 남자의 높은 뜻을 훼방놓는 것과도 같다. 이 괘상이 바로 그런 뜻이다.

괘상의 이름은 구(姤)인데 이는 여장부라는 뜻이거니와, 한 여자(--)가 많은 남자(☰)를 지배하고 있다. 또한 한 여자에게 많은 남자가 매달려 있는 모습이기도 하다. 단체 생활에서 유난스럽게 구는 사람도 이에 해당된다. 모두 잘 나가는 일을 정지시키는 역할을 하는 것이다. 소인배와 여성의 전형적인 모습이다.

그럼 다른 괘로 넘어가자. 이제부터는 즉흥적으로 감만 잡고 넘어가기로 해야겠다. 자세히 논하다가는 시간을 너무 많이 잡아먹기 때문이다. 어차피 주역의 괘상은 좀더 조직적으로 이해해야 하는 것이다. 지금은 제일감(第一感)으로 만족해야만 한다.

䷬은 땅 위의 연못이다. 땅 위의 연못? 이것은 낮은 연못이다. 얕은 연못이라고 해도 되고, 이제 갓 모이기 시작하는 연못이라고 해도 된다. 괘상의 이름은 췌(萃)로서 '모인다'는 뜻이다. 이 괘상은 샛문이 빠끔히 열려 있는 것과도 같은 뜻이 있다.

䷘은 하늘 아래에서 크게 위세를 나타내는 우레이다. 국가의 선포, 군대의 명령, 합격자 발표, 직장의 발령 등 공식적이고 위엄 있는 선언 같은 것이다.

괘상의 이름은 무망(无妄)이거니와, 이는 '거짓됨이 없다'는 뜻이다. 옛사람은 하늘 아래에서 우는 거대한 우레 소리에서 공선(公善)의 모양을 읽었던 것 같다.

䷢은 땅 위에 갓 나타난 태양을 보여 주고 있다. 동이 트고 있는 것이다. 괘상의 이름은 '전진'을 의미하는 진(晉)이다.

䷅은 하늘 아래 물로서, 물이 하늘로부터 이탈하고 있는 모습이다. 물이 하늘에 오르려는 것은 당찮은 일이다. 속된 말로 기어오른다는 말이 있는데, 이것이 바로 그 모습이다.

결국 떨어지고 만다. 괘상의 이름은 송(訟)인바, 소송에 의해 결말이 나는 것을 의미한다.

또한 옳고(☰) 그름(☷)이 갈라지는 것을 상징한다.

☷ 는 우레가 잠자는 대지를 일깨우고 있다. 이는 기지개를 켜는 것과도 같고, 사자가 잠을 깨고 있는 것과도 같다. 괘상의 이름은 예(豫)로서 '미리 대비한다'는 뜻이 있다.

☰ 은 하늘 아래 연못이다. 연못은 하늘의 발자국이란 말도 있고, 하늘이 내려와 땅을 차지하고 있는 것이라고도 한다. 하늘의 꼬리를 연못이라고 해도 된다. 하늘을 향해 가슴을 활짝 열어 놓은 모양이다.

그러나 연못이 하늘을 따라잡을 수는 없는 법, 고요히 뒤따르는 것이 순리이다. 괘상의 이름은 '밟는다'는 뜻이 담겨 있는 이(履)이다.

☴ 은 바람이 대지 위를 불어 가며 생기를 공급하고 있는 형상이다. 또한 바람이 땅의 이모저모를 살피고 있는 모습이다. 괘상의 이름은 관(觀)으로서 '본다'는 뜻이다.

☶ 은 하늘 아래 땅의 형상이다. 숨어 있는 모습이며, 엎드려 있는 모습이다. 괘상의 이름은 숨을 돈(遯)이다.

☵ 은 그릇에 담겨 있는 물의 형상으로서 '절제 있는 행동, 보호받고 있는 어린아이'를 상징한다. 괘상의 이름은 절(節)로서 '규격'

이나 '절도'를 의미한다.

☲은 뭉쳐 있는 것을 더욱 보호하고 있는 형상이다. 눈덩이가 구르며 커지고 있는 모습이다.

☲은 태양이 바다에서 두둥실 떠오르고, 로켓이 발사되고, 화살이 활을 떠난 모습이며, 다 큰 여자가 시집가는 모습이다. 괘상의 이름은 '어긋난다'는 뜻인 규(睽)로서 '오래 머물지 못한다'는 뜻이다. 도인이 출가(出家)하는 모습과도 같다.

☲은 어린아이가 뱃속에서 갓 나온 상태로서 '봄의 새싹, 난관에서 벗어난 군대, 벌레가 물에서 빠져 나온 모습'이다. 우레가 치고 시원하게 비가 쏟아진다. 괘상의 이름은 해(解)로서 '풀린다'는 뜻이다.

☲은 우레가 구름 속에 있는 형상으로, 태중에 어린아이가 들어 있는 모습이다. 즉, 잉태를 하고 있는 모습이다. 혼돈 중에 실질이 요동하고 있다. 이는 만물의 시작을 의미하는 것이다. 괘상의 이름은 '혼돈'을 뜻하는 둔(屯)이다.

☲은 밝음이 갇혀 있는 형상이며, 과보호 내지 구속을 받고 있는 형상이다.
　폭발하려는 압박을 받고 있다. 죄없는 사람을 가두어 놓은 형상으로서 탈출하려는 힘이 가중되고 있는 것이다. 괘상의 이름은 혁(革)으로서 '혁명·개혁·혁신' 등의 '격변'을 뜻한다.

☷은 땅 속에 갇힌 태양, 즉 깜깜한 밤중이다. 괘상의 이름은 명이(明夷)로서, 이름 그대로 '밝음이 침몰한다'는 뜻이다.

☵은 하늘 위의 구름이다. 무슨 뜻일까? 나그네? '기다린다'는 뜻이다. 어디론가 가기 위해서 기다리는 것이다.

☱은 연못 아래의 물이 메마른 형상이다. 괘상의 이름은 곤(困)으로서 '곤란하다'는 뜻이 있다.

☳은 진동체 위의 덩어리인데, 이는 부숴지게 마련이다. 모여 있는 것을 흩어 버리고, 덩어리를 뜯어냄을 뜻한다. '발견'이라는 뜻도 있다. 감추어진 것을 들추어내기 때문이다. 괘상의 이름은 서합(噬嗑)으로서 '씹는다', '음식을 잘게 부순다'는 뜻이다.

☵은 땅 아래 연못으로서 '깊다'는 뜻이다. 바다와 같은 형상으로 연못이 깊게 자리를 잡고 있는 것이다. 괘상의 이름은 임(臨)으로서 '군림한다'는 뜻이다.

☳은 하늘 위의 우레이다. 위세가 당당하다. 권력자의 표상으로 장엄한 건물을 뜻하기도 한다. 괘상의 이름은 대장(大壯)이다. 우레

란 땅에서도 요란한데 하늘 위에까지 기세가 뻗치고 있다. '크고 굳 세다'는 뜻이다.

☲☶은 나무가 흙덩이에 붙어 있는 모습이다. 또는 불에서 바람이 나오고 있다.

불꽃은 이리저리 흔들리고 있으나 뿌리는 고정되어 흔들리지 않 는다. 괘상의 이름은 가인(家人)으로서 '조직'이나 '단체·가족' 등 을 의미한다.

☶☵은 산이 안개 속에 가려져 있다. 무거워서 어쩔 줄 모르는 형 상, 혹은 땀을 흘리고 있는 형상으로서 괘상의 이름은 건(蹇)이다. '다리를 절고 있다'는 뜻이다.

☴☵은 물 위의 바람, 혹은 구름 위의 바람이다. 바람이 물이나 구 름을 흩어 버리고 있는 중이다. 괘상의 이름은 환(渙)으로서 '녹는 다, 흩어진다'의 뜻이 있다.

☲☶은 산 위의 불, 집단을 떠난 새, 집을 떠난 사람, 꺼져 가는 불, 서산에 지고 있는 태양 등을 뜻한다. 괘상의 이름은 여(旅)로서 '정처 없는 여행'을 뜻한다.

☳☷은 '깊은 땅 속의 진동'을 뜻한다.

하나의 기운이 살아나고 있는 형상으로서 괘상의 이름은 복(復)이다. '회복되고 있다'는 뜻이다.

☰은 하늘 위의 연못이다. 따라서 어찌 오래 갈 것인가? 물기가 가득 찬 검은 구름이 떨어지고 말 것이다. 괘상의 이름은 쾌(夬)이다. '처단'이라는 뜻이다. 하늘이 연못을 처단한다.

☰은 두레박 위의 물, 통해 있는 물로서 끊임없이 분출되고 있다. 괘상의 이름은 정(井)이다. 우물은 고여 있지만 않고 근원과 통해 있다.

☰은 살찐 소, 잘 가꾸어진 봉분, 언덕의 잔디, 장작더미 아래에 붙은 불이다. 괘상의 이름은 비(賁)로서 '아름답게 붙어 있다'는 뜻이다.

☰은 땅 속에 심어진 씨앗이다. 땅이 비옥하게 살아 있다. 머지않아 싹이 틀 것이다. 괘상의 이름은 승(升), '상승한다'는 뜻이다.

☰은 하늘 위에 있는 산이다. 산이 높게 뻗어 있다. 하늘을 깔고 있을 정도이니 거대한 산이다. 괘상의 이름은 대축(大畜)으로서 '크게 저축되어 있다'는 뜻이다. 반드시 돈이라는 뜻은 아니다.

☰은 산을 벗어나고 있는 개울로서 낯선 벌판으로 향하고 있다. 갓 태어난 어린아이의 형상이다. 괘상의 이름은 몽(蒙)으로서 '어린

아이, 계몽’의 뜻이 있다. 새로 태어난 아이이니 반드시 계몽이 필요할 것이다.

☰은 한 송이의 아름다운 꽃, 즉 ‘결실’을 뜻한다. 또한 더운 기운 위에 있는 덩어리이니 솥 위의 음식이다. 괘상의 이름은 정(鼎)으로서 ‘솥’이라는 뜻이다. 여기서 솥은 ‘익힌다, 새롭게 한다, 완성시킨다’ 등의 뜻이 있다.

☰은 산 위의 나무, 꾸러미를 포장한 것이다. 여기서 산의 나무는 ‘흙을 단단히 한다’는 의미가 있다. 괘상의 이름은 점(漸)으로서 ‘산 위에서 나무가 자란다’는 뜻이 있다. ‘움직이지 않던 것이 단계적으로 움직여 나간다’는 뜻이 있다.

☰은 연못에 잠긴 용으로서 기운을 기르고 있다. 집 안에서 쉬고 있는 형상이다. 괘상의 이름은 수(隨)로서 ‘쉰다’는 뜻이다.

☰은 출전했던 군대가 돌아오고 있는 형상이다. 새가 둥지로 돌아오는 형상으로서 괘상의 이름은 귀매(歸妹)이다. ‘누이가 돌아온다’는 뜻이다.

☰은 땅 아래의 물이다. 대지가 풍부하게 물을 함유하고 있다. 병영에 집결해 있는 군대의 형상이다. 괘상의 이름은 사(師)로서 ‘군사, 사단’을 뜻한다.

☲☰은 하늘 높이 떠 있는 태양으로서 지도자의 형상이다. 괘상의 이름은 대유(大有), '인격이 크게 있다'는 뜻이다.

☱☶은 남녀가 감응하고 있는 모습이다. 연못 속에 산이 들어가 있으니 성교의 모습이다. 원래 산 위의 연못은 산을 적셔 주고 있는 것이다. 괘상의 이름은 함(咸)으로서 '느낀다'는 뜻이다.

☴☳은 우레 위에서 바람이 도와주고 있다. 이끌어 주고 있는 것을 의미한다. 괘상의 이름은 익(益)으로서 '힘을 더해 주고 있다'는 뜻이다.

☳☴은 바람을 타고 있는 연, 즉 시류를 타고 출세하고 있는 사람이다. 괘상의 이름은 항(恒)으로서 '영구하다'는 뜻이다.

☶☱은 구덩이를 파서 언덕에 얹는 형상이니 산은 높아지고 연못은 깊어진다. 괘상의 이름은 손(損)으로서 '아랫것을 덜어서 위에 얹는다'는 뜻과 '성금을 모은다'는 뜻도 있다.

☵☲은 불 위의 물이다. 물은 내려오고 불은 올라가서 작용이 이루어진다.

건강한 몸은 아래가 따뜻하고 위가 차갑다. 자연의 완벽한 작용이다. 괘상의 이름은 기제(旣濟)로서 '완성'이란 뜻이다.

☲☵은 불은 위로 달아나고 물은 아래로 흘러간다. 환자의 체온 상태, 여름에 덥고 겨울에 춥다. 아주 나쁜 구조이다. 괘상의 이름은 '미제(未濟), 미완성'이란 뜻이다.

☷☶은 땅 속의 산, 화산의 기운이 내재되어 있는 모습이다. 남자의 성기가 힘을 비축하고 있는 형상이다. 괘상의 이름은 겸(謙), 즉 '겸손히 숨어 있다'는 뜻이다.

☴☰은 하늘 위의 구름으로서 눈비를 모으고 있다. 괘상의 이름은 소축(小畜), 즉 '적게 모으고 있다'는 뜻이다.

☳☶은 움츠리고 있는 위에 엄포가 가해지고 있다. 윗사람은 기세등등한 반면에 아랫사람은 쪽도 못 쓰고 있다. 괘상의 이름은 소과(小過), 즉 '작기가 지나치다'는 말이다.

☴☱은 연못 위의 바람이다. 연못은 알을, 바람은 따뜻한 어머니의 기운을 뜻한다. 닭이 알을 품고 있는 모습이다. 괘상의 이름은 중부(中孚), 즉 '가운데 품고 있다'는 뜻이다.

☱☴은 연못이 나무를 삼키고 있다. 너무 확장된 연못으로서 위치가 좋지 않다. 괘상의 이름은 대과(大過), 즉 '크기가 지나치다'는 뜻이다.

䷚은 새가 산에 깃들이어 있다. 집에서 잘 자라고 있는 아이의 모습, 괘상의 이름은 이(頤)이다. '기른다'는 뜻이다.

䷑은 산 아래로 나무 뿌리가 드러나 있다. 붕괴되고 있는 모습, 진실이 왜곡되어 있는 모습이다. 겉보기와 실제의 내용이 아주 다르다. 괘상의 이름은 고(蠱), 즉 '무너진다'는 뜻이다. 속으로 썩어 가고 있는 형상이다.

䷊은 음과 양이 결합하고 있는 모습이다. 에너지가 축적되어 있는 가장 상서로운 모습이다. 천지의 작용은 음양의 화합으로 이루어지는 법, 큰 기운의 교환을 상징하고 있다. 괘상의 이름은 태(泰)로서, 천지간에 이보다 큰 작용은 없다.

䷋은 음과 양이 괴리되어 있는 상태로서 화합이 이루어지지 않고 제자리에서 바라만 보고 있을 뿐, 만남을 위해 나서지 않는 최악의 상황이다. 우주의 종말이 이런 상태일 거라고 과학자들은 보고 있다. 괘상의 이름은 부(否 : 비라고도 일컬음), 즉 '막혀 있다'는 뜻이다.

䷀은 양극(陽極)으로서 기운의 근원, 즉 하늘의 작용이다. 괘상의 이름은 건(乾)으로서 '하늘의 섭리'를 뜻한다.

䷁은 음극(陰極)으로서 또 하나의 근원이며, 물질의 기원을 내포하고 있다. 괘상의 이름은 곤(坤)으로서 '땅의 섭리'를 뜻한다.

☲은 불의 섭리이다. 괘상의 이름은 이(離)이다.

☵은 물의 섭리이다. 괘상의 이름은 감(坎)이다.

☶은 중첩된 산으로서 정지의 덕을 나타내고 있다. 산의 섭리이다. 괘상의 이름은 간(艮)이다.

☱은 연못의 섭리이다. 평화스러운 모습을 보이고 있다. 괘상의 이름은 태(兌)이다.

☳은 우레가 거듭된다. 끊임없는 현상의 모습이다. 움직임으로써 만물이 태어난다. 괘상의 이름은 진(震)이다.

☴은 바람이 오고 간다. 넓고 넓은 모습이다. 곁에서 움직임으로 부족한 것을 메꾸어 준다. 괘상의 이름은 손(巽)이다.

이상에서 64괘의 대강을 살펴보았다. 그러나 주역의 뜻은 이미 심어진 것이다. 우리가 '우습다'는 말을 정의할 때 어떻게 하는가? 분명 우리는 '우습다'의 뜻을 알고 있다. 하지만 그것을 자세히 정의하려 하면 오히려 말문이 막힌다.

주역의 괘상도 마찬가지이다. 원래 인간의 인식 방식은 대충 이해하는 것으로 시작하여 정밀함에 도달할 수 있게 되어 있다. 인식이란 어떤 두 가지 사물이 서로 다르다는 것을 아는 능력이라고 말한다. 사물이 한 가지만 있을 때, 그 정의를 향해 너무 깊게 들어가면 길을 잃거나 모호해지게 되어 있다.

사물의 정의는 원래 그렇다. 속으로는 모호하고 겉으로는 분명한 것이다. 우리는 우리의 친구 두 사람을 보고 서로 다른 사람이란 것을 알고 인식하지만, 한 사람의 정의를 내리기 위해 글을 쓰거나 말로 하자면 처음부터 막히는 법이다.

정의의 모호함, 이것은 정밀한 개념을 다루는 수학에서도 마찬가지이다. 예전의 기하학에서는 점이니 선이니 면이니 하는 것이 엄밀히 정의되어 있다. 마치 국어 사전 식으로 말이다. 하지만 근래에 와서는 내면을 파고드는 것이 아니라 외부의 다른 사물과 관계를 통해서만 정의된다.

앞에서 우리는 이미 사물이 관계로 정의된다고 밝힌 바 있지만, 주역의 괘상도 낱개의 정의는 일단 뒤로 미뤄 놓는 게 좋다. 하지만 주역의 괘상은 음(陰)과 양(陽)이라는 분명한 개념으로 출발했기 때문에 인간의 언어처럼 정의가 모호하지는 않다.

'사랑'이라는 단어를 보자. 이것을 설명하기 위해 얼마나 많은 다른 단어를 사용해야 하는가! 그렇게 하고 나서도 사랑이란 뜻이 완전히 정의된 것이 아니다. 인간의 말은 원래 그렇다. 그러나 우리는 말을 사용하여 뜻을 전달하는 데 불편을 느끼지 않는다.

주역의 괘상은 다만 인간의 일상 언어하고는 많이 다르다. 다음 문제를 보자.

'물이 그릇 속에 담겨 있다.'

우리는 이 문장의 뜻을 잘 알고 있다. 여기에는 '물'과 '그릇', 그리고 '담겨 있다'라는 세 가지 요소가 존재한다. 이것을 주역의 괘상으로 표현하면 다음과 같다.

이것은 수택절(水澤節)이란 괘상인바, 물(☵)이 연못(☱) 위에 있는 모습이다. '위에 있다'는 것이 바로 '담겨 있다'는 뜻이다.

이것은 물이 연못 아래에 있다. 무슨 뜻일까? 연못이 빈 것을 뜻하는 것이다. 어째서 그럴까? 이 문제는 소위 주역의 문법이라는 것인데, 괘상 8개가 위아래에 배치됨으로써 뜻이 발생한다. 주역을 공부하는 사람은 우선 이것을 습득하는 것이다.

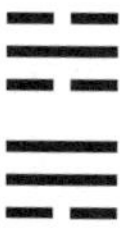

이 괘상은 우물을 상징한다. 물이 근원에서부터 펑펑 흘러나와 모이고 있다.
다음 괘상은 어떤가?

이것은 흩어짐을 상징하는 풍수환(風水渙)이라는 괘상인바, 물이 흩어짐을 뜻한다.

이렇게 주역은 우선 괘상 자체의 뜻이 있다. 그 다음은 사물과 대비시키는 것이다. 우리는 앞서 어린아이가 방에 있다는 것과 물이 그릇 속에 있는 것, 또는 사과가 상자 속에 있다는 것이 같은 뜻이라는 것을 살펴보았다.

물은 흩어지는 성질이 있다. 이것을 그릇으로 잡아 놓은 것이 수택절의 괘상이다. 어린아이의 행동은 물처럼 되어 있다. 훈련소에 갓 입소한 장병들은 어떠한가? 바로 어린아이와 같고 물 같지 않은가! 군중이 바로 그렇다.

이것은 주역에서는 혼돈·암흑·무질서 등을 뜻하고, 괘상으로는 단 하나 ☵로 표현한다. 그런데 괘상 ☵은 단어가 아니다.

물이라는 단어를 보자. 이것은 ㅁㅜㄹ 되어 있거니와 각각은 뜻이 없다. 그러나 괘상 ☵은 ☵으로 되어 있고 각각은 뜻이 있다. 즉 ☵은 구조인 것이고 뜻인 것이다. 여기서 양은 아래위의 음 속에 갇혀 있는 형상이다. 위에 있는 음은 양 위에 있어서 불안정한 상태를 의미하고, 아래 있는 음은 축적의 뜻이 있다. 이렇듯 괘상은 뜻이 있는 것이지 막연히 상징 마크가 아니다.

그리고 괘상은 뜻이 있는 구조이면서 또한 하나의 수(數)도 존재하는 것이다. 물과 불을 보자. 구조는 각각 ㅁㅜㄹ과 ㅂㅜㄹ로 되어 있는데, 이것은 서로 반대를 나타내고 있지 않다. 단지 물의 반대말이 불일 뿐이다. 하지만 주역의 괘상은 그렇지 않다.

☵과 ☲을 보자.

서로 정확히 반대가 아닌가. --과 —은 수학적으로 정확히 반대인 것이다. 그래서 ☵ × (-1) = ☲의 방정식이 성립한다. 또 ☲ × (-1) = ☵가 성립하는 것이다.

물론 -- × (-1) = — 이고 — × (-1) = -- 이다. 그렇기 때문에 주역의 괘상은 구조식이고 또한 수인 것이다. 누차 얘기했지만, ䷇ × (-1) = ䷆와 같은 논리가 주역에 있는바, ䷆은 집에 있는 아이, ䷇은 집을 떠난 어른인 것이다.

玉虛眞經 (3)

大道於下幽靜不動　深低玄虛擁之天下　亦爲之根也

큰 도(道)는 언제나 고요히 흔들리지 않고 아래에 있다.
저 깊은 아래에 있는 현허(玄虛)는 천하를 그 안에 포용할
수 있으며, 또 능히 그 뿌리가 되기도 한다.

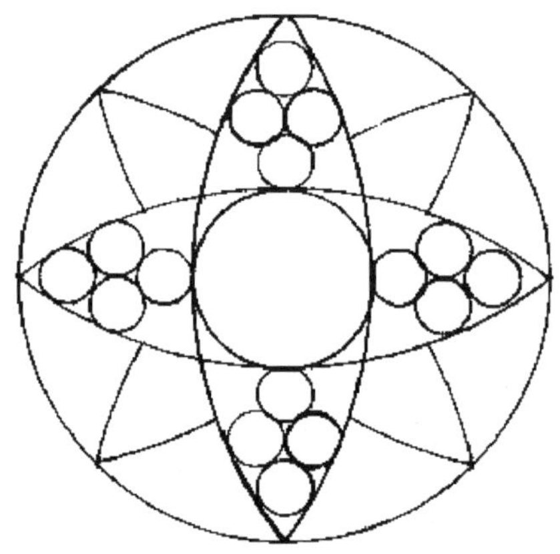

고도의 단계

앞절에서 괘상 64개를 대충 살펴보았다. 괘상의 뜻이 어째서 그
런지 이유는 알 길이 없다. 그것은 앞으로 공부할 문제이다. 그럼
여기서 괘상을 이해하는 단계를 높여 보자.
다음의 괘상을 보자.

이것은 풍수환(風水渙)이라는 괘상으로 흩어짐을 상징한다. 그림
의 일종인 괘상 ☴☵이 어째서 흩어짐을 상징할까? 아직 그것을
정밀하게 논의할 단계는 아니지만 대충이나마 따져 보자.
본 괘상은 물 위에 바람이 불고 있는 형상이다. ☴은 바람이고

☵은 물이다. ☴이 ☵ 위에 있지 않은가! 바람이 물 위를 불어 가면 물은 어떻게 될까? 흩어지지 않겠는가!

주역의 방식으로 좀더 구체화시키면 물은 가루나 혼돈(混沌) 같은 사물이다. 물은 그 자체로도 이미 흩어지려는 성질이 있는데, 그 위에 바람마저 불고 있으면 얼마나 잘 흩어지겠는가! 낙엽 위에 바람이 지나간다고 생각해 보라. 낙엽이 바로 물이다. 폭풍에 사람들이 이리저리 피신하는 모습을 보라. 이럴 때는 사람이 바로 물이다.

주역의 괘상은 이런 식으로 해석하는 것이다. 처음에는 애매 모호한 바가 없지 않다. 그러나 차츰 정밀해지는 것이다. 우리는 10년이 지난 후 동창생의 얼굴을 기억하고 있다. 다시 만나면 '오, 자네' 하고 금방 알아본다. 어떻게 이런 일이 가능할까?

우리는 동창생에 대해 얼핏 기억했을 뿐 현미경으로 자세히 들여다봤거나 눈·코·입을 분석해 본 것이 아니다. 그저 전체적으로 그 사람임을 기억해 뒀을 뿐이다. 실은 이것이 바로 사물에 대한 인식 방법인 것이다.

우리는 우습다, 또는 무섭다는 말의 뜻을 어떻게 정의하는가? '달다', '쓰다'라는 말도 그렇다. 그저 이해할 뿐 그것의 정의를 정확하게 내릴 수 없다. 괘상을 이해하는 것도 처음엔 그렇게 해야 한다. 물론 괘상이란 엄연히 구조가 있어서 우리는 차츰 그 구조에 정통해 가게 된다. 그리 되면 사물에 대한 이해도 칼날처럼 정밀해질 수 있다.

다시 괘상을 보자.

이것은 괘상의 이름이 풍수환(風水渙)인데, 환이라는 것이 중요하다. ☴과 ☵이 상하로 층을 이루면 그 뜻은 반드시 환(渙)인 것이다. 절대로 다른 뜻이 될 수 없다. 주역의 괘상은 자연에 있는 수많은 사물을 분류하는 것인바, 흩어짐을 뜻하는 사물은 바로 ☴으로 표현하는 것이다.

다음의 괘상을 보자.

이 괘상은 뇌화풍(雷火豐)이라고 하는 괘상인바, 뭉친다, 풍부하게 쌓여 있다는 뜻이다. 괘상 ☲을 보고 '뭉쳐 있다', '풍부하다'로 즉각 이해가 된다면 그 사람은 이미 주역의 대가이다.

보통 우리는 ☲의 이름이 풍이기 때문에 그렇다고 알 뿐이다. 물론 괘상 ☲에 풍이라는 이름을 옛 성인이 붙여 놓았다. 우리는 그것을 믿고 따라야겠지만, 이유는 분명히 알아야만 한다. 그것이 바로 주역 공부이다.

옛 성인이 괘상에 이름을 붙여 놓고 설명도 붙여 놓았는데, 막연히 외우고 문자만 풀어 봤자 주역이 되지 않는다. 모름지기 주역이란 괘상을 보고 사물의 뜻을 유추하는 학문이다. 우리는 괘상에 이름이 붙어 있으면 그 이유를 알아야 한다.

괘상의 이름을 알고 그 이유를 생각해 보는 것이 주역의 제일 관문이다. 그러나 이것이 쉽지 않다. 주역을 30년 공부해도 분명치 않은 것이 이름이다. 옛 성인이 지었다고 하니 진리는 틀림없을 것 같지만, 이유를 깨닫는 것은 쉽지 않은 것이다. 그러나 언젠가는 성인의 이해력과 일치하는 때가 올 것이다. 열심히 나아가자.

이제 괘상 ䷗과 ䷗을 비교해 보자

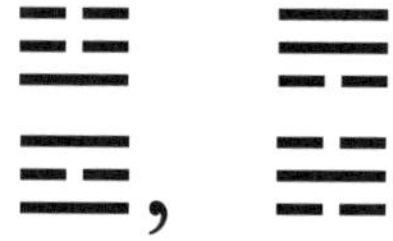

어떤가? 서로 반대의 그림이 아닌가! ☷의 반대가 ☳이고, ☳의 반대가 ☷이다. 더 자세히 들여다보면 --의 반대는 —이다. 즉,

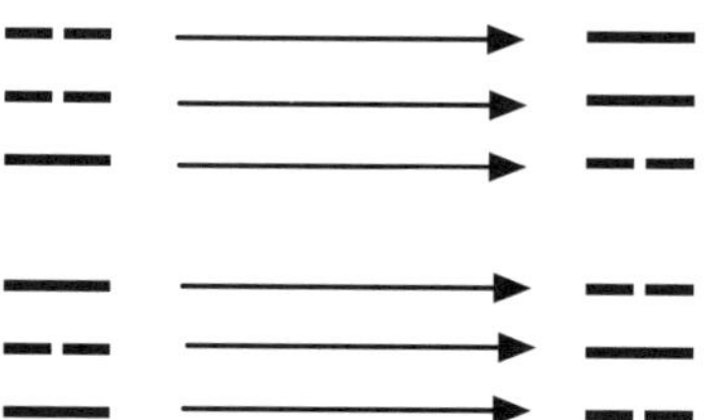

여섯 개의 획이 모두 반대가 되어 있는 것이다. 그래서 괘상의 이름조차 반대로 되어 있다.

▦ 은 환(渙)으로서 흩어짐을 뜻한다. 그리고 ▦ 은 풍(豊)으로서 '뭉침'을 뜻한다.

흩어짐과 뭉침은 반대가 아닌가! 그림이 반대로 그려져 있어 뜻도 반대가 되어 있다. 주역의 괘상은 모두 이렇게 되어 있다. 즉, 그림이 반대면 뜻도 반대인 것이다. 이것은 상당히 놀라운 일이다. 논리가 정연하기 때문이다.

우리는 주역을 공부하면서 가장 중요한 논리를 한 가지 배웠다. 이 논리를 사용하면 주역의 괘상은 한결 이해가 쉬워진다. 이제 64개 괘상을 일일이 생각할 필요 없이 32개의 괘상을 알면 된다. 나머지 32개는 그 반대일 뿐이다. '슬프다'의 반대는 '기쁘다', '즐겁다'의 반대는 '괴롭다'가 아닌가!

이런 식으로 주역의 괘상도 정반대로 나뉘어지는 것이다. 32개의 괘상을 알면 나머지도 알 수 있는 까닭에 모르는 괘상이 있으면 그 반대의 괘상을 연구하면 된다.

예를 들어 보자.

이 괘상은 화산여(火山旅)라는 것으로, 여행을 나타내고 있다. 어째서 여행이냐? 반대의 괘상을 살펴보자. 화산여의 반대는 ▦ 인데, 그 이름은 절(節)이라고 한다. 이 괘상부터 살펴보자. 물이 연못에 있다는 뜻이다. 흩어지는 물건이 그릇 속에 있다는 뜻과 같다. 그릇이 바로 연못이고, 상자가 바로 자루이다. 그 기능이나 뜻을 보라. 주역은 기능의 뜻을 논의하는 학문이다.

괘상 ䷜은 그릇 속에 담겨 있는 물이니, 이는 집 안에 있는 사람과 같은 뜻이다. 반대로 ䷝은 산을 떠난 불, 또는 집을 떠난 여행객인 것이다. 불의 성질은 어떤가? 위로 올라가지 않는가! 산은? 산은 땅에 붙어 있어서 위로 올라가는 것을 잡지 못한다.

반대의 괘상을 보자. ䷉은 아래 있는 연못이 위에 있는 물을 받아들이고 있다. 물은 아래로 흘러 연못에 가서 정착한다. 그러나 괘상 ䷺은 불이 산 위로 떠올라 없어진다. 바로 여행객의 모습이다. 그림을 다시 한 번 보자.

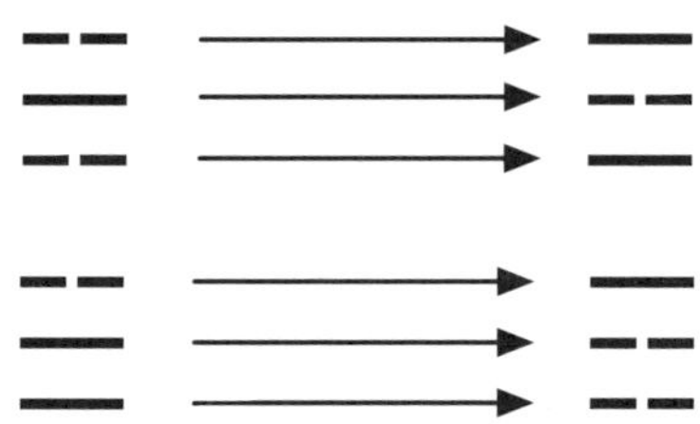

정확히 반대가 아닌가! 몇 가지 예를 더 들어 보자.

䷀은 순양(純陽)으로, 하늘의 운행을 보여 주고 있다. 반대의 괘상은 ䷁으로, 순음(純陰)이다.

䷓은 대지 위를 불어 가는 바람으로, 바람이 땅 속으로 스며들고자 하는 것이다. 반대의 괘상은 ䷲인바, 이는 우레가 하늘 위로 뛰쳐나가 있다.

䷄은 하늘 위에 떠 있는 구름으로, 하늘을 어둡게 덮고 있다. 장차는 땅으로 떨어질 운명에 처한 구름이다. 괘상의 이름은 수(需), 기다림이란 뜻이거니와 언제까지나 하늘 위에서 버틸 수 없다. 이것은 난관을 의미하지만, 결국 난관이 해소될 것이다. 다만 현재는 침체되어 있는 국면이다.

이 괘상의 반대는 ䷢으로서 화지진(火地晉)이라는 괘상이다. 아침과 같은 상황, 대지 위에 나타난 태양이 떠오르고 있는 모습이다. 전도(前途)가 밝다는 의미이다.

䷃은 벌레가 물을 벗어난 상태를 보여 주고 있다. 또는 태중(胎中)을 떠난 아이의 모습이다. 이 괘상의 반대는 ䷤로, 이는 가인(家人)이라는 이름이 있는바, 나무가 흙에 붙어 있는 모습이다. 즉, 어딘가에 소속되어 있는 상태이다. ䷃가 풀려 있다면 ䷤은 맺혀 있는 것이다.

䷔은 이빨 위에 있는 음식의 모습이다. 음식 덩어리가 깨질 운명에 있다는 것을 보여 주고 있는 것이다. 앞에 장애가 있으나 그것은 제거된다는 뜻이다. 적재(積載)된 것의 해소, 이 괘상의 반대는 ䷯이다. 수풍정(水風井)이라는 괘상으로, 이는 모이고 있는 물의 모습이다. 주역의 원전에는 두레박 위에 있는 물로 표현하지만,

땅 아래로 통하여 물이 샘솟고 있는 것을 나타내 주고 있다. 물이
점점 쌓이고 있는 것이다.

▤은 붕괴를 나타내고 있고, 깊게 감춰 두었던 것이 노출되는 모
습이다. 반대의 괘상은 ▤인바, 용이 깊은 호수 아래에서 편안히
쉬고 있는 모습이다.

▤ 산수몽(山水蒙)으로, 물이 산에서 벗어나 아주 자유로운 모습
이다.
   다만 어린아이와 같은 물이 벌판에 나와 방황한다는 뜻이 있다.
자유가 지나치다고 할 수 있다.
   반대의 괘상은 ▤으로, 이는 다 큰 어른을 집에 가두어 놓은 형
상이다. 불을 밝히는 데 있어 위치가 너무 낮아 효과를 발휘하지
못하는 것이다. 사회로 말하면 인재가 등용되지 못하고 초야에 묻
혀 있는 것이다. 자유롭게 활동해야 할 사람이 활동을 하지 못하게
억압 상태에 있으면 혁명은 필지(必至)의 사실.

▤은 태중(胎中)에 있는 아이의 모습이다. 사물의 시작을 의미하
고 험난 속에서 노고하고 있는 모습이다. 반대의 괘상은 ▤로, 이
는 결실을 뜻하고 무르익었다는 뜻이다.

▤은 산에 깃들인 새, 넉넉한 환경에서 잘 자라고 있다. 반대는
▤이 괘상은 체격이 큰 사람이 작은 옷을 입은 모습으로, 옷이 찢

어지려 하고 있다. 작은 그릇에 너무나 많은 것이 담겨 있는 것이다.

䷒ 은 땅 아래의 연못, 즉 바다려니와, 깊게 자리 잡고있는 것이다. 마치 한 나라의 왕처럼 의젓하게 자리를 확보하고 있다. 반대의 괘상은 ䷠로, 하늘 아래 뫼이다. 낮은 산이 하늘 아래 엎드려 있어 숨어 있는 모습이다.

䷧은 바다에서 태양이 떠오르고 있다. 활짝 열린 문으로 자유롭게 나아간다. 해방을 상징하고 있다.

반대의 괘상으로 덩굴에 갇혀 꼼짝 못하는 짐승의 모습을 나타내는 ䷦으로 움직일 수가 없다. 안개 속에 갇힌 산의 모습 등이다.

이 정도로 하고 잠시 쉬자. 계속하면 64개의 괘상 모두가 서로 짝을 이루고 반대의 뜻을 갖고 있는 것을 보일 수 있다. 이제껏 공부한 것에서는 괘가 반대면 뜻도 반대라는 것 정도를 알면 된다. 주어진 괘상이 특정한 뜻을 갖는 이유는 차츰 익숙해져 갈 것이다.

그럼 여기서 64괘를 이루는 원소, 즉 팔괘에 대해서 공부해 보자. 말하자면 64괘를 분석한다는 의미가 있다. 64괘란 팔괘가 상하로 중복되어 있는바, 소위 대성괘(大成卦)라고 한다. 팔괘는 64괘의 원소로서 소성괘(小成卦)라고 한다. 우리는 팔괘를 공부함으로써 64괘의 성립을 근원적으로 따져 보는 것이다.

64괘, 즉 대성괘는 사물의 온전한 작용을 뜻하거니와, 그 근저에는 팔괘가 있는 것이다. 팔괘에 대한 것도 너무 깊게 들어가면 길을 잊어버릴 염려가 있다. 눈에 보이는 대로 직관에 의지하여 천천히 파고들어가 보자. 우선은 겉에 보이는 모습에 유의하자.

다음은 팔괘의 뜻을 사물의 모습을 빌려 설명하고 있는 것이다.

玉虛眞經 (4)

入首玄虛心默之 吾謂此入眞

현허에 머리를 깊게 파묻고 묵고(默固)하게 한다. 나는
이것을 입진(入眞)이라 한다.

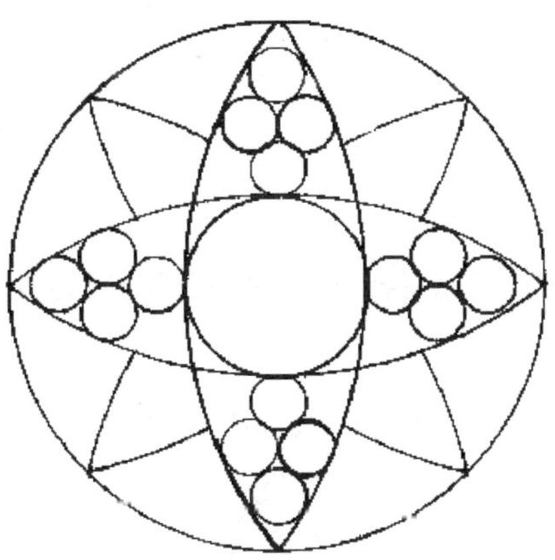

바람의 철학

팔괘 중의 하나인 ☴을 공부하자.

이 괘상은 이름을 손(巽)이라 하고. 바람을 상징한다. 그러나 ☴은 어디까지나 바람 그 자체가 아니고 '바람 같은' 사물을 말한다. 즉, 바람이 갖고 있는 성질을 일반화한 것이다. 수학에서는 이러한 일을 추상(抽象)이라 하거니와, 주역은 바로 만물을 추상한 것이다. 따라서 바람이라는 구체적인 사물을 통해 ☴을 이해해야지 ☴에서 바람을 알면 안 된다. 바람은 오직 ☴의 극의(極義)를 깨닫기 위해 사용하는 것뿐이다.

☴의 성질은 '통한다, 새롭다, 넓다, 유연하다, 움직인다' 등인바, 바람이 대체로 그러한 성질을 갖고 있다.

이것들은 사물에 어떻게 응용되는가? 예를 들면, 속이 꽉 막힌 사람과 속이 탁 트인 사람이 있는데, 그 가운데서 후자를 ☴로 표현한다. 탄광 속에 갇힌 광부가 고립되어 있다가 외부와 의사 소통이 되었을 때 이를 ☷이라고 말한다. 물론 구출되었을 때에도 당연히 ☷이다.

☷을 병법에 응용해 보자. 손자는 모든 곳으로 소통이 원활한 땅을 구지(衢地)라고 했거니와, 이런 땅이 바로 ☷의 성질을 가지고 있다.

전쟁에 있어서 이런 땅은 최우선적으로 장악해야 하는 것이다. 그래야만 적의 움직임을 봉쇄하고 주도권을 쥘 수 있기 때문이다.

예로부터 명장은 전쟁이 시작되면 제일 목표로 구지, 즉 ☷의 성질을 띤 땅을 차지하려고 다투었다. 나폴레옹도 최후의 전투인 워털루 전투에서 ☷의 지역인 어느 농가 근방을 차지하려고 웰링턴 장군의 부대와 싸운 적이 있다. 결국 나폴레옹은 패하고 말았지만, 이는 ☷의 지역을 장악하는 데 실패했기 때문이다. 만일 우리 나라에서도 전쟁이 발발한다면 우리 군대는 즉각적으로 ☷의 지역으로 진출해야만 할 것이다.

바둑에 있어서도 중앙 전투를 장악해야 하는바, 중앙 지역이 바로 ☷의 지역인 것이다.

계엄군이 시내에 진입해서도 마찬가지이다. 사태를 장악하기 위해서는 ☷의 지역에 병력을 배치해야 한다. 그런 곳은 광화문 사거리, 은행·방송국·대학·정부 청사·청와대 등이다.

장사를 함에 있어서도 ☷의 지역에 벌여 놔야 번창할 수 있나. 이른바 목이라는 것인데, 교통이 편리하고 사방이 확 트여 사람들이 모여들기 좋은 곳이 ☵의 목인 것이다.

사람의 성격에 있어서도 융통성이 있어야 하는데, 그 융통성이 바로 ☵의 성질이다. 또한 사람은 날이면 날마다 새로워져야 하는바, 여기서 새로움이란 미래와 소통된다는 뜻이 있고, 공급된다는 뜻이 있다. 이것이 ☵이다. 사람의 운명도 ☵의 성질을 띠고 있으면 변화하고 발전하고 소통된다.

이런 사람은 절대로 형무소에 들어가지 않는다. 형무소는 바로 ☵의 성질을 죽이는 곳이다. ☵의 성질은 생기(生氣)와 자유를 뜻하는바, 흔히 바람을 피운다는 말은 새로운 상대를 만났다는 뜻이다. 주역을 모르는 사람도 누군가에게 변화가 생기면 고개를 갸우뚱하며 '바람났나?' 하고 의문을 품는다.

바람은 즉 ☵인데, 일편 단심으로 한 사람만 좋아하던 사람이 다른 사람 쪽으로 돌파구가 열리면 ☵이 생긴 것이다.

그러고 보면 ☵이란 참 좋은 것이다. 우리는 마음 속에 또는 운명 속에 항상 ☵이 깃들이기를 기원해야 한다.

국가의 운영에 있어서도 ☵은 외교를 뜻하는바, 무엇보다도 우선해야 할 것이다. 사업에 있어서도 판매 지역을 넓히고 수입선을 다변화하는 것이 모두 ☵을 일으키는 것이다.

여기서 잠깐 ☵을 이용한 운명 개선책 하나를 예로 들어 보자. 다소 미신적인 요소가 있는 듯하지만 효용은 그게 아니다. 운명이 나쁜 사람이 이를 개선하기 위한 수단으로 ☵을 일으키는 것인바, 그 방법은 온통 문을 열어 놓는 것이다. 방문이든 창문이든 서랍이든 장롱이든 문이란 문을 다 열어 놓고, TV나 라디오도 틀어 놓는다. 그리고 그 안에 나체로 있으면 더욱 좋다. 마음도 기분도 고쳐 가지고 있으면 더더욱 좋다.

이렇게 하는 것은 단순히 상징이라고 생각할지 모르지만 실은 이런 일에 의해 큰 운명이 시작되는 것이다. 병을 극복하는 일도 마찬가지이다.

암에 걸린 사람이 이런 식으로 한다면 암도 극복할 수 있을 것이다. 암이라고 해서 약으로만 치료할 게 아니다. 운명력을 이용해야 한다. 암은 주역에서 ☶로 표현하는바, 이는 ☳에 의해 제거될 수 있다.

☳의 다른 면을 살펴보자. ☳은 넓어지고 새로워지고 움직인다는 뜻이 있다. 따라서 잘되어 가는 연애에 있어서는 ☳이 깃들이면 안 된다. 김이 확 샐 뿐만 아니라 갑자기 사이가 나빠진다. 데이트 장소만 해도 그렇다. ☳의 장소로 나아가면 흉하다.

하지만 묏자리를 쓰는 데는 ☳의 땅이 최고이다. 소위 명당(明堂)이라는 곳인데, ☳의 지역에 묘를 쓰면 자손이 크게 융성할 수 있다. 반대로, 흉처(凶處)는 ☶의 지역인데, 기(氣)가 통하지 않는 곳이다.

☶은 ☳과 상반되는 괘상으로 연애 장소로는 더없이 좋다. 아늑하고 사람이 없는 곳이다. 은밀한 지역의 여관이 바로 그런 곳이다. 그런 지역을 ☶이라 하거니와, 묏자리에는 아주 나쁘다.

군대가 주둔하는 데도 위험한 곳이다. ☶은 ☳을 이해하는 데 도움을 주므로 이에 대한 예를 살펴보자.

삼국지에 마속이라는 장수가 나온다. 이 사람은 제갈공명의 부하이며 또한 제자인데, 제갈공명으로부터 처형을 당한 사람이다. 마속은 어느 곳에 진(陳)을 쳤는데, 이 지역은 ☷의 땅이었다. 병법에서 ☷의 지역이란 '들어간 곳으로 다시 나와야만 하는 곳'이다. 손자는 이런 땅을 애지(隘地)라고 했거니와, 마속이 진을 친 곳이 바로 이런 땅이었다. 흔히 진을 칠 때 이러한 곳을 선택하는데, 이는 상당히 위험하다. 주역의 이치를 알면 이것을 쉽게 알 수 있으므로 여기서 세세한 것은 생략하고 넘어가자.

마속이 진을 친 곳은 작은 산으로 외부에서 포위가 가능한 곳이었다. 산이 크다면 전체를 포위하기가 곤란했겠지만 작았기 때문에 가능했다. 이런 산은 산에서 산으로 가는 방법이 없어서 천상 다시 내려와야 하는 곳이다.

이런 땅은 ☰의 지역이 아니다. 바로 ☷의 지역인데, 이런 땅은 숨기에는 적합하지만 전투에 몰리면 단순한 상황에 몰리게 된다. 이기지 않으면 도망갈 수가 없는 곳이다. 적군이 오자 마속은 전투를 시작했다. 그러나 도망갈 곳이 없었다. 당초 애지에 진을 친 것이 실수였다.

군대의 진법은 대군이 아니면 막힌 곳에 진을 치는 법이 아니다. 대군은 충분히 반격할 수 있기 때문에 달리 소통이 없어도 어느 정도 가능하다. 하지만 마속의 군대는 소규모였다. 마속의 군대는 결국 궤멸하고 말았지만 마속만은 제갈공명이 구해 주었다. 제갈공명은 마속이 진을 친 지형을 보고받고 당장 위험한 곳임을 알았다.

모름지기 군대의 주둔은 소통이 가능한 곳이어야 한다. 외길이어서는 안 된다는 말이다. 만약의 사태에 대비해서 피할 곳이 있어야 하는 법이다.

마속은 이렇게 생각했다.

'적이 오면 산을 내려와 물리치리라.'

하지만 산 아래는 대군이 와서 장악해 버렸다. 제갈공명은 마속이 패하기 전에 이미 위험을 알아차리고 그것을 시정해 주기 위해 사람을 급히 보냈지만 적이 먼저 와 버렸던 것이다.

다행히 마속은 제갈공명에 의해 구출되었다. 그러나 제갈공명은 울면서 마속을 처단했다. 이를 들어 읍참마속(泣斬馬謖)이라 하거니와, 마속은 주역의 이치를 몰랐던 것이다.

병법은 때로 교범적(敎範的)이어서 응용하는 데 애를 먹지만 주역을 알면 정황을 확실히 알 수 있다. 병법에는 강을 등지지 말고 산을 등지라고 했는데, 마속이 뭐가 잘못됐단 말인가. 요는 ⚍과 ⚎의 이치를 몰랐기 때문이다. 매사에 도망갈 구멍을 만들어 둬야 하는 것이다.

도망갈 구멍! 그것이 바로 ⚎이다.

무작정 한 여자만 좋아하는 사람도 위험하다. 플레이보이는 예비로 많은 여자를 준비해 둔다. 가정은 어떻게 해야 하는가? 부인 몰래 애인, 즉 ⚎을 마련해 두어야 할까? 아니면 외통수, 즉 ⚌ 상태로 오직 부인만을 사랑해야 하는가?

이 문제는 각자에게 맡기기로 하겠다. 여기서는 ⚎이 세상사에 쓰이는 바를 대충 살펴보았다.

우리는 점점 ⚎의 극의(極義)에 접근해 가는 중이다. 다만 이 괘상 하나만 논하고 있으면 지루하니까 다른 괘상 하나를 추가해 보

자. 방금 나온 ☱이다. 이 괘상은 연못인데, 담겨 있는 것은 모두 ☵이다. 그리고 담길 곳도 마찬가지이다. 주머니·서랍·자루·방·감옥·형식·규칙·여자의 몸·군복 등은 모두 ☱로 표현될 수 있다. 다만 일반적으로 도로는 ☵이지만, 정체가 심한 도로는 ☱으로 표현된다.

그리고 흐르는 것은 바람이든, 물이든, 자동차든, 사람이든, 유행이든, 감기든, 모든 것이 ☵이다. 물론 모여 있는 것은 물이든, 물건이든, 모든 것이 ☱이다.

우리는 사물을 보고 즉각 괘상을 배당할 수 있도록 훈련을 쌓아야 한다. 주역은 귀에 걸면 귀걸이 코에 걸면 코걸이가 아니다. 정밀한 뜻을 알고 괘상을 배분해야 하는 것이다.

사람의 성격을 논해 보자. 당연히 사람의 성격은 여덟 가지로 분류된다. 운명도 마찬가지이다. 하지만 여덟 개 모두를 사용하면 번거로우므로 우선은 ☵과 ☱만을 사용하자. 사람의 성격을 크게 둘로 나누어 보자는 것이다. ☵과 ☱인데, 이 둘 중에 포함되지 않는 사람은 기타라고 해 두고 나중에 다른 괘상을 배분하면 된다.

지금 우리가 논하는 것은 사람의 성격인데, 선악은 별개 문제이다. 예를 들어 원칙을 잘 지키는 사람은 ☱형의 사람이고, 그때그때의 상황에 잘 대처하는 사람은 ☵형의 사람이라 할 수 있다. 이들 가운데서 누가 더 선한가?

정답은 없다. 외교관은 ☵형이어야 하고, 군인은 ☱형이어야 할까? 남자는 ☵형이어야 하고 여자는 ☱형이어야 할까?

무엇이 좋은지 모른다. 우리는 다만 ☵과 ☱을 가지고 사람의 성격을 논하고자 하는 것이다.

☴을 먼저 보자. 이런 사람은 한마디로 바람처럼 시원한 성격이다. 사회성이 높은 사람이라고 할 수 있다. 자연과학 교수는 이런 타입이 아니다. 공무원도 마찬가지이다. 교사도 이런 타입이 아닐 것이다. 남대문 시장의 장사꾼은 ☴의 성질이다. 뒤끝이 없는 사람도 ☴에 해당된다. 신용 없는 사람이 바로 ☴에 해당된다. 우리는 흔히 거짓말을 허풍이라고 한다. 바람은 시간이 지나면 흩어지기 때문에 믿을 수 없다.

☴의 사람은 활동성이 왕성하다. 폭이 넓다고도 할 수 있다. 낭비는 좀 있지 않을까? 이런 사람은 침착하다고 볼 수는 없을 것이다. 인내심도 많다고 할 수 없다. 그러나 외교적이고 명랑할 것이다. 강직하기보다는 부드러운 사람에 해당된다. 끈기는 있을까, 없을까? 이 문제에 대한 답은 바람을 생각해 보면 알 수 있다.

바람이 끈기가 있는가! 바람은 화끈해도 길게 가면 사그라지게 마련이다. 이런 사람은 연애를 해도 초장에만 온 힘을 들인다. 시간이 좀 지나면 금방 싫증낸다. 이른바 바람둥이이다. 매력은 있을 것이다. 여자도 잘 빠진 사람은 ☴에 해당된다. 이런 사람은 생기가 넘치고 직업도 자주 바꾼다.

운명은 어떠할까! 새로운 사건을 자주 맞이할 것이다. 신문 기자나, 연예인, 해외 파견 근무자들이 이런 운명이다. 우리 주변에 이런 사람이 있는기? 당장 나 자신부터 살펴보자. 그렇지 않다고? 사람은 누구나 ☴ 성질이 조금은 있어야 한다. 만약 그런 성질이 없다면 갖추어 나가야 할 것이다.

☷은 특히 새로움을 일으키는 것이니 성격이 옹졸한 사람이라면 ☷의 성질을 갖추어야 한다. 그래야 행운도 찾아온다. 물론 ☷의 성질이 지나치면 찾아온 행운도 잃어버릴 수가 있다. 요는 적당해야 하는 법이다.

아무튼 우리는 ☷의 성질을 가진 사람을 연구해 보았다. 이런 사람은 우리 주변에 얼마든지 있을 것이다. 이런 사람과 사귄다면 어떨까? 그것은 각자의 취향 문제이다.

우리는 주역의 괘상인 ☷을 통하여 사람을 판단하는 방법을 배웠다. 벌써 사람 성격의 8분의 1을 안 것이다. 심심풀이로 우리 식구에서부터 회사 동료 모두를 이 틀에 맞추어서 분류해 보면 ☷에 대한 좋은 공부가 될 것이다.

이제 ☵에 대해서 공부해 보자.

玉虛眞經 (5)

溪谷位下之故 能納山水 器亦下 能盛食
眞人之心在下之故 勿失道

계곡이 아래에 있는 까닭에 산의 물을 받아 담을 수 있는 것이고, 그릇이 아래에 있는 까닭에 그 위에 음식을 올려놓을 수 있고, 진인(眞人)의 마음이 아래에 있는 까닭에 그 도를 잃지 않는 것이다.

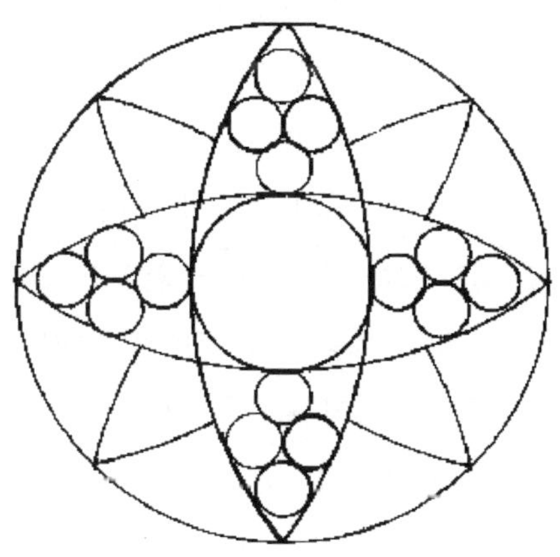

연못의 철학

☵은 흐르는 것이 담겨서 안정되어 있는 것이다. 그래서 연못을 ☱으로 표현한다. 다만 주역에서는 담겨 있는 것을 물에 국한시키지 않는다. 돈을 저축해 놓은 통장도 ☱에 해당되는 것이다. 가정 교육을 잘 받은 사람도 ☱에 해당된다. 무술인의 동작도 마찬가지이다. 바둑에 있어서 정석이란 것도 ☱에 해당된다.

사람은 어느 정도 틀이 갖추어져 있어야 한다. 너무 꽉 짜여 있어서도 안 되겠지만, 담겨 있는 것이 전혀 없다면 실없는 사람이 될 것이고, 정신도 혼란스러운 사람이 될 것이다. 사람의 안에 담겨져 있는 것이 있다면 운명도 안정이 될 것이다.

☱형의 사람은 평화스럽고 정착된 사람이다. 물론 우리가 이런 사람이 되고자 한다면 일부러라도 될 수는 있다. 특히 자신이 ☱형의 사람이라면 ☱의 성질을 갖추도록 노력해야 할 것이다.

☲형의 사람은 한마디로 연못처럼 담겨져 있는 사람인데, 사람 앞에 나서지도 않고 실속도 있는 사람이다. 소극적이지만 침착한 사람이다. 다만 뒤끝이 좀 있어서 다소 옹졸할 수도 있다. 바람에 비해 연못은 한계가 있기 때문이다.

물론 이런 사람은 고요한 정서가 있어서 좋다. 사회성은 떨어질 수도 있다. 자연 과학자들 중에 이런 사람이 많다. 은근한 성격이며 수동적이다. 질서가 잡혀 있는 사람으로, 돌아다니기보다 정착하기를 좋아한다. 산에 가도 무작정 올라가기보다 계곡에 앉아 있기를 좋아한다.

생활에는 짜임새가 있다. 하지만 왕성한 활동력을 가진 사람은 아니다.

운명에 있어서는 다복한 사람이다. 직장인으로서 적합하다.

사치는 적고, 연애를 하면 정신적인 경향을 띤다. 정력은 약할 것이다. 연못은 한계가 있기 때문이다.

이런 사람은 내향적인 사람으로 여자의 성격이 대체로 ☲라고 할 수 있다. 이런 사람은 옷을 입어도 정장이나 단정한 것을 좋아한다. 잠바를 입는 타입이 아니다.

창조성은 부족할 수도 있으나 주어진 업무에는 충실하다. 이런 사람이 주변에 있는가? 나 자신은? 이런 사람은 신용이 있어 돈을 꿔 줘도 된다. 하지만 스케일이 작아서 큰돈은 무리일 것이다.

이런 사람의 운명은 조용하다. 그리고 안정되어 있다. 연못 같은 사람이니 운명도 마찬가지이다.

이런 사람은 웬지 대장부 같지 않은 느낌이 든다. 하지만 결코 그렇지 않다. 이런 사람은 실력을 갖추고 있다. 신선들은 마음이 ☵ 상태가 되기 위해 수련한다. 무술인도 마찬가지이다. 기(氣)를 쌓는 공부를 하는 사람도 마찬가지이다. ☵은 우리 신체로 말하면 자궁(子宮) 같은 곳이지만 단전(丹田)도 이에 해당된다. 특히 단전의 내궁(內宮)이 ☵의 장소인 것이다.

내친 김에 단전의 내궁을 살펴보자. 어디까지나 ☵의 성질을 우리 몸에서 찾아보기 위함이다.

지금 우리는 주역을 공부하고 있는 중이다. 단전의 내궁은 우리 몸에서 가장 큰 기운이 축적되어 있는 곳으로, 신선들은 평생 이 기운을 지키고 기르는 데 그 뜻을 두고 있다.

명상이란 것은 바로 그 목적으로 수련하는 것이다. 내궁은 해부학적으로 논하면 우리의 양신장(兩腎臟) 중앙에 위치한다. 명상이나 선정(禪定)에 잠길 때는 우리의 의식을 이 곳에 집중시켜야 한다. 그러고는 연못처럼 담겨 있어야 하는 것이다. 결코 바람 같은 마음이어서는 안 된다.

고요! 이것은 곧 ☵을 상징하거니와 죽어 있는 것이 아니다. 담겨 있을 뿐이다. 마음이 정착되면 기운도 정착되는 법이다. 평정은 인간이 하는 공부 중에 가장 어려운 일이거니와, 이는 바로 ☵ 상태를 유지한다는 뜻이다. 우리 신체 중에 배[腹]는 ☷에 해당되는 바, 깊은 안정 상태는 ☷☷로 표현된다.

이 괘상은 ☵ 자체가 아래로 깊게 내려가 있는 것을 나타내고 있다. ☷만 해도 담겨 있는 것인데, 이것 자체가 땅 속, 뱃속에 들어가 있다면 얼마나 안정되겠는가.

만일 우리의 마음이 양어깨 사이 등의 중간에 와 있다면 이는 평정이 완전히 무너져 내린 것이다. 이는 우리의 마음과 신체가 ☰ 상태가 된 것이지만, 이런 상태에서는 공연히 떨리고, 마음에 담겨진 것이 없어서 막연히 고집이 생기고 굳어진다. 만물이 죽어 갈 때 이런 현상이 생기는 것이다.

어쨌건 우리는 평정을 수련해야 하는바, 연못을 보고 그것을 배워야 한다. 처세에 관해서도 ☵의 자세는 아주 중요하다. 대중 사회 속에 우리가 있을 때 공연히 나서면, 즉 ☲ 상태가 되면 남의 공격이나 지탄을 받기 쉽다. 때가 아니면 ☵ 상태에서 세상을 관망하는 자세여야 한다.

물론 처세에 있어서 ☵의 사람은 어중간한 면이 있을 수도 있다. 하지만 안정되어 있는 것이다. 다만 노동 운동의 지도자나 데모의 주동자는 ☵의 성질이 있어야 할 것이다. ☲의 자세로는 남을 지도해 나가기가 힘들기 때문이다. ☲의 자세는 어디까지나 자신의 인생에 충실한 자세이다.

남의 인생을 넘보지 않고 나 자신을 지키는 것이다. 그렇다고 해서 이기적이라는 것이 아니다. 다만 세상 사는 이치란 자신을 먼저 갖추고 나서 남의 일에 관여해야 하는 것이다. 지나치게 돌아다니기를 좋아하는 사람은 ☵을 못 갖춘 사람이기 때문에 흉한 사람이다. 옛말에 ‘비요사 불출문어외(非要事不出門於外)’라는 말이 있는데, 이는 ☵ 자세를 극명하게 드러낸 말이다.

도인도 깊은 산중의 계곡, 즉 ☵의 장소에서 몸을 안정시키고 그 마음을 고요하게 한다. 마음을 고요하게 하는 것은 바로 ☵ 상태를 말하는 것으로, 신선은 운명조차도 ☷ 상태가 되기를 희망한다. 우리가 영웅이나 정치가가 되기를 원한다면 모르지만 그렇지 않다면 ☷ 상태는 아주 훌륭한 자세가 아닐까?

잠시 얘기가 빗나간 것 같다. 하지만 ☷의 쓰임새를 통해 그 뜻을 규명하고자 했을 뿐이다. ☷의 뜻과 그 쓰임새를 보기 위해 한 가지만 더 예를 들어 보자.

'엔트로피'라는 것이 있다. 이는 아주 중요한 개념이므로 누구나 알아 두어야 할 필요가 있다. 그 개념을 자세히 몰라도 상관없다. 여기서 슬쩍 알고 넘어가면 된다.

엔트로피는 흔히 '무질서의 정도'를 나타내는 말이지만 정보를 나타내기도 한다. 하지만 여기서는 사물의 짜임새를 나타내는 말이라고 생각해 두자. 다만 엔트로피가 높다는 말은 짜임새가 없다는 말이다. 군대의 기강이 해이해진 것도 엔트로피로 나타낼 수 있다. 술 마시고 혼란스러운 것도 엔트로피로 나타낼 수 있다. 이는 둘 다 엔트로피가 높은 것이려니와, 엔트로피가 높다는 말은 한마디로 '개판'이란 말이다.

자연계의 생물을 보면 개미들의 행동은 엔트로피가 적다. 조직적이란 말이다. 인간의 경우 남자는 엔트로피가 적은 행동을 할 수 있다. 즉, 통제가 잘 되고 단합되고 조직적이란 말이다.

여자의 경우는 반대이다. 이 자리에서 여자를 흉보자는 것은 아니지만, 여자는 대체로 비조직적이고 통제가 잘 안 된다. 이기적이기 때문일 것이고, 안정이 잘 안 되어 있기 때문일 것이다.

어쨌든 잘 짜여진 것은 엔트로피가 적다고 하거니와, 돈이라는 것은 엔트로피가 아주 적은 사물이다. 이것은 물건으로 교환되면 엔트로피가 증가한 것인데, 우주의 모든 사물은 엔트로피가 증가하는 방향으로 움직이고 있는 것이다. 이것은 자연과학에서 발견한 진리인데, 주역에서도 그 법칙을 당연한 것으로 인정하고 있다.

☱의 상태는 ☴ 상태로 가기 쉬운데, 반대로 ☴의 상태에서 ☱의 상태로 가는 것은 어렵다. 이는 담겨 있는 물은 쏟아지기 쉽지만 그 물을 주워 담기 어렵다는 뜻이다. 사람도 한번 타락하면 제자리를 찾기가 어렵고, 마음도 한번 주면 거두어들이기 어려우며, 한번 욕심이 일어나면 참기가 어려운 법이다.

☱이란 것은 아직 시작하지 않은 상태로서 가지런한 상태이다. 이것은 언제고 흩어지게 마련이다. 즉, ☴ 쪽으로 가는 법이다.

사물은 저절로 ☴에서 ☱으로 가기는 어렵다. 수줍음 타는 아이, 즉 ☱의 성질을 가진 아이는 수다스러운 어른, 즉 ☴이 되기가 쉽다는 뜻이다. 돈도 물건으로 바꾸기는 쉽지만 물건이 돈으로 바뀌는 것이 얼마나 어려운가!

우리는 사물이 가지런한 것을 보면 장차 흩어질 것을 예측할 수 있어야 한다. 그리고 ☴ 상태의 소중함도 알아야 한다. ☱은 공을 들인 상태이고 ☴은 저절로 될 수 있는 상태이다. 벼가 잔뜩 익은 상태도 ☱로 표현할 수 있는데, 사람도 속에 든 것이 많으면 자세가 신중하다. 신중한 것이 바로 ☱의 자세인 것이다. 물론 대중 앞에서 말 한마디 못 하는 사람은 지나친 것이다.

사람은 ☱을 체(體)로 삼고, ☴을 용(用)으로 삼고 살아간다면 좋으리라. 즉, 연못처럼 안정되고 바람처럼 움직인다. 병법의 도리도 이러하고 처세도 이렇게 하면 성취하는 바가 많을 것이다.

이제 ☷와 ☰의 성질에 대해 더욱 세세히 살펴보자.

玉虛眞經 (6)

心如淸澗水 道人下而飮之

마음이 맑은 계곡의 샘물과 같아서 항상 도인(道人)이
내려와 마시는 바 되는 것이다.

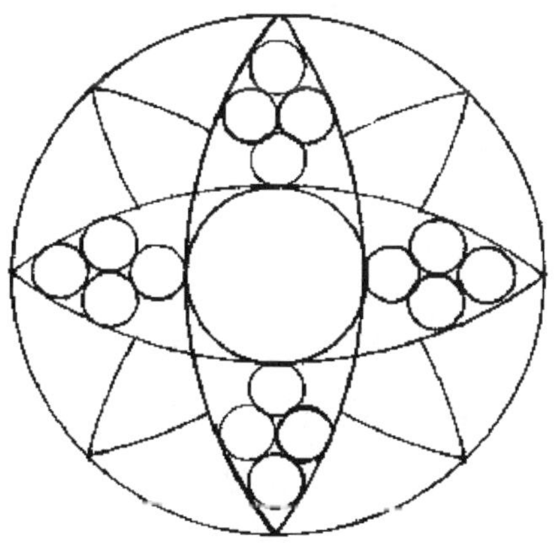

☱와 ☷

사물 중에 ☱을 뜻하는 것은 '연못 같은 것'이려니와 이것은 한 마디로 그릇 같은 것을 말한다. 주역에서는 뜻과 기능이 중요하므로 큰 그릇, 작은 그릇은 별개의 문제이다. 우선은 그릇이냐 아니냐가 중요하다.

그릇이란 과연 무엇인가? 그릇의 성질을 확연히 알기 위해서는 그 안에 물을 담아 보면 된다. 물이 그 속에서 자리를 잡고 있지 않은가!

병은 더욱더 그렇다. 접시는 어떤가? 이것도 그릇은 그릇이다. 그런데 병하고는 무엇이 다른가? 우리의 식탁 위에 간장은 병에 담겨 있고 반찬은 접시에 담겨 있다. 그 반대라면 어떠할까? 병에 반찬을 담는 것이 어려우면 깊숙한 그릇이라고 해 두자. 이 곳에는 국을 담으면 좋을 것이다.

접시에는? 여기에는 국물을 담기가 어렵다. 흘러 넘치기 때문이다. 접시는 그릇은 그릇이지만 담아 놓는 데는 효과적이지 못하다. 이는 무슨 뜻일까? 우리는 접시를 많이 사용한다. 왜일까? 결론부터 얘기하자.

접시는 테두리가 얕아서 여러 사람이 집어먹기 쉬운 면이 있다. 즉, 공동으로 빈번히, 덩어리를 담아 놓는 데 유리하다는 것이다. 우리는 흐르지 않는 음식물이라면 무엇이든 접시에 담는 것이 편리함을 알 수 있다. 이는 접시가 보통 그릇과 다른 면이 있기 때문이다.

주역의 괘상에서는 접시를 ☱로 표현하지 않고 ☴로 표현한다. 테두리가 없기 때문이다. 연못을 보라. 테두리가 있지 않은가! 물을 가두어 놓기 위해서.

그래서 연못은 ☱로 표시하는바, ☱의 모양을 자세히 살펴보자. 위쪽은 --, 즉 음(陰)으로 되어 있고, 아래쪽을 —, 즉 양(陽)으로 되어 있다. 양은 위로 올라가려는 성질이 있는바, ☱에서는 두 개의 양이 하나의 음 아래에 갇혀 있다.

☴는 어떠한가? 이것은 양 두 개가 음 위에 있어서 얼마든지 도망갈 수 있게 되어 있다. 이런 논리는 차후에 깊게 논의될 것이다. 지금은 단순히 느낌만 알고 넘어가자.

접시의 성질을 생각해 보자. 그 위에 있는 음식이 얼마나 떠 먹기 쉬운가! 방석도 접시와 같은 면이 있다. 돗자리도 마찬가지이다. 직장에서 임시 직책을 맡고 있으면 그것이 바로 ☴의 상태인 것이다. 인생도 정착이 안 되어 있을 때를 ☴로 표현한다.

한참 활동할 때라고 해도 좋다. 요는 ☵과 ☲ 차이가 두드러지지 않을 때가 있는데, 그 때에도 자세히 살피면 알 수가 있다. 접시는 무엇인가를 담아 놓고 보관하는 것보다 공급하기 위한 목적이 있는 것이다. 손님이 왔을 때 항아리에 과일을 내오는 것보다 접시에 내오는 것이 얼마나 유용한가.

우리의 주머니도 속주머니는 깊기 때문에 ☵에 해당되지만, 셔츠의 윗주머니는 ☲에 해당된다. 기능을 중시하라는 뜻이다. 그리고 기능을 보더라도 상대적이고 현실적인 기능을 봐야 하는 것이다. 앞에서 이미 지적한 것처럼 도로는 소통을 위한 사물로서 정히 ☵로 표현될 수 있지만, 정체가 심한 도로는 그 속에 자동차가 잡혀 있는 것이니 ☲로 볼 수 있는 것이다.

반대로, 산과 산 사이의 도로는 ☵이지만, 군사 작전시 적을 그 도로 사이에 포위해 두었다면 그 도로는 ☵이 아니라 ☲이 된다. 물론 도망갈 길이 많다면 다시 ☵로 표현되는 것이다. 요컨대 ☵는 소통, ☲는 정체라고 보면 된다.

편지는 무엇일까? 의사 소통에 뜻이 있으니 당연히 ☵이다.

선물은? 이는 한 곳에 도달하는 것이 목적이니 ☲이 된다.

뇌물은? 이것은 선물하고는 좀 다르다. 목적이 있다. 허가가 안 나오는 일을 해결 보기 위해 관리에게 무엇인가를 보냈다면 그것은 소통의 목적을 띤 것으로 ☵이 되는 것이다.

웬 남자가 꽃을 보내 왔다면? 이는 사랑하자는 뜻이니 바로 ☲에 해당된다.

새 옷은? 이것은 ☲이다.

헌 옷은? 이것은 ☷이다.

슬쩍슬쩍 느끼고만 넘어가자. ☷과 ☰을 구분하는 방법은 사물의 기능에 달려 있지만 관점이 중요하다. 자연스럽게 습득해 가는 것이 중요하다. 괘상 자체의 성질은 효(爻), 즉 —이나 --의 위치에 따른 정밀 논리가 있지만, 사물에 괘상을 배당시키는 방법은 즉시 답이 떠올라야 한다.

높은 지대와 낮은 지대는 무엇인가? 높은 곳은 ☰이고 낮은 곳은 ☷이다.

이런 식으로 사물에 대해 쉽게 ☰과 ☷을 배당시킬 줄 안다면 상당히 주역에 접근해 있다고 할 수 있다.

전혀 감이 안 잡힌다고? 그렇다면 높은 곳과 낮은 곳 중 어느 곳이 바람이 잘 통하는가? 두말 할 것 없이 높은 곳이다. 그래서 높은 곳을 ☰라고 하는 것이다.

그러면 낮은 곳은? 물이 잘 모인다. 그러므로 ☷이다. 사람의 마음도 조심성이 있는 사람은 낮게, 즉 ☷ 상태에 있다고 볼 수 있다.

연예인과 과학자는? 연예인은 ☰이고 과학자는 당연히 ☷이다.

유명한 사람은? ☰이다. 누구나 알고 있기 때문이다.

대통령은? ☰이다. 자유 자재이고 부서가 정해져 있지 않기 때문이다.

그럼 장관은? 부서가 정해져 있으므로 ☷이다.

어른은? ☰이다.

아이는? ☷이다.

우물은? ☷이라고? 글세……. 우물은 퍼내도 퍼내도 새로운 물이 나오지 않는가! 그릇 속의 물과는 다르다. 우물은 고여 있는 물이 아니라 다른 곳과 통해 있다. 다시 말해 수맥이 통하고 있는 물인 것이다. 그러므로 ☵에 해당된다.

☵은 새롭고, 통하고, 움직이는 것이다. 사람이 앉아 있을 때는 ☷이고, 걷고 있을 때는 ☵이다. 이 정도면 ☷과 ☵을 구분할 수 있을 것이다.

문제를 한번 내보자. 6.25 동란 때 우리는 부산 일대에 갇혀 있었는데, 이 상태는 ☷일까, ☵일까? 그렇다. 포위되어 있는 자체만으로 볼 때는 ☷이다. 그러나 우리는 외부, 즉 UN군과 통해 있고, 비행기나 배를 가지고 다른 곳으로 이동이 가능했다. 막다른 골목이 아닌 것이다. 그래서 그 상태는 ☵인 것이다.

UN군은 ☵ 상태를 더욱 넓히기 위해 인천에 상륙했다. 적의 공급로를 차단하기 위해서였다. 따라서 적은 ☵ 상태에서 ☷ 상태로 변하기 시작했다. 결국 서해로부터 동해까지 중부 지역이 차단되자 적은 순식간에 ☷로 되어 고립되고 만 것이다. 이 때 우리 국군은 낙동강을 넘어서 전진을 개시했다. ☷ 상태가 풀려 ☵로 변환된 것이다.

사실 ☷과 ☵의 차이는 백지 한 장 차이이다. 모양으로 봐도 서로 뒤집은 것에 지나지 않는다. 바람이 서면 연못이고, 연못이 흐르면 바람이다. 참고 있는 것은 ☱이고, 화나면 ☴이 된다. 많이 참으면 커다란 연못이고, 이것이 뒤집히면 큰 바람이 되는 것이다. 그래서 잘 참는 사람이 화내면 무섭다는 것이다.

☱과 ☴의 상호 변환의 예는 많다. 이는 현대 과학에서 '카타스

트로피'라는 제목으로 연구하고 있는 바이지만 흔한 예를 들어 보자.

병법의 대가인 손자는 적을 포위 공격할 때는 도망갈 구멍을 만들어 주라고 했는데, 이는 반발을 염려해서이다.

원래 ⚍이란 ⚏로 변할 준비가 되어 있는 사물이다. 좋은 말도 여러 번 하면 화가 나는 법이다. 여자를 여관까지 데려가서 사랑하느냐고 물어보라. 화가 날 것이다. 사랑하니까 따라온 것이 아니겠는가! 잘못했다고 사과한 사람에게 더욱 야단을 쳐 보라. 오히려 반발할 것이다.

잘되는 장사를 확장하고 나서 망하는 경우도 허다하다.

사물은 무엇이든 한계가 있게 마련이다. 그 한계를 넘어서면 변화하게 되어 있다. 소낙비는 쉽게 그치는 법이다. 빚쟁이에게 시달리던 사람도 살 길이 생기는 법이다. 세상의 이치는 바람과 연못이 서로 순환하기 때문이다. 운명을 개척하는 원리도 결국 이것인데, 일정한 성질, 즉 ⚌ 상태를 무너뜨리는 것이 기본이다. 무엇이든 좋다. 변화를 가져 보라는 것이다.

새로운 옷을 입든, 노래를 하든, 창문을 열든, 애인을 바꾸든, 무엇인가를 바꿔 볼 필요가 있다. 사실 자연이란 오래 참고 기다리면 변하게 마련이지만, 기다리기 힘들면 이것저것 바꿔 보는 것이 상책이다. 세상 사는 데는 징조라는 것이 있는바, 이것은 ⚏을 말한다. 색다른 일이 바로 ⚏이다.

흔히 바람은 소식에 비유된다. 새 울음소리도 그런 뜻이 있는데, 구석진 곳에 새가 찾아들면 이는 상서로운 징조로서 상황이 개선되고 침체된 상태가 소통된다는 암시이다. 세상의 이치는 자그마한 것이 움직이기 시작하면 어느 새 큰 것마저 움직이는 법이다. 변화 없이 일정한 일은 당연히 ☱이지만, 이것이 변하면 곧 ☲이 되는 것이다.

우리 주변에 새로움, 즉 ☲이 발생하는가를 살펴보자. 또한 잘 움직이고 있던 일, 즉 ☱이 침체되어 가는 것을 살펴보자. 주역을 알고 세상을 보면 더 잘 보일 것이다. 우리는 앞에서 ☱과 ☲을 살펴보고 서로 비교도 해 보았다. 아직은 연못이나 바람 정도로 이해할 수밖에 없었을 테지만, 차차 ☱와 ☲ 자체를 깨달아야 한다.

그리고 ☱나 ☲가 아니라, 팔괘의 나머지 괘상도 다 이해하게 되면, 활용의 범위도 넓어지고 인생의 깨달음도 깊어질 것이다.

玉虛眞經 (7)

道人雖居高山 心在低也

도인이 저 높은 산에 살고 있지만 마음은 저 아래에 있
는 것이다.

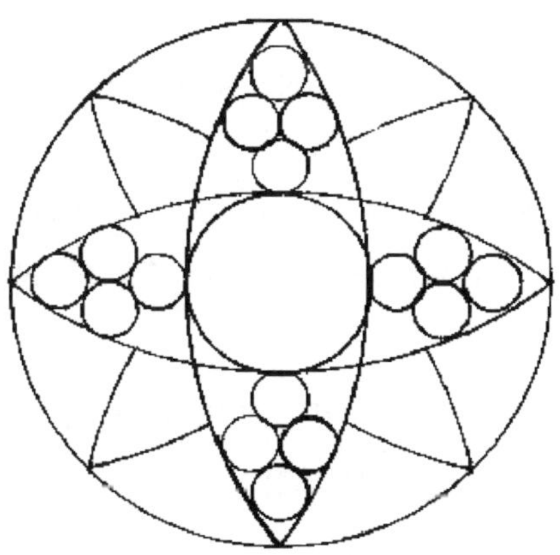

좋은 땅

우리 인간은 땅에서 살고 있기 때문에 이보다 중요한 사물은 없을 것이다. 국가간의 대규모 전쟁도 이 땅 때문에 일어나는 것이고, 강남의 부자도 땅 때문에 갑자기 부자가 된 것이다. 조상의 묘를 잘 써서 출세하는 것도 바로 좋은 땅에 조상을 모셨기 때문이다. 장사를 하는 데 있어서 목이라는 것도 좋은 땅을 말한다.

옛날 이성계가 서울을 도읍으로 삼았기 때문에 우리 나라도 이처럼 번창할 수 있었다. 땅에 관한 얘기는 무수히 많아서 오늘 안에 다 마칠 수가 없다.

우리는 여기서 좋은 땅이 무엇을 의미하는지 살펴보자. 물론 주역의 괘상을 공부하고 응용하기 위함이다. 좋은 땅이란 용도에 따라서 고르는 방법도 다양하겠지만, 세상에는 일반적으로 나쁜 땅도 존재한다. 사막이나 극지방의 땅은 아무래도 좋은 땅이라고 볼 수가 없을 것이다. 농부들에게는 농사가 잘되는 비옥한 땅, 햇볕이 잘 들고, 물 공급이 잘되는 곳이 좋은 땅이며, 도시인에게 있어서는 무엇보다도 교통이 첫째이다.

좋은 땅이란 한마디로 어떤 땅일까? 살아 있는 땅이다. 사막이나 극지방의 땅은 죽어 있는 땅이나 다름없다. 도시에 있어서 교통이 꽉 막힌 땅도 사실 죽은 땅이나 마찬가지이다.

좋은 땅이란 곧 살아 있는 땅을 말한다. 이것을 주역의 괘상으로 표현하면 ䷭이 되는데, 이 괘상의 이름은 승(升)이다. 상승한다는 뜻인데, 즉 기운이 상승하여 땅에 활기를 공급한다는 뜻이 된다. 우리는 앞에서 활기, 생기라는 것을 ☵이라는 괘상으로 표현했다.

지금 승괘(升卦)는 ☵이 땅 아래 깊숙이 자리잡고 있는 형상이다. 이 괘는 원래 땅 속에 씨앗이 뿌려져 있는 모습이지만, 괘란 물질 세계에 대한 직역(直譯)으로 봐서는 안 된다. 주역은 형이상(形而上)의 사물을 다룰 수도 있는 것이므로 어디까지나 사물의 개관·기능·의미 등을 살펴야 한다.

어떤 도시가 도로 소통이 잘되고 있는 곳이라면 이는 지풍승(地風升, ䷭)괘로 표현할 수가 있다. 햇볕이 잘 드는 땅도 그렇다. 햇볕은 원래 ☲로 표현하지만, 그것이 생기를 의미할 때는 ☵로 표현된다. 창문을 보라. 공기도 잘 통해야겠지만, 햇볕이 들지 않으면 창문의 의미가 없다. 따라서 공기와 햇볕이 잘 드는 창문의 경우 이를 ䷭으로 표현한다.

여기서 방은 물론 ☷이다. 어째서 그럴까? 앞에서는 ☷을 방이라고 했지 않았는가. 잘 생각해 보라. 우리는 지금 방의 벽을 논하는 것이 아니고, 방바닥, 혹은 공간의 소통 상태를 따지고 있다. 즉, 방 속에 있는 땅을 논하고 있는 것이다. 손님이 잘 찾아오는 상점도 ䷯으로 표현할 수 있는데, 여기서는 상점이 ☵이고 손님이 ☴이다. 물론 손님이 잘 들어오지 않고 지나만 다니는 곳은 ䷓로 표현하는데, 이 괘상을 관(觀)이라고 한다. 여기서는 '돌아다닌다, 관찰한다'의 뜻이 있다.

전시관이 이런 괘상을 가질 것이다. 여기서 주목할 것이 있다. ☷라는 것과 ☳이라는 것 두 가지 원소를 가지고 대성괘(大成卦) 두 가지를 만든 것이다. 즉, ䷏과 ䷗이다. 이는 31과 13이란 숫자가 다른만큼 다른 괘상이다.

이것을 주역의 문법(文法)이라 해야겠지만, 괘의 위치에 따라 뜻이 달라진다는 것을 알아야 한다. 아주 단순한 이치이다. 우리는 143과 341의 현격한 차이를 알고 있다. 주역의 구성도 마찬가지이다. ䷏와 ䷗은 전혀 뜻이 다른 것이다.

내친 김에 조금 깊게 들어가 보자. 주역의 괘상에 있어서 그 표현 기능은 위치에 있는 것이다. ☳과 ☶만 보더라도 --의 위치에 따라 의미가 다른 것이 아닌가! 그렇기 때문에 ☳ 자체가 ☷의 위쪽에 있느냐, 아래쪽에 있느냐에 따라 의미가 다를 수밖에 없다.

주역의 논리는 억지가 없다. 어디까지나 정밀한 과학적 논리를 바탕으로 하는 것이다. ☷이란 괘상, 즉 사물은 총체적으로 상향성인바, ䷏은 ☳이 ☷ 속에 들어가지 못하고, ䷗은 ☳이 이미 ☷ 속에 들어가 있는 것이다.

䷗의 괘상에 있어 ☳은 상향성이기 때문에 올라가면서 ☷에 영향을 미치게 된다. 즉, 생기를 공급하는 것이다.

䷏에서 ☳은 위쪽으로 올라가 있어 ☷에는 종내 영향력을 미치지 못하고 있다. 우리가 생기를 공급받고 있는 땅을 ䷏으로 표현하는 것은 그만한 이유가 있는 것이다.

주어진 땅에 생기가 공급되고 있다면 ䷏의 상태일 수밖에 없다. 이러한 땅을 소위 좋은 땅이라고 한다. 무덤을 예로 볼 때 햇볕이라든가 공기, 혹은 물이 잘 공급되는 곳이라면 당연히 명당일 수밖에 없다.

명당이란 막연히 신비한 땅이 아니다. 어디까지나 이유가 있어야 한다. 그리고 그 이유란 바로 ䷏의 땅을 의미한다.

농사에 있어서 밭을 가는 것도 땅을 ䷏의 상태로 만드는 것에 지나지 않는다. 굳은 땅을 파헤쳐서 기운이 소통될 수 있도록 만들어 놓는 것이다.

군사 전략에 있어 교두보(橋頭堡) 혹은 거점(據點)이라고 하는 것도 바로 ䷏을 의미한다. 이 때 ☳는 전진을 뜻하고, ☷은 우군이 침투하는 통로를 말한다. 한때 북괴군이 땅굴을 파서 공격로(攻擊路)를 만들어 놓았던 것도 북측에서 볼 땐 ䷏인 것이다. 물론 우리 쪽에서 보면 괘상이 달라진다. 어째서 같은 사물이 보는 쪽에 따라 달라지는가는 차차 애기하기로 하겠다.

우리는 좋은 땅이 곧 살아 있는 땅이라는 것을 알았고, 살아 있는 땅이란 그 내면에 기운이 통하고 있어야 한다는 것도 알았다. 도시를 건설할 때, 도로·상수도·하수도·전선·가스관 공사 등이 바로 도시에 기운을 통하게 하는 것이다.

䷣ 은 바람이 땅 속에 들어가 있는 것인데, ☳ 은 생기, 즉 양의 기운이다. 따라서 양의 기운이 아래에 있으면 좋은 것이다. 여기서 아래라는 말은 파고들었다, 내면에 자리잡았다 등으로 생각하면 된다. 중요한 것은 사물의 내면에 양의 기운이 들어 있으면 그 사물이 활성화된다는 것이다.

우리는 앞에서 12 소식괘를 공부한 바 있는데, 이 중에서 ䷗, ䷒, ䷊ 등이 내면에 양의 기운을 함유(含有)하고 있는 것이다. 따라서 ䷗, ䷒, ䷊ 등의 성질을 갖는 땅은 살아 있는 땅이다. 반대로 ䷀, ䷫, ䷠ 등의 성질을 갖는 땅은 죽어 있는 땅이다.

예를 들어 묏자리를 보면, ䷖ 은 언덕만 우뚝 솟아 있는 곳이고, ䷓ 은 공연히 바람만 심하게 부는 곳이고, ䷁ 은 벌판일 뿐이다. 이런 땅에 묘를 쓰면 고독하고 정착이 안 된다. 묏자리는 첫째 공기 소통이 잘 되는 곳이어야 한다.

무작정 바람이 심하게 부는 곳은 죽어서도 고생한다. 햇볕도 하루 종일 쨍쨍 비추는 곳이 아니라, 시간에 따라 변화가 있는 곳이 좋다. 땅이 지나치게 메말라서는 안 된다. 통로는 두 곳 이상이어야 한다.

병법에서 말하는 구지(衢地)를 생각해 보라. 주변에 물이 흐르고 나무가 많아야 한다. 전방이 트여 있어야 한다. 이는 자식의 명예·권력 등에 관계된다. 물이 잘 빠지는 곳이어야 한다. 비가 와서 물이 고이는 곳이라면 집안이 망한다.

높은 산과 맥이 통하는 곳이어야 한다. 벌판에 있는 묘는 군인의 묏자리에 적당하다. 땅에 돌이 많거나, 소금기가 있거나, 습기가 지나치게 많은 곳 등은 막힌 땅이다.

땅을 팠을 때 공동(空洞)이라면 아주 좋다. 그 곳은 바로 기운이 모이는 곳으로 ☵ 괘상에 이상적으로 부합되는 곳이다. 우리의 인체에도 이런 곳이 수백 군데나 있다. 이를 혈(穴)이라고 하는데, 이 곳이 막히면 병이 생긴다. 이 때는 침으로 뚫어 주어서 ☵ 상태를 만들어 주어야 한다. 기(氣)가 통하지 않는 상태는 ☶ 으로 표현하거니와, 이 상태에 침을 가해 ☷ 로 만드는 것이 치료이다.

사람이 사는 집의 장소도 좋은 곳이란 당연히 기운이 소통하는 곳이다. 옛날 무학대사가 기운이 잘 통하는 서울에 도읍을 정했던 것도 바로 이러한 이유에서이다.

집이란 우선 교통이 편리해야 하고, 즉 도로가 잘 뚫려 있어야 하고, 햇볕이 잘 들어야 하며, 지대가 너무 높거나 낮으면 안 된다. 인근에 주요 건물이 있거나 다른 도시로 통하는 길이 있으면 좋다. 이 모든 것이 ☵ 형상인 것이다.

옷을 입는 데도 이런 상태가 있다. 내의는 가급적 공기가 잘 통하는 것이어야 한다. 추위를 잘 타는 노인이라면 모를까, 가능하면 두터운 내복은 안 입는 것이 좋다. 두터운 내의는 몸의 기운이 밖으로 나가는 것을 막아 주지만, 밖에서 안으로 들어오는 기운을 차단한다.

막힌 것은 산(山), 즉 ☶ 이고, 뚫린 것은 ☷ 이다. 내면이 소통되어 있는 상태는 ☵ 이다. 집의 구조도 동굴처럼 꽉 막혀 있으면 재수가 없다. 식구들에게 병이 생긴다. 모름지기 땅이란 기운이 소통되고 있어야 한다. 사람이 사는 방도 넓은 곳이라면 제2의 문이 있어야 한다. 학교에 후문이 있듯이 말이다.

동굴처럼 꽉 막혀서 들어간 곳으로 다시 나와야만 하는 곳은 은거나 휴식에 적당하다. 감옥도 이런 상태이면 죄수의 마음을 안정시키고 좋다. 눈치 빠른 독자들은 알아차렸겠지만 그런 땅은 ☷인바, 더 자세히 논하면 ䷒이 된다.

그럼 ䷯은 ䷻과 무엇이 다른가? ䷯은 내면에 들어가서도 닫혀 있고, ䷻은 내면이 열려 있다. 연구실이나 도서관·병원 등은 조용해야 하니까 ䷯의 장소가 좋다. ䷻은 생활 공간에 적합하다. 두 괘상의 차이를 여기서 깊게 논하기는 아직 이르다. 팔괘를 더 공부해야 한다.

우리는 이제껏 ☰와 ☷을 공부했고, ☵도 등장시켰다. ☶도 잠깐 살펴보았고, ☷도 조금 설명했다. 그럭저럭 다섯 개의 괘상이 등장한 것이다. 팔괘를 다 이해하는 일은 목전에 있다. 그러나 급히 나아가서는 안 된다. 기초를 튼튼하게 해야 하기 때문이다.

玉虛眞經 (8)

太低極善也

큰 아래야말로 지극히 선한 것이다.

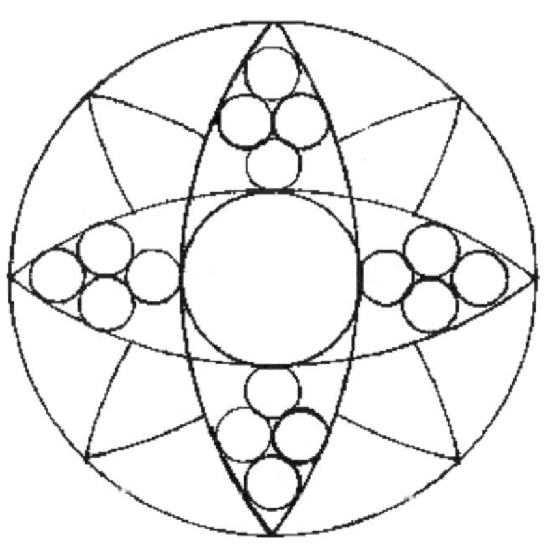

시간의 시작

자연의 운동은 모두 원인이 있어 일어난다. 이것을 물리학에서는 힘이라고 표현하거니와, 원인은 결과를 낳고, 그 결과는 다시 결과를 낳는다. 반대로, 모든 원인도 그것의 원인이 있으니 과거 쪽으로 얼마든지 연장할 수 있다. 그렇게 되어 결국 하나의 절대 문제에 도달하게 된다.

시간의 시작이란 무엇인가? 다른 말로 '무엇이 시간을 흐르게 했는가?'이다. 또는 '무엇이 온 우주를 낳았는가?'가 된다.

기독교에서는 우주를 하느님이 만들었다고 말한다. 노자(老子)는 천하모(天下母)가 우주를 낳았다고 말했다.

과연 우주의 시작은 어떻게 이루어졌을까? 물질이든 정신이든 모든 사물의 시작 말이다. 주역의 관점을 논하기 전에 기존 주장을 살펴보자. 기독교에서 말하는 하느님이란 도대체 무엇인가? 그것을 말할 수 없다면 하느님이란 말은 '거시기'라고 해도 된다. 즉, 온 세상은 '거시기'가 만들었다고 해도 상관없다는 뜻이다. 이것을 다르게 표현하면 온 세상을 만든 것은 '거시기'이다라고 표현할 수 있다는 것이다.

노자는 '거시기'를 천하모라고 문자를 써서 표현했다. 이것을 다시 하느님이라고 해도 된다. 그저 최초 원인이라고 해도 되고, 지일(至一)이라고 해도 된다. 요는 표현 방식이 문제가 아니고 내용이 문제인 것이다. 천하모이든, 하느님이든, 거시기이든, 그게 무엇인가 말이다. 이름 말고 그 내용을 알고 싶을 뿐이다.

사람이란 무엇인가? 서서 걷고, 머리에 털이 있고, 입 속에 이빨이 있고, 뱃속에 창자가 있고……. 이렇게 말해야 인간에 대해 말한 것이 아닌가!

거시기도 이름만 말하지 말고 무엇인가 성질을 말해야 한다는 것이다. 이름은 그냥 하느님 또는 천하모라고 해도 좋다. 그러나 내용이 없으면 이름도 뜻이 없다. 주역은 어디까지나 사물의 성질을 논하는 학문이기 때문에 우주의 시초도 논할 수 있다. 이름이 아닌 내용, 즉 성질을 논할 수 있다는 것이다.

세세한 이유는 생략하고 결론만 말해 보자.

주역에서는 우주의 시작은 '하늘'이라고 표현한다. 그런데 하늘이나 하느님이 무엇이 다른가? 그리고 하늘이나 천하모가 무엇이 다른가?

좋다, 그렇다면 하늘을 다른 말로 건(乾)이라고 하자. 그렇다면 건(乾)을 다시 ☰로 표현하자. 이제는 어떤가? ☰은 하늘이라는 표현과 달리 성질을 나타내고 있다. 즉, 성질이 양(陽)이다.

☰은 양(陽)의 극한(極限)을 표현하고 있는 것이다. ☰이 바로 우주의 시초이다. 다른 말로 우주는 ☰에서 출발했다는 말이다. ☰의 성질은 생성(生成)하고 활동한다. 즉, 자연과학에서 말하는 '에너지'이다. 에너지란 말로도 부족함을 느낀다면 '초 에너지'라고 해도 된다.

어쨌건 우주의 시작은 '끝없이 활발한 그 무엇'이다. 이것을 천(天)이라 하고, 그 내용은 바로 ☰이 된다. ☰이 바로 천(天)의 성질이다.

이제부터 ☰의 성질에 대해 논해 보자. 어린아이는 어떠한가? 노인과 비교해서. 한마디로 어린아이는 지치지 않는다. 기운이 넘친다는 말이다. 그 기운이 바로 ☰이다. 노인은 ☰의 기운이 약하다. 천진하고 활발한 어린아이의 기운은 ☰으로 모든 사물의 원동력이 된다.

어떤 사람의 개성이 지칠 줄 모르고 끊임없이 활동하며 쉬지 않으면 이 사람을 ☰이라고 표현한다.

남자와 여자를 비교하면 남자가 ☰의 성질을 가지고 있다고 말할 수 있다. 어른과 아이 중에서는 아이가 ☰ 성질을 갖고 있다. 요즘 한창 유행하는 기(氣)의 실체가 바로 ☰인 것이다.

옛날 영웅들은 ☰의 기운을 많이 가지고 태어났다. 기운만 많다고 출세하는 것은 아니지만, 일단 기운이 왕성하면 인생에서 많은 것을 성취할 수 있을 것이다. 돈이 많다면 사업을 해도 성공하기 쉽지 않을까! 충천한 기운을 어떻게 쓰느냐는 그 다음 문제이다. 우선은 기운부터 있고 볼 일이다.

기운은 바로 ≡이려니와, 군대의 사기(士氣)도 바로 ≡을 말한다. 흔히 이것을 일컬어 생기(生氣)라고 하는데, 우주의 모든 사물 중에 가장 귀한 존재이다. 신선이 닦는 도(道)를 양생도(養生道)라고 하는데, ≡의 기운을 기르는 행위이다.

사람도 ≡의 기운이 없으면 큰일을 못 한다. 여자도 ≡의 기운이 있어야 매력이 있다. 풀 죽어 있다는 말은 바로 ≡의 성질이 없다는 뜻이다.

우리는 우선 ≡의 기운을 길러야 한다. 선악은 다음 문제이다. ≡이 없으면 아예 선도 악도 없다. 어린아이는 태어날 때 ≡의 기운을 가지고 왔기 때문에 그토록 싱싱할 수 있다. 사람이 죽는 것은 결국 ≡의 기운이 다한 것이다.

신선도 하늘의 기운을 몸에 끌어들이는데, 거기에는 목적이 있다. 태어날 때조차 없었던 기운마저 끌어들이겠다는 것이다. 평범한 인간은 감히 생각조차 할 수 없는 일이다. 그저 태어날 때의 기운을 지키는 것도 어렵다. 순수함·천진함·명랑함 등을 유지하는 것이 어릴 때 기운을 지키는 방법이다.

어른이 되면 세파에 시달려서 어린아이 때의 성질이 차츰 죽게 된다. 어린아이는 기운이 넘치기 때문에 장래성이 있다. 그러나 노인은 그 반대이다.

≡의 성질을 가진 한 사람을 예로 들어 보자. 옛날 일본의 검성(劍聖), '미야모토 무사시'의 얘기이다.

무사시가 어느 날 절에 간 적이 있었다. '고오지로' 라는 고수(高

手)와 대결하기 전에 무운(武運)을 빌러 갔던 것이다.

'하늘이여, 이기게 해 주소서!'

이런 마음으로 법당에 들어갔다. 그러나 무사시는 순간적으로 무엇인가를 깨닫고 관음보살 상을 노려보고 나왔다.

하늘이 싸움에 관여할 것인가!

무사시는 자신의 기운, 즉 ☰을 크게 일으켰던 것이다. 하늘에 비는 것은 효과가 있을지 모르지만 처음부터 기세가 죽어 가지고서야 어떻게 결투에 승리할 수 있겠는가.

모름지기 인간의 마음에는 무엇보다도 기운이 충만해야 한다. 사업가이든, 군인이든, 학자이든, 예술가이든, ☰의 기운이 없으면 볼 장 다 본 것이다. 흔히 그릇이 큰 사람이란 말이 있는데, 여기서 그릇이란 바로 ☰의 기운이 담겨 있는 그릇을 말한다. 사람은 우선 ☰의 기운이 커야 하는 것은 두말 할 나위가 없다.

모든 위인들은 ☰의 기운이 많았다. 공자나 예수·소크라테스·제갈공명·이순신·나폴레옹·히틀러·모차르트·피카소·박정희·아인슈타인 등은 모두 ☰의 기운이 충만했던 사람이다.

우리는 지금 주역을 공부하고 있는 중이지만, 온 세상에 가장 중요한 공부는 첫째 ☰의 기운을 기르는 공부이고, 둘째는 주역 공부이다. ☰의 기운을 길러서 생명력이 충만해야 하는 것이고, 주역을 공부해서 총명해야 하는 것이다.

이 장에서는 팔괘 중의 하나인 ☰을 공부했다.

玉虛眞經 (9)

人皆求天上樂園 然 求地下樂園者 稀也
사람은 누구나 저 하늘 위의 낙원을 찾는 바지만, 땅의
저 아래의 낙원을 찾는 자는 참으로 드물구나.

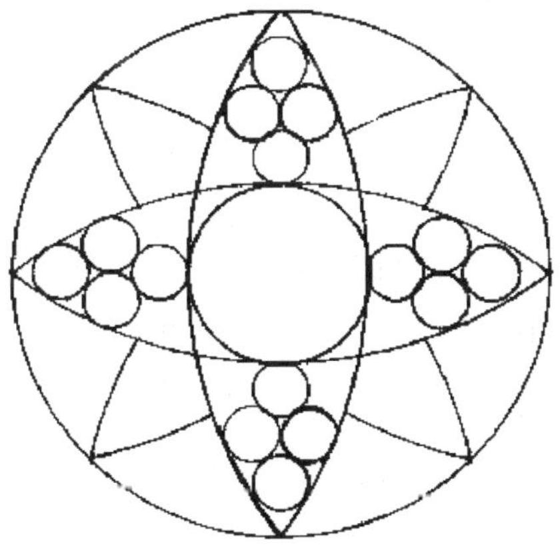

카오스(混沌)

우리가 사는 우주는 자연의 법칙이 존재하는 곳이다. 우주를 코스모스(Cosmos)로 명칭하는 것도 그런 이유에서일 것이다.

코스모스는 조화나 질서를 의미하거니와, 우주가 바로 그렇다고 볼 수 있다. 만일 자연의 법칙이 없다면 오늘날의 문명은 근거를 잃고 말 것이다.

우리가 보는 TV나 자동차·전화·비행기 등 모든 문명의 이기(利器)는 자연의 법칙에 의거해서 만들었을 뿐이다. 인간 사회의 어떠한 권력자도 자연의 법칙을 부정할 수 없다. 자연의 법칙은 언제 어느 곳에서나 우주를 지배하는 힘인 것이다.

자연계에 이러한 힘이 있다는 것을 먼 옛날 사람은 몰랐었다. 하지만 근대에 와서는 자연계에 법칙이 있다는 것을 모르는 사람은 드물 것이다. 다만 자연의 법칙이 다 밝혀진 것은 아니다. 어쩌면 영원히 다 밝혀지지 않을지도 모른다.

저 유명한 호킹 박사는 한때 물리학의 끝이 보인다고 말한 적이 있다. 물리학은 자연의 법칙을 찾는 것을 목표로 하는 학문이려니와, 호킹 박사는 자연의 법칙이 곧 모두 밝혀질 것이라고 선언한 것이다. 그러나 박사는 얼마 안 가서 이 선언을 철회했다.

어쨌건 우주에는 일정한 법칙이 존재하는바, 이 법칙은 영원할 것으로 보고 있다. 그런데 이 법칙은 어떻게 해서 생겨났을까?

인간의 사회라면 법은 국회에서 만든다. 하지만 자연의 법칙은 어떻게 해서 성립되었을까? 하느님이 만들었다고? 그렇다면 얘기는 끝이다. 문제가 없기 때문이다. 다만 진리를 추구하는 사람이라면 보다 진지한 연구 자세가 있어야 할 것이다.

우리가 논하는 것은 어디까지나 자연법의 성질이다. 무작정 신(神)의 권위에 의해서라고 한다면 그 말 자체의 뜻이 없어진다. 특히 주역을 공부하는 사람은 이 점을 분명히 해야 한다. 중요한 것은 주어진 문제에 대해 의미 있는 대답이 있어야 한다는 것이다. 말하자면 자연 법칙이 성립할 수밖에 없는 절대 이유를 밝혀 내야 하는 것이다.

자연의 법칙이 하필 지금의 모습이어야 하는가? 부득이한 이유는 무엇일까? 이 문제에 대해서는 종교인·철학자·과학자 등이 수많은 답을 제시했다.

그럼 주역의 입상은 무잇인가? 호킹은 자연의 법칙이 우연의 산물이라고 말했다. 이 말은 자연의 법칙이 지금과 같은 모습이 아니어도 상관이 없다는 말이다. 다시 말하면 수많은 가능성 중의 하나가 우연히 채택되었다는 뜻이다. 여기에 하느님이든, 천하모(天下母)이든, 어떤 의도가 있었던 것은 아니다. 그저 그렇게 되었을 뿐이다. 혼돈 중에 하나로 결정되어진 것이다. 이는 주역의 입장과도 같다.

주역의 철학은 태극(太極)의 철학인바, 태극은 음과 양의 조화로써 이루어지기 때문에 결정과 미결정의 중간 단계인 것이다.

이런 것을 물리학에서는 불확정적이라고 말하거니와, 우주가 바로 그러한 상태에서 출현한 것이다. 말하자면 예정 없이 태어났다는 뜻이다. 따라서 '자연의 법칙은 무엇이냐?'가 중요하지, '왜?'가 중요한 것이 아니다.

요는 현대의 자연 법칙이 바로 우주의 질서인 것이다.

지금의 우주가 만들어지기 전의 상태에 대해서는 아무것도 말할 수가 없다. 이러한 상태를 '카오스(Chaos)'라고 말하는데, 혼돈·무질서라는 뜻이다. 결국 우리의 우주는 혼돈 상태에서 만들어졌다는 뜻이 된다. 혼돈에서 우주가 만들어졌다는 것은 과학이나 신화, 혹은 철학에서 의견을 같이하고 있다. 대개의 종교에서도 우주가 태어나기 이전을 혼돈이라고 생각하고 있는 것이다.

노자(老子)는 혼돈의 상태를 조물주보다 먼저라고 말했고, 질서인 우주보다 상쾌한 것으로 표현했다. 그 상태에서는 어떠한 구속도 없이 자유스러웠을 것이다. 하지만 혼돈 그 자체에서 보면 어떨까? 모든 것이 미정(未定)이어서 불안하지 않았을까?

어쨌건 혼돈의 상태는 주역의 괘상으로는 ☵에 해당된다. ☵는 물과 같은 상태인데, 물이 바로 혼돈적 성질을 갖고 있는 사물이다.

어린아이도 바로 이런 성질을 갖고 있는바, 그 모습을 살펴보라. 어린아이는 자기 마음대로이다. 그냥 내버려두면 무슨 일을 저지를지 알 수가 없다. 이는 마치 물이 담겨져 있지 않으면 아무 데로나 흘러가는 것과도 같다.

불량배도 이와 같은데, 불량배는 통제가 잘 안 되고 자기 성질대로만 살려고 한다.

모여 있는 군중들을 보자. 이들은 제멋대로 움직이고 있다. 이런 상태도 물과 닮아 있지 않은가!

집합되어 있는 군인들은 어떠한가? 이들은 통제가 잘 되어 있다. 제멋대로가 아니다. 이러한 집단은 질서가 잡혀 있으므로 혼돈이라고 말할 수 없다.

어른도 그렇다. 어린아이에 비해 어른은 '자기 제어'라든가, '외부 질서'가 잘 지켜지고 있다. 그러나 불량한 사람이나 인격이 없는 사람의 경우 어른이라 해도 어린아이처럼 질서가 잡혀 있지 않다.

여자는 남자에 비해 어떠한가? 까다롭고 개성이 강하다. 통제가 안 되고 이기적이 아닌가! 그렇다면 혼돈적 존재일 수밖에 없다. 여자가 변덕이 심한 것도 바로 혼돈의 성질인 것이다. 기실 주역에선 여자의 마음을 ☷로 표현한다.

여자의 몸도 마찬가지이다. ☷은 주역에서 함정·구멍·넝쿨·번민·암흑 등으로 표현하거니와, 사회가 혼란할 때, 날씨가 흐릴 때, 분쟁이 발생했을 때 등을 모두 ☷로 표현한다. 그리고 꿰매지 않은 구슬도 ☷로 표현한다.

☷의 모양을 보라. 음효(--)가 아래위로 분리되어 있지 않은가!

우리 민족을 흔히 모래에 비유하기도 하는데, 이는 단결이 잘 되지 않는다는 것을 뜻한다. 단결이 되지 않는 상태, 지리멸렬 등 저마다 잘난 경우가 혼돈이고, 바로 ☷인 것이다. 교육이란 것도 ☷의 상태를 정제하려는 데 그 뜻이 있는 것이다.

훈련소에 갓 도착한 장병들도 ☷인바, 교육 과정을 다 마치면 틀이 잘 짜여 있어서 통제가 잘 된다. ☷의 뜻은 한마디로 통일의 반대이고, 앞날을 알 수 없는 상태이다. 구름의 모양은 어떤가? 시시각각 변해 그 앞날을 예측할 수가 없다. 이것이 바로 혼돈의 모습인 것이다. 한마디로 앞이 캄캄한 상태라고 할 수 있다. 그러나 혼돈의 좋은 점이 있다. 혼돈이란 자유·융통 등을 의미하기 때문에 창조적이고 풍요롭다.

이성(理性)과 대조적으로 감성(感性)이란 말을 쓰는데, 감성이란 두루뭉수리한 원만한 뜻이 있다면, 이성은 바늘 끝처럼 적중하는 의미가 있다. 사회 생활에 있어서 이성적인 것이 반드시 감성적인 것을 앞설 수는 없다. 오히려 감성적이 한층 더 진화된 형태가 아닐까?

감성이 곧 ☷이다. 민주주의가 좋은 점은 각자가 자유롭기 때문에 무한한 잠재력을 가지고 있는 것이다. 물론 자유는 자칫하면 극한적인 혼돈 상태에 이를 수 있지만, 적절한 혼돈이야말로 아주 창조적인 상태이다.

여기서 혼돈 얘기가 나온 김에 한 가지 중요한 사물에 대해 잠깐 얘기하고 넘어가자.

우리가 먹는 음식 중에 혼돈의 뜻을 가진 것이 있는데, 바로 술이 그것이다. 이것을 마시면 인간의 정신이 혼돈스러워지는 아주 신령한 음식이다. 그래서 술을 혼돈수(混沌水)라 하거니와 이것의 이로운 점은 한두 가지가 아니다. 술의 필요성을 알고자 한다면 혼돈의 필요성을 생각해 보면 된다. 자유·감정·창조·융통 등이 바로 술의 성질이고 혼돈의 성질이다.

술의 신(神)인 '디오니소스'를 혼돈의 신이라고 하는 것도 이러한 연유이다. 나만 '디오니소스' 즉 '바쿠스'를 '술의 신' 외에도 '문화(文化)의 신'이라고 하는데, 문화란 기능보다는 인간의 정서를 담고 있는 것이다.

정서가 바로 혼돈이다. 여자는 남자에 비해 아무래도 정서가 풍부하다고 할 수 있는바, 여자가 바로 ☷이기 때문이다. 백화점도 ☷로 표현할 수 있으려니와, 여자가 백화점에 잘 다니는 것도 그러한 뜻인지도 모른다.

어른이 되면 감정이 메말라 간다. 다른 말로 물기가 말라 간다고도 할 수 있는데, 생명의 속성은 바로 혼돈, 즉 ☷인 것이다. 사람의 개성도 ☷인 사람은 정감이 가고 융통성이 있다. ☷는 또한 수면이나 휴식을 뜻하기도 하고 방임·해이·이완 등을 뜻하기도 한다. 우리가 어머니 뱃속에 있을 때가 바로 이러한 상태였다. 그 얼마나 안온했던 시절인가! 바로 ☷의 혜택인 것이다.

어두움이란 휴식을 주며 사생활을 보호해 주기도 한다. 휴식 후에는 발전이 이룩되는 법이다. 우주도 처음에는 혼돈, 즉 ☷ 상태에 있다가 위대한 우주로 발전된 것이다. 축축하고 유연한 것이 생명의 본성이기 때문에 ☷은 수많은 가능성을 내포하고 있다. 여유라는 말도 바로 ☵인바, 공급·충전 등의 뜻이 있다.

희랍의 철학자 '탈레스'는 만물이 물에서 비롯된다고 하였는데, 상당히 의미 심장한 말이다. 동양의 상수학(象數學)에서도 물[水]을 숫자 1로 표시하고 있으며, 지구상의 모든 생물도 물에서 발생한 것이다.

이 장에서는 ☵의 뜻을 살펴보고 사물의 실례를 들어 봤다.

玉虛眞經 (10)

臥之億年 平靜地虛 大活在矣

억 년을 드러누워 있어 언제나 잠잠한 저 지허(地虛)는
크게 살아 있는 것이다.

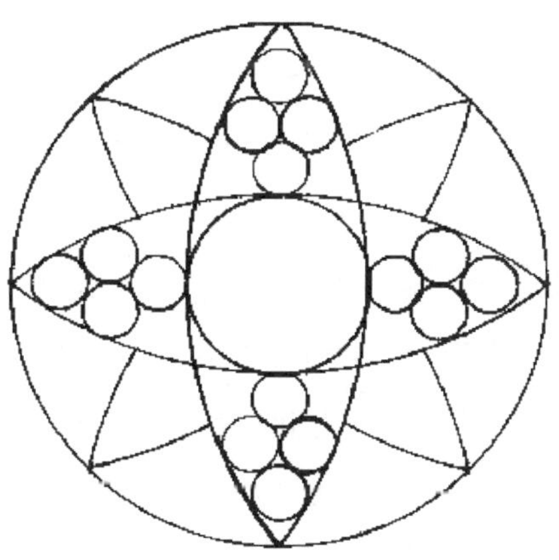

공간의 시작

오늘날 물리학에서는 우주의 시작을 소위 빅뱅이라고 밝히고 있
다. 빅뱅은 커다란 폭발이려니와, 폭발로 인해 온 우주가 일순간에
생겨났다는 것이다.

그 폭발의 여파로 아직도 우주는 팽창하고 있는 중이다. 우주에는
수천억의 은하가 있고, 각 은하는 다시 수천억 개의 별이 존재하는
데, 이 모든 별들이 초기에는 한 덩어리였다.

그렇다고 해서 이 별들이 큰 덩어리를 이루고 있었던 것은 아니
다. 크기로 말하면 좁쌀, 아니 먼지보다 훨씬 작은 극미립자였던 것
이다. 이토록 작은 입자들이 찰나에 온 우주 모든 별의 크기로 팽
창한 것이다. 상상조차 하기 힘든 일이다.

생각해 보라. 먼지 하나가 지구만한 크기로 갑자기 팽창했다고 해
도 이해하기 어려운데, 먼지보다도 엄청나게 작은 입자가 순식간에

끝없이 많은 별을 만들어 낸 것이다.

현재 우주는 초기 때와 비교하면 팽창의 속도가 거의 제로에 가깝다. 하지만 팽창은 계속되고 있으며, 별들간의 거리는 시시각각 멀어지고 있다.

그런데 물질은 서로 당기는 힘, 즉 만유 인력이 있기 때문에 언젠가는 우주의 팽창이 멈출지도 모른다. 물론 이 일은 팽창력보다 인력이 강해야 이루어질 수 있다. 그러기 위해서는 물질의 양이 충분해야 하겠지만, 아직은 충분한지 어떤지 알 수가 없는 상황이다.

어쨌건 모든 물질은 서로 당기는 힘이 있는바, 이는 주역에서 ☷ 에 해당된다. 이와 비교해 팽창의 힘은 ☰이다. 현재 우주는 ☰, 즉 팽창과 ☷ 인력의 대결장(對決場)이라 할 수 있다.

이러한 상태를 축소하여 우리 사회에 적용해도 그 형편은 마찬가지이다. 우리의 사회 공간도 팽창과 인력의 각축장인 것이다. 이는 비단 물질 세계만을 뜻하는 것은 아니다. 물질 외에 모든 사물의 세계에도 두 가지 힘이 서로 작용하고 있다.

이를 주역의 언어로 표현하면 음과 양이다. 우주에 있어서 팽창은 양이고 인력은 음이다. 세계가 만일 둘 중 어느 하나의 성질만 갖고 있다면 그 세계는 곧 소멸하고 말 것이다. 우주가 만일 영원히 팽창만 계속된다면 어떻게 되겠는가? 우주는 한없이 희석(稀釋)되어 끝내는 허공만 남게 될 것이다.

반대의 경우도 마찬가지이다. 인력이 강해서 한없이 축소만 한다면 원래의 상태로 되돌아가고 말 것이다. 우주는 두 가지 힘이 조화를 이루는 가운데 존재할 수가 있다. 모든 세계가 이러한 것이다.

가까이 우리의 몸을 한번 살펴보자. 우리에게는 두 팔이 있어 방향이 서로 반대로 작용할 수 있기 때문에 도구를 다룰 수 있다. 하나의 손도 손가락이 작용하는 방향이 서로 반대이다. 만일 엄지손가락이 없다면 물건을 쥐기가 얼마나 어렵겠는가?

가정에 있어서도 남편과 부인의 의견이 서로 상충되기 때문에 적정선이 유지되는 것이다. 남자의 성질은 양, 즉 팽창성이 있기에 무엇이든 확대하기를 좋아한다. 이에 비해 여자는 현상 유지를 고집한다. 새로 사업을 시작할 것인가, 아니면 적은 돈이지만 저축하면서 안정을 도모할 것인가라는 문제는 남자와 여자가 항상 다투는 문제이다.

남자는 지금보다 발전하기를 바라고, 여자는 퇴보 안 하기를 바란다. 이러한 반대의 견해는 서로의 약점을 보완해 준다. 풍선을 예로 들어 볼 때 고무 재료가 너무 단단하면 전혀 부풀지 않을 것이고, 그 안의 가스가 너무 강하면 폭발하고 만다. 서로가 적정선을 유지할 때 비로소 풍선의 모양이 유지되는 것이다.

생물계에 있어서 수컷은 가능한 많은 새끼를 만들려 하고, 암컷은 하나라도 잘 기르려고 한다. 요컨대 음은 안정하려 하고, 양은 발전하려고 한다.

그러나 어느 쪽이 더 낫다고는 말할 수 없다. 두 가지 모두가 서로를 보완해 주고 있기 때문에 음과 양은 상대적이 아니라 상보적인 것이다.

남녀가 만나서 싸움이 잦은 것도 실은 조화를 이루고자 하는 하나의 방편이다. 시간이 지나면 적정선에서 멈추게 된다. 하지만 남자의 의욕이 지나치거나 여자의 반대가 지나치면 가정은 깨지고 만다. 결국 양성과 음성은 반드시 필요하지만 조화를 이루어야만 하는 것이다.

우리는 앞장에서 생기(生氣)인 ☰을 공부하였고, 지금은 사기(死氣)인 ☷의 유용성을 공부하는 중이다. ☷은 비록 소극적이고 막아서고 활동을 축소시키는 힘이지만 이것에 의해 생기가 보호된다.

지나친 자유는 방종이 되고, 지나친 억압은 구속이 되기 때문에, 나아가는 힘을 방해하는 ☷이 반드시 있어야 한다. 만일 ☷이 없고 ☰만 있다면 겉으로는 발전적으로 보일지 몰라도 마침내 결실을 이룰 수 없다.

전투에 있어서도 지나친 전진은 실패를 초래할 수도 있고, 지나친 수비도 마찬가지이다. 신화(神話)에 보면 인간을 벌 주기 위해 여자를 만들었다는 얘기가 있는데, 실은 반대파인 여자를 만들어 인간 사회의 결실을 이룩하기 위함이다.

국가의 운명에 있어서도 야당(野黨)이 사사건건 반대하기 때문에 정부가 독단을 못 하는 것이다. 인간의 행동에 있어서도 용기와 조심성이 조화를 이루지 못하면 위험하거나 무력해질 수 있다. 물건을 살 때도 남자는 좋은 점을 살피고, 여자는 나쁜 점을 살핀다. 그렇게 상호 보완함으로써 물건을 잘 고를 수 있게 되는 것이다.

사물의 판단에 있어서 남자가 이성적이라면 여자는 감성적이다. 이성과 감성은 서로 대치되지만, 이로 인해 절충이 이루어지게 마련이다.

주역은 음과 양으로 이루어져 있어 이 두 가지 성질을 잘 이해하면 주역을 쉽게 터득할 수 있다. ☷은 순음(純陰), 즉 음원(陰源)이다. ☷과 ☰이 서로의 극(極)에서 작용하므로 삼라 만상을 이룩할 수 있는 것이다.

마음을 수련하는 데 있어 ☷은 고요를 뜻한다. ☰은 맑음이려니와, 고요와 맑음을 불교에서는 선정(禪定)이라고 한다. 선(禪)은 ☰이고, 정(定)은 ☷이다. 선과 정은 서로를 침식하는 경향이 있는데, 조화를 잘 이루어야만 큰 인격을 성취할 수 있다.

건축물에 있어서 ☷은 넓이이고 ☰은 높이이므로 두 가지 요소가 적절해야 장엄한 건물을 쌓아 올릴 수가 있다. 정신 생활도 이와 마찬가지이다. 넓음, 즉 너그러움과 높음, 즉 탁월함이 조화를 이루어야만 원만할 수 있다. 운명의 개선책에 있어서도 지나치게 안정만 추구하는 사람은 재난이 일어나는 법이고, 하는 일이 너무 많은 사람은 난관에 부딪치게 된다.

자신의 생활을 살펴서 ☷이 많으면 ☰을 보충해야 할 것이며, ☰이 많으면 ☷을 보충해야 한다. 공연히 싸돌아다니기만 하는 사람은 집에 아무 일 없이 앉아 있는 것만으로도 행운을 유도할 수 있으며, 반대로 집구석에 처박혀 있는 사람은 공원에라도 나가 보면 발전할 수가 있다. 이것이 천지 조화의 원리인 것이다.

우리의 생리(生理)에 있어서도 부교감 신경계(副交感神經界)가 있는바, 이것은 생리 활동의 축소를 담당하고 있다. 바로 ☷의 기관(器管)인 것이다.

'프로이드'는 인간의 본능 중에 죽음의 본능과 삶의 본능이 있다고 하였는데, 죽음의 본능이 바로 ☷의 본능이다. 쉬고 싶다, 혼자 있고 싶다, 자고 싶다, 그만두겠다 등이 죽음의 본능인 것이다.

인간의 생활은 생의 본능과 죽음의 본능이 적절해야 행복할 수 있다. 한 가지가 지나치면 운명도 나쁘려니와, 병을 유발할 수도 있다. ☰은 분열이라면 ☷는 편집이다. 지나치게 명랑하면 방정맞고, 지나치게 차분하면 우울하다.

공간의 시작은 ☷이 발돋움한 것을 뜻한다. ☷에 ☰의 기운이 도래했기 때문이다. ☷이 ☰을 만나 공간을 이루게 된 것이다. 현대 물리학에서는 시간과 공간을 분리할 수 없는바, 시공이라고 하거니와, 바로 ☷와 ☰의 만남이 시공인 것이다.

물론 시간이란 것은 ☰이 ☷을 만났을 때 이루어진 사물이다. 음은 무한히 축소하려는 성질이 있는데, 이를 부풀려 놓은 것이 바로 공간이다.

사물에 있어서 ☷는 재료를 뜻한다. 나라에 있어서는 백성이 바로 ☷인 것이다. 농사에 있어서는 땅이 ☷이다. ☷의 덕(德)은 움직이지 않음으로써 움직임의 뜻을 이루는 작용을 하는 것이다. ☷이 아니면 만물은 성립할 수 없다.

우리는 이 장에서 순음(純陰), 즉 ☷을 통해서 천지의 작용을 살펴보았다.

玉虛眞經 (11)

樂園溪谷神靈樹者 根長枝不長 然故不死矣

저 낙원의 계곡에 사는 신령한 나무는 뿌리만 길게 커서
내려갈 뿐 키는 자라지 않는다. 그런 까닭에 죽지 않는다.

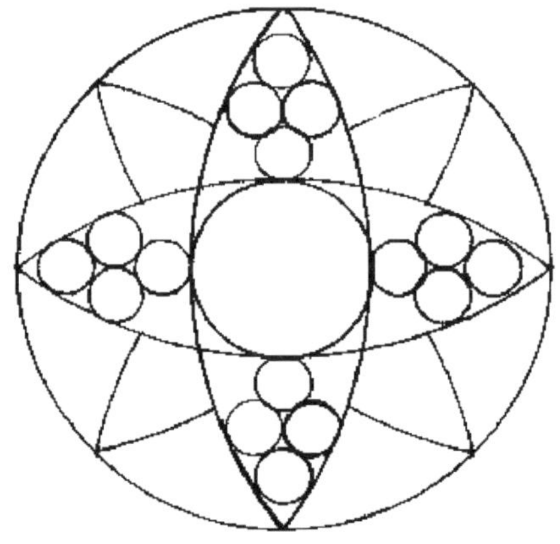

손(手)과 문명

인간을 '호모 사피엔스'라고 하는 것은 지능적 존재라는 것을 뜻한다. 인간은 어떠한 생물종보다 지능이 두드러지게 뛰어나기 때문에 이러한 명칭을 사용하는 것이다. 지능은 인간의 가장 중요한 특징 중 하나이다. 이 외에도 인간에게는 중요한 특징이 있는데, 그것은 바로 손의 존재이다.

인간의 지능이 정신적 존재라면 손은 물질적 존재이다. 인간에게 손이 있음으로써 물질을 조작할 수 있게 된 것이다. 인간을 '호모 파베르'라고도 부르는데, 이는 공작적(工作的) 존재라는 뜻이다. 만일 인간에게 지능만 있고 손이 없다면 그 훌륭한 정신이 무엇에 쓰일 수 있을 것인가!

지능이 동기를 부여한다면 손은 그것을 이룩하는 존재인 것이다. 인간은 지능을 내재한 채 손을 사용함으로써 생물계를 지배해 왔다.

손이란 바로 물질계의 현실인 것이다. 손이 없다면 비록 훌륭한 정신이 있어도 한낱 꿈에 지나지 않을 것이다.

손이란 그만큼 중요하다. 물론 손의 움직임에 정신적 바탕이 없다면 그 유용성도 크게 제한 받을 것이다. 한 예로, 원숭이의 경우에도 손을 자유롭게 사용할 수 있지만, 정신적 바탕이 없기 때문에 한낱 동물에 머물러 있다.

손이란 물질을 다루는 절대적인 것으로 그것과 정신이 어우러져 문명이 발생된 것이다. 문명의 발달을 살펴보면, 처음에 인간은 아주 유치한 연장을 사용했을 뿐이다. 이것이 뇌(腦)와 연계되어 차차 발전을 이룩하고, 급기야는 현재와 같은 문명을 이루어 놓았다. 정신과 손, 이것이 바로 문명의 원인인 것이다.

정신과 손이란 과연 무엇일까? 주역에 있어서 정신이란 ☰을 뜻한다. 그리고 손은 ☶을 뜻한다. ☶? 이것은 산(山)이 아닌가? 손이 산과 같은 존재라니! 얼른 이해가 잘 안 간다. 이해를 위해 잠시 다른 쪽을 얘기해 보자.

처음에 원시인들은 돌도끼 · 칼 등을 만들었다. 그러다가 나중에는 '집게'라는 것을 만들었다. 집게는 두 개의 물체가 서로 반대 방향으로 향하는 기능을 갖도록 되어 있는 기구이다. 망치나 칼 · 도끼 등은 방향이 하나일 뿐이다. 이에 비해 집게는 밀고 당기는 두 가지 방향이 있다. 젓가락도 마찬가지이다. 숟가락이 일방적이라면 젓가락은 이방적이다. 포크도 일방적이다. 포크에 비해 젓가락은 한 단계 차원이 높은 기구이다.

집게와 젓가락은 기능이 같다. 이것들은 잡는 역할을 한다. 즉, 손과 역할이 같은 것이다. 손의 주된 역할은 잡는 데 있다. 물론 손을 망치처럼 내려칠 수도 있으나, 이는 주기능이 아니라 손이 없이 팔만 가지고 내려치는 역할, 즉 몽둥이 역할을 할 수 있다. 하지만 손의 잡는 기능은 그 무엇으로도 대신할 수 없다. 잡는다는 것은 바로 움직이지 못하게 하는 것이다.

몽둥이에서 집게로, 칼에서 가위로 나아가는 것은 문명의 시작인 것이다. 칼이나 몽둥이가 양(陽)이라면 집게나 가위는 음(陰)이다. 가위나 집게가 그 속에 두 가지 방향을 갖고 있기 때문에 물건을 고정시킬 수 있는 것이다.

사물에 있어서 산이란 자신이 정지해 있기도 하지만 다른 사물을 정지시키기도 한다. 그래서 산의 기능과 손의 기능은 한가지인 것이다. 손은 그 바닥으로 물건을 고정시킨다. 산은 그 아래로써 바람을 막고 통행을 억제시킨다.

잡는다는 뜻은 곧 움직이지 못하게 한다는 뜻이므로 손의 성질이 바로 산의 성질인 것이다. 물론 손등으로 물건을 잡을 수 없듯이 산등허리는 바람을 잡아 놓지 못한다.

산의 성질 중에서 또 하나는 덮는다는 것인데, 감싼다, 보호한다 등도 같은 뜻이다. 쓰다듬는다, 어깨를 두드려 준다 등도 모두 손의 기능인데, 이 손에 담겨 있는 뜻은 잡아 준다, 즉 안정시켜 준다는 뜻이다. 흥분된 사람을 진정시킬 때, 아기를 잠재울 때, 손으로 톡톡 가볍게 쳐 주는 것도 일어나는 마음을 억제시키는 행위로서 모두 산처럼 안정하라는 뜻이다.

사람이 서로 만나서 손을 맞잡고 악수를 하는 것은 무슨 뜻일까?

우선 서로 마음이 통했다는 뜻이 있겠지만, 더 깊은 뜻은 마음의 여러 가지 표현을 손 하나, 즉 정지(停止)로써 대신하자는 것이다. 군대나 정치 용어 중에 장악(掌握)한다는 말이 있는데, 이는 모든 움직임을 제어한다는 뜻이다.

손을 벌린다는 말은 구걸한다는 뜻이려니와, 잡을 것이 없으니 잡을 것, 즉 돈을 달라는 뜻이 있다.

사람의 손은 하늘의 기운, 즉 정신을 잡아서 오늘날 문명을 이룩해 놓았다. 운명적으로는 사람이 손을 단정히 하는 것으로 행운을 잡을 수 있는 것이다. 반대로 손버릇이 나쁘다는 것은 잡지 않아야 될 것을 잡는다는 뜻이 있는바, 깨끗한 손은 깨끗한 사물을 잡을 수 있는 것이다. 깨끗한 손은 귀한 손, 상서로운 손, 옳은 손 등을 말하는 것이지 잘생긴 손을 뜻하는 것은 아니다.

어린아이는 무엇이든 잡고자 하는 마음이 많은데, 이는 성취 의욕이 많은 것이다. 산의 성질 중의 또 하나는 모음·축적·성취 등으로, 움직이는 것을 많이 잡아 놓는 것이 바로 그런 뜻이다.

어린아이의 관상법에서 잡고자 하는 성질이 왕성하면 이는 부자가 될 징후로 보는바, 재산을 이룬다는 뜻이 있는 것이다.

인류는 오늘날 많은 재산을 축적해 놓았고, 또한 많은 정보, 즉 문명을 이루어 놓았다. 이 모든 것은 인류에게 ☷의 능력이 있기 때문이다. 특히 우리 민족은 ☷의 성질이 많은바, 목표를 잘 정하면 크게 성취할 것이다.

집념의 민족, 손의 민족인 우리 민족은 문명의 길잡이가 될 수 있다. ☷의 덕을 잘 활용하자.

玉虛眞經 (12)

玄重之珠 環頸默坐內室 吾謂此通虛

검고 무거운 구슬을 목에 두르고 고요히 내실(內室)에
앉아 있다. 나는 이것을 통허(通虛)라고 말한다.

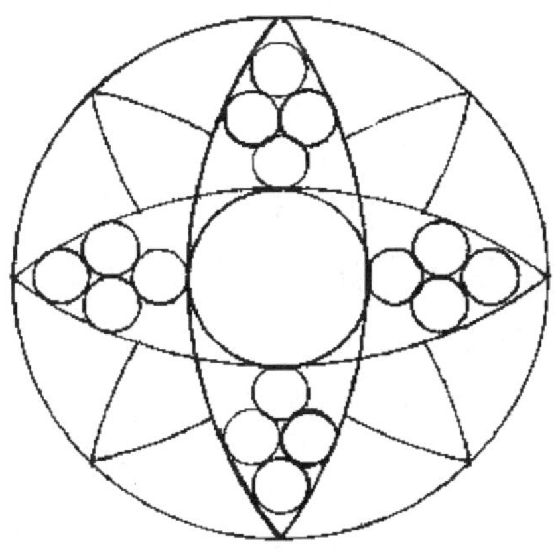

우레(雨雷)와 권력

우리는 앞장에서 손이 산(山)의 뜻이 있다는 것을 공부하였다. 손의 주된 성질이 바로 사물을 정지시키는 데 그 뜻이 있기 때문이다.

그렇다면 사물을 움직이게 하는 것은 무엇일까? 주역에서는 그것을 ☵로 표현하거니와, 우리 몸 중에는 발이 그러한 역할을 하고 있다. 발이란 바로 몸을 움직이는 역할을 하기 위해 존재하는 것이다. 발은 모든 동물에게도 있다. 즉, 동물의 주된 성질이 발인 것이다. 이에 비해 식물은 발이 없다. 식물의 뿌리를 발로 비유할 수도 있겠지만 그것은 크게 잘못된 것이다. 식물의 뿌리는 차라리 식물의 손이라고 하는 것이 낫다. 식물의 뿌리가 양분을 끌어모으기 때문이다.

아무튼 발의 성질을 살펴보자. 이는 ☵라는 괘상을 배우기 위함이다. 이 괘상은 아래가 양(—)으로 되어 있는데, 이는 땅으로부터

분리되어 있다는 것을 뜻한다. 이에 비해 식물은 ☶인바, 이것은
아래가 음(--)이어서 땅과 붙어 있는 모습이다. 물론 ☶의 위쪽은
☰이어서 식물이 이리저리 움직일 수 있음을 나타내고 있다.

　동물의 경우, ☵의 위쪽은 ☰으로서 이는 몸을 말하거니와, 전체
로는 바닥이 떨어져 있어 이동이 가능하게 되어 있다. 이것은 이동
이라도 바람의 움직임과는 사뭇 다르다. 바람은 움직이면서 그 모
양이 무너진다. 이는 마치 무질서한 군중의 이동과도 같지만 ☵은
군대의 움직임처럼 모양이 흩어지지 않고 질서 정연하게 움직이는
것이다. 기실 ☵은 군대를 상징하는 괘상이다.

　동물 중에서는 말[馬]이 그런 성질이 있지만 말의 움직임은 실로
당당하다.

　주역에서 ☵을 용(龍)이라고 표현하기도 하지만, 이는 장엄하게
날 수 있다는 뜻이다. 말이든 용이든 움직임은 참으로 당당하다. 자
동차도 ☵로 표시할 수 있거니와, 군대의 탱크야말로 ☵를 나타낸
다고 할 수 있다.

　옛날 로마인은 성질이 ☵와 같아서 이동하여 멀리 영토를 넓혔
다. 그들은 우레처럼 움직여 주변 국가를 정복했던 것이다. ☵는 강
렬한 움직임·기동력 등을 나타내는 것으로, 옛날 칭기즈칸은 말의
몸, 즉 ☵으로 주변 일대를 점령했던 것이다.

　오늘날 미국이야말로 ☵로 볼 수 있지만 미국의 상징은 흔히 독
수리로 나타낸다. 독수리! 이는 새 중에서도 아주 강력한 존재로서
정히 ☵의 상징이다.

　☷는 또한 권위를 나타낸다. ☷ 중에서 ☰은 음인바, 양의 위쪽

에 모습을 드러내고 있다. 이는 큰 건물처럼 위세를 드러내고 있는데, 권력의 괘상이 바로 ☳인 것이다.

관상법에 있어서도 발이 귀하게 생기면 직위가 높아지고, 천하게 생겼으면 직위가 높아질 수 없다. 사람의 성질 중에서도 걷기를 좋아하는 사람은 인생이 풍요롭거나 당당할 수 있다. 물론 걸음걸이가 귀해야 한다. 한마디로 아녀자처럼 자잘하게 움직이는 것은 천하고, 큼직큼직하게 움직이는 것은 귀하다.

씩씩하게 가슴을 펴고 사는 사람도 ☳에 해당된다. 반대로, 기가 죽어 있는 사람은 ☷이라고 할 수 있는데, ☷의 모습을 보라. 땅에 붙어서 고개를 들지 못하고 있지 않은가! 물론 ☷은 안정되어 있지만 활동이 없어서 ☳와는 대조적이다. ☳은 크게 드러난 모습으로 장군의 기상이거니와, 대범한 성질을 뜻한다. 소위 화끈한 사람이 바로 ☳의 성질인 것이다.

다만 ☳의 성질은 굳건한 움직임이기 때문에 제 성질을 못 이기는 사람이고 무례한 사람일 수도 있다. 우리가 사람에게 큰 예의를 표시할 때 무릎을 꿇는데, 이는 ☳의 성질을 자제하겠다는 뜻이다.

☳은 크게 일어남을 뜻하기 때문에 사물의 시작을 뜻하기도 한다. 그래서 아침에 깨어나는 것을 ☳로 표시할 수 있고, 또한 어떤 깨달음에 도달했을 때는 ☳의 상태인 것이다. 봄의 새싹도 ☳인데, 이는 새싹이 비록 연약하지만 미래로 향하는 중대한 움직임이기 때문이다.

요는 뜻이 중요하다. 큰 결심을 하고 움직이는 것이 바로 ☳이다. 여자의 움직임이 ☴이라면 남자의 움직임은 ☳인 것이다. 공식 행사도 ☳인바, 우리는 ☳에서 당당함을 배울 수 있다. 손자도 움직일 때는 우레같이 하고 정지할 때는 산처럼 하라고 가르쳤다. 산이 당당히 선 것이라면 우레는 당당히 움직이는 것이다.

발의 기능은 ☳인바, 필요 없이 움직이는 것은 당당하다 할 수 없다. 특히 발을 떤다거나 발장난을 하고 있는 것은 ☳이 아니라 ☷이다. 이것은 아주 흉한 것으로, 차라리 발을 잘라 버리는 것이 낫다. 사람의 움직임이 졸렬하면 이는 ☷로 표시하거니와, 굳건하고 명분에 맞으면 ☳인 것이다. 그렇기 때문에 ☳는 큰소리를 상징하기도 하는데, 바르고 선해야만 ☳의 뜻에 합일될 수 있다.

특히 권력자는 그 자리가 ☳인바, 행동이 ☳다워야 할 것이다. 높은 위치에 있는 사람이 사사건건 의견이 많아서 아랫사람을 바쁘게 하면 이는 나라 말아먹을 행위인 것이다. 국가의 정책도 마찬가지이다. 충분히 생각해서 적중시키는 정책은 ☳이려니와, 자주 바뀌고 지리멸렬하면 ☷이 될 수밖에 없다.

군대의 움직임처럼, 독수리의 비상처럼 대범하고 질서 있게 움직일 때 큰 뜻을 성취할 수 있는 것이다. 우리는 ☳의 모습에서 천지의 큰 성취를 볼 수 있다.

玉虛眞經 (13)

道人雖坐吾謂此行 俗人雖行吾謂之坐

도인은 비록 앉아 있으나 나는 그것을 항상 걷는다고 말하고, 속인(俗人)은 비록 걷고 있으나 나는 그것을 항상 앉아 있다고 말한다.

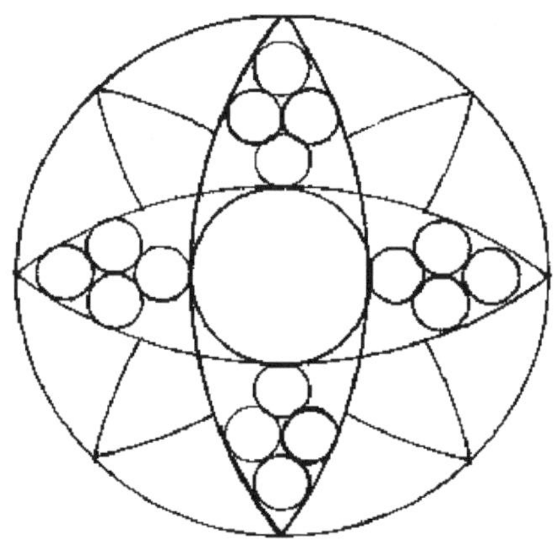

아름다움(美)의 본질

못생긴 사람을 일컫는 말로 민주주의라는 표현이 있다. 이 말은 곳곳이 제 맘대로 생겼다는 뜻이거니와, 보는 이의 기분을 생각하지 않고 아무렇게나 생겼다면 그야말로 아름답지 못한 모습이다.

사실 민주주의라는 것은 이웃과 조화를 이루어야 한다. 조화야말로 아름다움의 본질이라 할 수 있기 때문이다.

물론 조화라는 것은 엄정한 질서와는 조금 다른 의미가 있다. 군대의 행진처럼 틀이 꽉 잡힌 것은 아름답다고 말하기는 좀 미흡한 감이 있다. 그렇다고 해서 군중들의 혼란스런 마구잡이 행동이 아름답다고는 더더구나 말할 수 없을 것이다.

사람에 따라서 이것이 아름답다, 또는 저것이 아름답다는 저마다의 의견이 있을 수 있으나, 도대체 아름다움이란 무엇일까? 이것은 국어학적인 문제가 아닐 것이다. 무겁다, 가볍다, 부러졌다 등은 분명 물리적인 용어려니와, 아름다움이란 어떤 분야에 속한 개념일까? 자세한 것은 따져 봐야겠지만, 우선 아름다움이란 말이 인간의 용어이고 보면 심리적인 용어임엔 틀림없을 것 같다. 다만 슬프다, 기쁘다처럼 그러한 심정적 용어인지는 쉽게 말할 수 없다. 아름다움의 뜻이 무엇이냐는 프로이트도 연구했거니와, 음악이나 미술 등 예술에서도 바로 아름다움을 추구하고 있다.

주역에서는 아름다움을 조화의 뜻이라고 보고 있다. 조화를 곧 아름다움이라고 하면 어떤 예술가는 파격의 미를 들고 나올 것이다. 하지만 그것도 또한 조화인 것이다. 그래서 조화라는 것을 뜻이라고 말한다. 결국 아름다움이란 뜻 있는 그 어떤 것이다.

주어진 뜻을 어떻게 해석하느냐는 각자의 생각이겠지만, 뜻이 있다는 그 자체가 아름다움의 전제 조건인 것이다. 피카소의 그림을 보라. 산수화보다 느낌이 좋은지 어떤지는 모르겠지만 그 속에 조화가 있고 뜻이 있다.

뜻과 조화! 이것은 주역의 괘상으로 표현하면 바로 ☲이 된다. ☲이 바로 뜻·조화, 혹은 아름다움인 것이다. 이제 조화나 아름다움의 개념이 괘상 ☲로써 그 구조를 드러낸 이상 더 이상 말할 나위가 없다. ☲로써 한문(漢文)의 천 가지나 만 가지를 대신할 수 있고, 길고 긴 개념 설명이 필요 없어진다. 주역이란 바로 그래서 유용한 것이지만, ☲이 바로 조화나 아름다움의 본질인 것이다.

☲의 구조를 살펴보자. ☲은 상하(上下)는 양(─)인바, 양이란 자유스러움을 뜻한다. 하지만 ☲의 괘상은 가운데 음(─ ─)이 있어서 상하의 양을 연결하고 있다.

바로 이 연결이 중요하다. '연결'보다 더 포괄적인 언어로 '연관'
이란 말이 있는데, 가운데 음이 바로 연관시키는 구조인 것이다.

☲은 전체적으로 질서·조화·아름다움을 뜻하는바, 그것은 자유
스러운 양이 가운데 음에 의해서 연관을 맺고 있기 때문이다. 그야
말로 참다운 민주주의처럼 각자는 자유스럽지만 전체적으로는 균
형·조화를 이루고 있는 것이다. 우리의 우주를 코스모스(Cosmos)
라고 하거니와, 이는 질서의 세계를 뜻하는 것이고, 질서가 바로 ☲
인 것이다.

☲의 모양은 혼돈인 ☵과 정반대로 되어 있다. 혼돈의 반대가 질
서이므로 괘상도 반대로 되어 있는 것은 당연한데, ☲의 뜻은 아주
다양하다.

일례로, ☲은 덩어리를 뜻하는바, 위의 양과 아래의 양이 붙어 있
다는 뜻이다. ☲은 자연의 사물 중 불에 해당되는데, 인류가 불을
발견하여 사용함으로써 문명이 발생한 것이다. 문명이 바로 ☲이
다.

주역을 통해 비로소 안 일이지만, 문명이란 뜻이고, 조화이고, 아
름다움이다. 문화도 마찬가지의 의미가 있다. 문화란 인간의 소산이
거니와, 우리가 문화라고 말할 때 그 속에는 뜻이 있고, 조화가 있
고, 아름다움이 있다.

세상에서 가장 아름다운 것 두 가지는 여자와 금강산이고, 가장
구경할 만한 것 세 가지는 싸움, 여자의 벗은 몸, 그리고 불이라고
한다. 이 중에서 여자의 몸·불·금강산은 같은 뜻이다. 싸움이라는
것은 헤어짐에 비해서는 그나마 아름다움이 남아 있다. 물론 싸움

의 뜻은 등을 졌다는 뜻으로 ☷에 해당된다.

☶을 더 얘기하자. 익힌 콩을 엿으로 뭉쳐 놓았을 때 이것이 바로 ☶의 모습이다. 남자의 성기(性器)도 ☶의 모습을 띠고 있다. 가운데 딱딱한 것 외에 두 개의 움직이는 물건이 달려 있지 않은가. 여자의 성기는 가운데 구멍이 있는바, ☱의 가운데 ━이 바로 그것이다.

그런데 성기의 모양뿐 아니라 남자의 마음이 바로 ☶이고, 여자의 마음은 ☱에 해당된다. 남자의 마음은 항상 객관적이고 연관된 그 무엇을 염두에 둔다. 이런 마음이 바로 아름다운 마음이고 ☶의 괘상이다.

☱는 주관적이고 이기적이다. 이 모양을 민주적이라고 해야 할지는 모르겠지만, 여자의 마음은 ☱의 성질을 갖고 있는 것이다. ☲의 괘상은 가운데 음(--)에 생기(生氣, ━)가 붙어 있다. 그렇기 때문에 ☲을 밝음이라고 하거니와, 밝음이란 바로 연관성을 잃지 않는 마음이다.

오늘날 사회는 제법 질서가 유지되고 있는바, 그 모습이 바로 ☲인 것이다. 다만 우리의 사회가 얼마나 밝은가! 즉, 보이지 않는 곳에서 얼마나 나쁜 일이 벌어지고 있는가! 모든 곳, 다시 말해 높고 낮은 곳, 보이고 보이지 않는 곳 등이 서로 조화를 맺는다면 사회는 더 밝다고 말할 수 있을 것이다.

요컨대 ☲란 연관, 조화를 뜻하는 것으로 한 사물의 행동이 다른 사물과 조화를 이룬 모습이다. 우주가 태초에는 혼돈, 즉 ☷이었지만, 그 이후엔 점점 ☲을 향해 가고 있는 것이다. 우리의 사회나 인격 등도 ☵을 향해 가야 한다.

　주역은 결국 64괘를 이해해야만 한다. 이것은 두고두고 공부하면서 그 이해도를 높여야 하겠지만, 근본은 괘상을 깨닫는 데 있다. 그런데 사물의 뜻은 오래 생각한다고 해서 깨달아지는 것이 아니다. 익숙해져야 한다.

　우리가 '달다'라는 말을 어떻게 설명할 수 있겠는가! 직접 느껴 본 사람만이 '달다'의 뜻을 알 것이다. 주역의 괘상도 바로 그렇다. 다만 64괘는 서로 상관적 구조를 갖고 있기 때문에 하나를 알면 미루어 다른 것도 짐작할 수 있다.

玉虛眞經 (14)

道人樂住閉處　爲嗜通內也

도인이 즐겨 막혀 있는 곳에 머무르는 것은 그 스스로의
안을 통하게 하기를 즐기기 때문인 것이다.

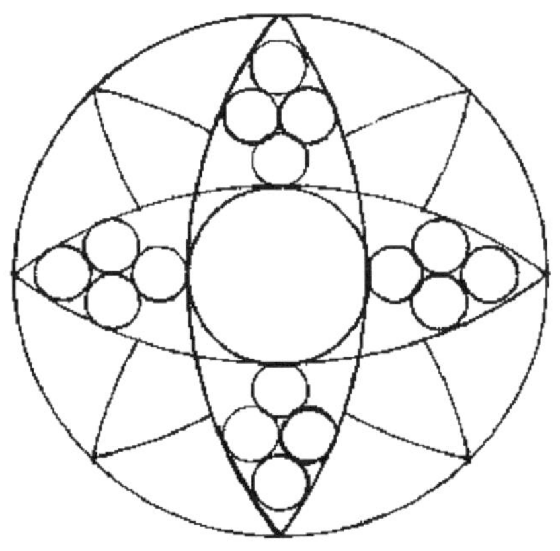

점이란 무엇인가

주역의 또 다른 면을 살펴보자. 응용의 면이라고 할 수 있는데, 사람에 따라 주역의 필요성을 다르게 느낄 수도 있을 것이다. 의사는 인체의 원리를 깨닫기 위해 주역을 공부할 것이며, 운명 감정가는 전체의 운행이나 시간의 원리 등을 알기 위해 주역을 사용할 수 있고, 병법가는 작전에 주역을 응용할 것이고, 무술인은 그 원리를 개발하는 데 주역을 쓸 수 있다.

주역의 작용은 무한하기 때문에 그 응용에도 제한이 있을 수 없다. 그리고 응용을 통해 주역 자체의 공부가 강화될 수 있는바, 주역의 순수 이론을 공부하는 중에 종종 그 응용을 시도해 볼 필요가 있다.

그 일례로써 점을 권하고 싶다. 점이란 미래를 아는 일이거니와, 당초 먼 옛날에는 주역을 점치는 일에 우선 사용하였다. 생각하기에 따라서는 주역 원전의 성립은 점에 관한 임상 기록서라고 말할 수 있다. 물론 주역에는 우주의 모든 원리가 잠재되어 있다. 그것은 주역에 괘상이라는 구체적인 그림이 있기 때문인데, 사물을 이해함에 있어 그림을 사용하는 것이 가장 근원적이라는 것은 이미 알려져 있다.

우리는 운명에 관해서도 그 유형을 주역의 괘상으로 표현할 수 있는바, 그렇게 하면 운명의 정상적인 모습을 일목 요연하게 알 수 있다. 그러나 괘상을 얻어 운명을 해석하기 전에 우선 점 그 자체에 대해서도 알아 둘 필요가 있다.

점이란 미래를 알아내는 인간의 방법이려니와, 동물에게는 미래를 알아내는 생리 기능이 있는 것 같다. 개미가 홍수 지역에서 미리 피신한다는 것은 종종 보고되고 있다. 어쩌면 개미가 기후를 알아내는 특별한 방법이 있는지도 모르겠지만, 떼를 지어 개미가 이동하면 그 지역은 일단 불길한 장소라고 봐야 할 것이다.

뱀은 화재가 날 장소를 미리 아는 능력이 있다고 한다. 그뿐이 아니다. 뱀은 어느 집안이 망할지조차 안다고 하는데, 예로부터 어느 대감 집에서 큰 뱀이 떠나가면 그 집안이 벼슬을 잃거나, 대감이 죽거나, 병들었다는 일은 빈번히 들어오던 얘기이다.

그래서 뱀을 수호신, 또는 터줏대감이라고 했던 것이다. 그리고 기세가 등등했던 집안은 으레 구렁이나 뱀이 집 안 어딘가에 살고 있다고 한다. 물론 오늘날에 와서는 집의 구조상 뱀이 살기 힘들 것이다.

그런데 문제는 이러한 뱀들이 과연 미래를 아는가에 있다. 만일 뱀이 떠나고 며칠 후 화재가 났다면 이것을 어떻게 해석해야 옳을까? 야생에서는 동물이나 곤충이 떼를 지어 이동하면 그 이후 반드시 큰 변화가 있는 모양이다. 커다란 산불이 나기 전에 야생 동물의 무리가 이동하는 것은 아주 흔한 일이다. 분명 미래를 알고 행동하는 것으로 보인다.

그렇다면 이들은 미래를 어떻게 예측하는 것일까? 일종의 신통력이라고 해야겠지만, 그러한 능력은 쥐들도 대단한 것 같다. 쥐는 화재나 홍수를 재빨리 피하지만, 어느 항구에서는 침몰한 배를 미리 알고 떼를 지어 배를 떠나는 경우도 있다고 한다. 동물에게는 비상한 감지력이 있는 것 같다. 올챙이는 지진이 날 것을 미리 알기 때문에 기상청에서는 아예 올챙이를 통한 지진 예보 체제를 구축하려고 생각한 적도 있다.

어느 동물학자들은 미래를 아는 힘을 동물의 일상적인 기능이라고까지 말한다. 동물에게는 지능이란 것이 없기 때문에 그러한 능력이 주어졌다는 것이다. 원래 인간에게도 미래를 아는 능력이 생리적으로 주어졌건만, 지혜가 발달함으로써 차차 그러한 기능이 감소되었다고 보고 있다. 사실일지도 모른다.

현재에 있어서도 인간 중에는 종종 미래를 예지할 수 있는 초능력자들이 있다. 이들은 잃었던 능력을 회복한 것일까? 아니면 동물적 능력이 뛰어난 것일까?

일반적으로 남자보다 여자가 육감이 더 발달해 있는 것으로 인식되어 있다. 그 이유는 무엇일까? 필경 남자의 분석적 지혜보다 여자의 감정적 판단이 동물적 본능에 가깝기 때문일 것이다. 대체로 지혜란 인위적이기 때문에 오히려 미래를 예측할 수 없게 하고 동물처럼 무심한 감정은 미래를 바로 보게 하는 것인지도 모른다.

학자들은 미래를 아는 능력이 뇌의 구피질(舊皮質) 영역에 분포되어 있는 것으로 보고 있다. 구피질은 신피질(新皮質)과 대비되는 것으로, 신피질은 지능을 담당하고 있는 영역이다. 구피질은 흔히 파충류의 뇌라고 하거니와, 동물들은 이 곳이 아주 발달되어 있다.

인간의 경우는 대뇌의 기능이 발달함에 따라 구피질이 퇴화했다고 생각되는데, 이 때 잃은 기능이 바로 미래 예측 기능이라고 보고 있는 것이다. 또 어떤 설에 의하면, 인간이면 누구나 미래를 알 능력이 있는데, 문화 교육에 의해서 일찍이 그것을 상실했다고 한다. 과연 그럴까?

대체로 보면 학교 교육을 전혀 받지 못한 사람들 중에는 신통한 사람이 많은 것 같다. 오늘날 학교 교육이란 지능을 향상시키는 교육이려니와, 지능은 분명 미래를 아는 능력과는 별개인 것 같다.

오히려 지능이 미래를 모르게 하는 것은 아닐까? 그렇다면 인간이야말로 어리석다고 할 수 있을 것이다. 인간은 삶을 보다 안전하게 영위하기 위해 지능을 사용하고 있다. 하지만 지능이 없는 동물에게는 다른 능력이 있는지도 모른다.

인간이 점을 치게 된 기원은 알려져 있지 않다. 하지만 인간에게 아직 문화가 없었던 멀고 먼 옛날부터일 것이라고 생각되고 있다. 물론 점이란 미래를 알기 위한 수단인데, 인간이 동물처럼 미래를 예지할 수 있는 능력이 없기 때문에 편법으로 개발된 것으로 볼 수 있을 것이다.

점의 역사는 인류가 글을 사용하는 등 문화 생활을 하게 되자 바로 나타나고 있다. 중국에서는 이미 5,000년 전에 점이 출현하고 점을 담당하는 부서와 관직이 등장하였다. 점이 개인의 미래를 알기 위해 사용되는 것이라면 같은 원리로 국가의 운명도 알 수 있기 때문이다.

다만 점이 미래를 밝히는 수단으로써 결과가 분명치 않기 때문에 국가 기관이 공식적으로 점을 이용하는 것은 점차 폐지되었던 것으로 보인다. 하지만 개인이 점을 치는 경우는 오늘날까지도 지속되고 있다.

예전에는 나라의 왕이나 권력가들이 중대한 결정을 점에 의존하는 바가 많았지만, 오늘날에 와서 점을 공공연하게 내세울 수는 없게 되었다. 점이 비과학적이라는 이유 때문이다. 물론 오늘날 대통령이나 장관들 혹은 부자나 권력가들이 점을 전혀 안 치는 것은 아닐 것이다.

점이란 참으로 묘하다. 과학적으로는 그 신빙성이 의심되지만 개인적으로 종종 매달리게 된다. 그것은 무엇보다도 미래를 알고자 하는 인간의 욕구 때문이다. 동물처럼 생리적으로 미래를 알 수만 있다면 얼마나 좋겠는가! 그런 능력이 없는 인간으로서는 어떡하든 미래를 알 수단을 강구해야 하는데, 그러한 욕구가 점을 등장시킨 것이다.

점의 종류는 참으로 많다. 그것은 전세계적으로 특징을 갖고 있는바, 동양에서는 특히 발달되어 있다. 여기서 몇 가지 예를 들어 보자.

점의 방법으로써 우선 들 수 있는 것은 소위 신점(神占)이라고 하는 것이다. 이것은 생리적 방법으로써 인간 자체가 매개체가 되는 방법이다. 무당이 바로 그것이다. 무당은 자신의 능력으로 미래를 점치거나 예언하고 있다. 그들은 굿 같은 것을 통해 미래를 알 수 있는 능력에 도달하는 것이다. 원리는 간단하다. 굿을 통해 귀신의 감응을 얻어 미래를 맞추는데, 이는 신통하기 그지없다. 엉터리 무당인 경우는 예외겠지만, 어떤 무당의 경우는 미래를 정확히 맞추어 낸다.

필자도 그런 경험을 했거니와, 많은 사람이 무당의 신통한 점을 얘기하고 있는 것이다. 무당이 아니라도 신점을 잘 치는 사람이 있지만 마찬가지이다. 이들은 귀신이나 자신의 정신을 통해 미래를 밝혀내고 있다. 이는 흡사 동물이 미래를 예지하는 방법과 닮아 있는 것이다.

점을 치는 데 있어서 두 번째 방법은 점구(占具)를 사용하는 것인바, 실로 다양한 방법이 존재한다. 예로써 먼 옛날 중국에서는 거북이 껍질을 불에 쪼여서 갈라지는 선을 보고 미래를 점치는 방법이 사용되었는데, 이것은 상당히 오래 된 방법이다. 소위 산가지라는 것으로 대나무 가지를 사용하는 방법은 오늘날도 널리 통용되고 있다.

그 외에도 엽전을 사용하는 방법, 깃발을 사용하는 방법, 카드를 사용하는 방법, 먹물을 사용하는 방법 등 많은 방법이 있고, 새를 이용하여 점괘를 골라내는 방법도 있다. 이렇게 점구를 사용하는 방법은 미래를 알 수 있는 징후가 사람의 정신 속에 감응하는 것이 아니라 사물에 감응하는 특징이 있다. 이상의 두 가지 점법은 사람 혹은 사물에 감응하는 것으로써, 묻고 답하는 형식인 것이다. 묻는 것은 인간이 묻고 그 답은 신 또는 귀신이 하게 된다. 물론 해석은 인간이 하는 것이다.

세 번째 방법을 보자. 이것은 묻고 답하는 형식이 아니라 주어져 있는 것을 해석하는 방식이다. 예를 들면 손금이나 관상 같은 것이 그것이다. 이것은 특정된 질문에 의한 답이 아니라 운명 전반을 살피고 있다. 사주 팔자라는 것도 마찬가지이다. 태어난 시간을 하나의 고정된 특징으로 보고 그것을 해석하는 것이다.

꿈의 해석이나 징조도 같은 부류에 놓을 수 있을 것이다. 다만 점이란 원래 신점을 일컬었던 것 같다. 그래서 손금이나 관상·사주 등은 철학이라고 말해, 다소 학술적인 의미를 부여하고 있다. 풍수지리도 그렇다. 산이나 강·바람·땅 등의 구성을 가지고 미래를 해석하는 것이다. 수상학·관상학·풍수지리학·사주추명학 등은 아주 그럴 듯하게 보인다.

하지만 오늘날에 와서 이러한 것들은 정식 학문에 속하지 못한다. 그래서 학교에서 배울 수 없고 대학의 연구 기관도 그런 것을 연구하는 경우가 없다. 하지만 사주학 등이 반드시 비과학적이라고 말할 수는 없을 것이다. 어쩌면 인간이 아직 발견하지 못한 자연의 법칙이 얼마든지 있을 수 있기 때문이다.

마지막으로 한 가지 방법을 더 살펴보자. 네 번째 방법은 아주 색다르다. 이것은 동기가 인간에 의한 것이 아니라 신 또는 귀신에 의한 것인데, 소위 계시(啓示)라는 하는 것이다. 이것은 종교에서 흔히 있는 일인데, 신이 인간에게 앞날을 알려주는 것이다. 어떻게 보면 첫번째 방법과도 닮아 있지만, 묻지 않은 것을 돌연 알게 되는 경우가 좀 특이하다.

예를 들어 민족의 예언서인 정감록, 성서의 요한 계시록, 노스트라다무스의 예언 등은 절대자가 인간을 향해 선포하듯 미래를 알려주는 방식이다. 점의 방법은 대체로 네 가지 방식으로 분류할 수 있을 것이다.

자동차를 타고 가다가 갑자기 정지했다고 하자. 이는 고장이 난 것이다. TV를 보다가 화면이 보이지 않거나 소리가 들리지 않아도 마찬가지이다. 무엇인가 잘못되었다는 뜻이다. 과학이란 사실 그대로를 말한다. 사실대로 되어 있지 않으면 기능이 제대로 발휘되지 못하는 법이다.

세계는 법칙이 존재하여 그 한도 내에서 운용이 가능한 것이다. 여기에는 사실이 중요하지 신념이 중요한 것은 아니다. 우리가 만일 독약을 몸에 주사하면서 영양제라고 믿어도 죽음이 오게 되어 있다. 과학은 객관적 사실일 뿐 우리의 믿음과는 관계가 없기 때문이다.

이 세계는 법칙에 의해 사실대로 움직이고 있다. 그런데 사람은 나름대로의 신념이 있어 때로는 사실과는 전혀 상관이 없는 생각에 잠기게 된다. 그것을 미신이라고 하거니와, 총명한 사람도 때로 미신에 사로잡히는 수가 있다.

흔히 미신이라고 하면 종교에서 나타나지만, 점이라는 것도 자칫하면 미신이 될 수 있다. 우리가 산에 가서 어떤 큰 나무에 절하고 소원을 빈다고 해서 뜻대로 되겠는가!

아무리 믿음이 강해도 필요가 없다. 어디까지나 미신이기 때문이다. 점이란 미래를 알아내는 방법인바, 엉터리를 믿으면 당연히 미신이 된다. 어느 신장(神將)을 믿고, 그 신장이 미래를 점지해 주기를 바라고, 나온 점괘를 무조건 신뢰하는 것은 미신이 되기 쉽다. 중요한 것은 우리의 신념보다 객관적 사실인 것이다.

점이라는 것은 어떨까? 과학적 근거가 없다고 해서 무조건 미신이라고 생각하는 것은 옳은 견해일까? 사실 과학적 근거라는 말은 조심해서 사용해야 한다. 알고 있는 지식의 한계 내에서 과학적 근거라고 말한다면 이는 미신보다도 더욱 모순이라고 할 수 있다.

과학적이란 것은 드러난 사실 외에도 감추어진 모든 사실을 의미하는 것이다. 단편적 지식만 가지고 과학적 운운한다면 이야말로 미신이라고 할 수 있다. 판단할 수 없는 것은 어디까지나 판단할 수 없는 것이지 비과학은 아니다. 예전에 교회에서는 태양이나 모든 별들이 지구를 돈다고 했다. 이는 과학이 아직 발달하지 못해서 갖게 된 신념이려니와 일종의 미신이라고 할 수 있다.

점도 물론 그렇다. 그것의 성립 이유를 모르면 무조건 점을 부정하거나 미신이라고 말한다. 점이 미신이냐 아니냐는 신중히 생각해서 판단해야만 한다. 점이란 것은 상식적으로 판단할 수 없는 깊은 원리가 들어 있을지도 모른다. 알 수가 없다고 해서 미신이라고 한다면 그야말로 어리석은 생각이 아닐 수 없다. 상식적, 혹은 과학적으로 모르는 것은 차라리 신비 개념으로 남겨두면 될 것이다.

이는 신중한 태도이다. 신비 개념이란 과학을 넘어서 아직 알려

지지 않은 개념이다. 물론 종내에 가서는 미신인가 아닌가가 판명될 것이다. 궁극적으로 이 세계에는 오직 사실과 거짓만이 존재할 뿐이다. 사실이 아닌 것을 믿으면 그것은 미신이 된다. 하지만 알 수 없는 것을 거짓이라고 말해서는 안 된다. 확인 안 된 개념이라고 하면 괜찮다. 이는 중립적인 태도로, 발전성이 있기 때문이다.

점이란 것은 일반적으로 사실이 입증된 개념은 아니다. 어떤 사람에게는 경험에 의해 사실이 되고, 또 어떤 사람에게는 비과학적이 될 수가 있다. 그렇지만 점은 아주 신비한 개념으로, 오늘날 과학으로 그 당위성을 완전하게 판단할 수 없다.

그러한 문제는 점 외에도 상당히 많다. 예를 들면 영혼의 문제도 그렇다. 영혼이 존재한다는 것은 종교에서는 아주 당연한 일인데, 과학에서는 그 존재를 인정하지 않는다. 그 존재를 입증할 수 없다는 것이다. 이는 과학이 아직 발달하지 못했기 때문이다.

오늘날 과학으로 입증하지 못한다고 해서 거짓이라고 볼 수는 없다. 대체 오늘날 과학이 자연의 비밀을 어느 정도나 파헤쳤다는 것인가! 상식적인 것을 조금 안다고 해서 그 범위 밖을 나가는 것에 대해 미신 운운하는 것은 가소로운 짓이다.

오늘날 최고의 과학자 중에 스티븐 호킹 박사가 있는데, 그는 영혼을 부정한다. 신이라는 것도 점이라는 것도 부정하고 있다. 비과학이란 말이다. 그러나 이는 호킹 박사가 크게 실수하고 있는 것이다. 자신이 모른다고 해서 어찌 그것을 부정할 수 있는가! 신중하지 못한 아주 비과학적 태도가 아닐 수 없다.

신비란 가능성을 넓혀주는 것이려니와, 호킹 박사는 신비 개념에 대해 옹색하다고 할 수 있다. 호킹 박사는 한때 20세기가 지나기 전에 자연의 모든 비밀이 밝혀진다고 말한 바 있다. 어림없는 얘기이다. 영혼 같은 단순한 개념마저 부정하는 사람이 어찌 대자연의 진리를 말할 수 있단 말인가!

이와 대조적으로 또 한 사람의 위대한 과학자인 아인슈타인은 신의 존재를 믿었고, 평생 주역을 공부했다. 주역이란 점의 원리를 담고 있는 책이다. 점에 관해서는 공자 같은 성인도 평생 공부했다. 오늘날에는 많은 과학자가 점의 원리를 연구하고 있으므로, 점을 단순히 미신이라고 쉽사리 단정해서는 안 된다.

다만 점이라고 하면 무작정 믿고 매달리는 사람이 있는데, 이 또한 신중한 태도라고 볼 수 없다. 점이란 무조건 부정해서도 안 되지만, 그 원리에 대해 어느 정도는 알아야 한다. 우리가 큰 나무를 신앙의 대상으로 삼지 않는 것은 나무가 무엇인지 알기 때문이다. 나무가 뭔지 모르면 그것을 신앙으로 할 수도 있을 것이다.

귀신이란 것도 비슷하다. 모르기 때문에 믿기도 하고, 또한 모르기 때문에 부정하기도 한다. 그러나 무엇이든 자세히 알고 나면 부정과 긍정을 분명히 할 수 있다. 모르는 상태에서는 부정도 긍정도 의미가 없다. 점이라는 것도 어느 정도 알고 나면 긍정이든 부정이든 선택할 수가 있을 것이다.

사실 오늘날 과학에서도 점에 대한 원리는 관심의 대상이 되고 있다. 일부 종교에서는 공연히 신성한 척하면서 점을 무조건 부정하고, 심지어는 점치는 행위를 죄악이라고까지 생각하는데, 이는 아주 신중치 못한 태도이다. 우리는 점에 대해 맹종할 것은 아니지만, 그 성립 원리를 충분히 생각해 봐야 할 것이다.

점치는 행위의 도덕성이 가끔 논의되는 것 같다. 어떤 종교에서는 점을 못 치게 할 뿐만 아니라 그것을 죄악시한다. 점치는 일이 왜 죄가 될까? 미래를 알고자 하는 것이 어찌 죄란 말인가? 또 어떤 사람은 점치는 행위를 부끄럽게 생각한 나머지 몰래 점방에 다니기도 한다. 이해할 수 없는 일이다.

공자도 점을 쳤거니와, 점이란 절대로 죄악이 아니다. 오히려 군자가 할 행동인 것이다. 미래를 미리 알고 신중히 행동하는 것이 얼마나 중요한 일인가! 주자학으로 유명한 유학자인 주자(朱子)는 점을 쳐서 자신이 물러날 때임을 알고 은거했고, 제갈공명도 점을 쳐서 큰 전쟁을 일으켰다.

현실을 얘기해 보자. 필자가 아는 모 인사는 점쟁이의 경고를 무시하고 여행을 갔다. 점쟁이는 여행을 가면 다친다고 했는데, 그 말대로 되어서 무척 고생했다. 또 어떤 사람은 점쟁이가 하지 말라는 사업을 해서 인생을 아예 망치기도 하였다. 누구는 점쟁이가 살지 말라는 여자와 살았기 때문에 불구가 되었다. 이것은 우리 주변에서 빈번히 일어나는 얘기들이다.

미래란 모르고 살아도 그런 대로 살아갈 수 있지만, 알고 산다면 그 이익은 이루 다 말할 수 없을 것이다. 결혼만 해도 그렇다. 가족들이 모여서 축하하면서 기쁘게 결혼한다. 그러나 몇 년 못 가 이혼하게 되어 괴로워한다. 끝내는 자식들까지 불행하게 만든다.

처음부터 당초 이혼할 사람을 만나지 않았으면 될 것이다. 사람이 한번 이혼하고 인생을 수습하려면 많은 시간과 노력이 필요하다. 미래를 모르면 얼마나 세월의 낭비가 많게 되는가!

어렵게 시작한 사업이 망하게 될 운이라면 일부러 빚을 내서 파멸의 길로 들어설 필요가 없는 것이다. 어떤 사람들은 점쟁이의 예시 능력을 통해 성공의 길로 들어섰기 때문에 행복하게 잘 사는 경우가 있다. 반면 점쟁이를 무시하고 저 잘났다고 설쳐대다가 망한 뒤 슬퍼하거나 자살까지도 한다.

사람은 누구나 후회를 할 수 있다. 후회를 모르는 사람은 사고를 당해서 몸이 불구가 되어 봐야 후회가 뭔지 안다. 멀쩡하던 몸이 갑자기 그렇게 된 것은 운명일 수도 있고, 행동의 실수일 수도 있다. 사고란 흔히 가지 않아야 할 장소에 가서 발생한다.

필자도 가지 않아야 할 장소에 가서 몇 년씩 피눈물나는 후회를 한 적이 있다. 사람을 잘못 만나서 그런 적도 있다. 미래를 모른다는 것은 상당히 위험한 일이다. 눈을 감고 험한 길을 가는 것과 다르지 않을 것이다.

예를 들어 주식 투자 같은 것을 생각해 보자. 망하는 회사의 주식을 사서 빚을 지고 인생이 급락하는 경우가 얼마나 허다한가! 사업에 잘못 투자해도 그렇고 사람을 잘못 만나 망하는 수도 있다. 이사를 잘못해도 그렇고, 여행을 잘못해도 그렇다.

미래를 알아야 한다는 것은 길을 갈 때 보며 걷는다는 뜻이 있는 것이다. 물론 미래를 모를 경우라도 상식적으로 판단해서 그때그때 조심스럽게 지나 갈 수가 있다. 하시만 어느 경우에는 빈드시 미래를 알아야 할 때가 있다. 순간의 선택이 평생을 좌우한다는 말도 있지만, 하루 앞날을 몰라 인생이 모두 무너지는 경우가 허다하다. 결혼이나 사업 같은 것은 실패해서는 안 되는 일이지만, 여행지에서의 사고는 실로 끔찍하다. 그 여행을 가지 않았으면 될 것을 그 곳에 가서 죽거나 평생 불구가 되기도 한다.

필자가 아는 어떤 사람은 술 마시고 밤새우고 과도한 섹스를 하고 나서 반신 불수가 되었다. 불과 이틀 만에 일어난 일이다. 이틀 동안 결사적으로 몸을 무리하게 사용한 결과 몸이 파괴되었던 것이다. 후회했음은 물론이다. 하지만 평생 돌이킬 수 없는 일이다. 그 사람은 몸이 그렇게 된 후 더욱 허약해져서 일찍 죽고 말았다.

인생이란 행복한 경우도 많지만 도처에 위험이 도사리고 있다. 그렇기 때문에 미래를 알아야 하는 것이다. 행복한 길을 가고 위험한 길을 피해야 하지 않겠는가! 문제는 어떻게 미래를 알 수 있느냐이다. 결국 점에 의지해야 하는데, 신통한 점쟁이도 그리 흔치 않다. 하지만 해결 방법이 없지는 않다.

점이란 틀릴 수도 있지만, 점치는 행위 자체가 중요하다. 점치는 행위란 그 마음이 정성스럽고 신중하기 때문에 그 자체만으로도 이익이 된다. 인생의 많은 사고는 방심과 오만에서 오는 법이다. 점이란 우선 겸손과 조심성을 필요로 한다.

여자들은 특히 점을 좋아하는데, 남자보다 자신의 판단을 지나치게 확신하지 않는다. 훌륭한 태도이다. 잘났다고 자신의 판단을 확신하는 것보다는 '과연 미래가 어떠할까?' 하고 근심하고 궁금해 하는 것은 신중한 태도인 것이다. 대개 어리석은 사람은 점을 무시하는데, 예로부터 공부를 많이 한 위인들은 점을 중시한다.

점이란 맞으면 더 말할 나위 없이 이익이지만, 우선 그 행위 자체가 슬기로운 감정을 갖게 한다. 점괘를 기다리는 마음은 경건하고 슬기로운 감정인 것이다. 훌륭한 옛사람들은 힘써 생각하고 점까지 쳤었다. 그래서 이런 말이 있다. '사람은 생각을 다하고, 모르는 것을 귀신에게 묻는다'라고.

여기서 귀신이란 점을 치는 행위를 말하지만, 반드시 신점(神占)을 의미하는 것은 아니다. '진인사 대천명(盡人事待天命)'이라는 말도 있다. 이것은 인간이 최선을 다하고 나서 운명을 기다린다는 말이지만, 점을 쳐서 미래를 알고자 하는 마음은 바로 천명을 기다린다는 뜻이 있다.

玉虛眞經 (15)

返之於閉 出之於通 返則聚 出則散也
由此閉處爲眞人之居所也

닫혀진 곳에서는 돌아오고 열려진 곳에서는 나아간다.
돌아온즉 모이는 것이요, 나아간즉 흩어진다. 그런 까닭에
밀폐된 곳은 진인(眞人)의 거처가 된다.

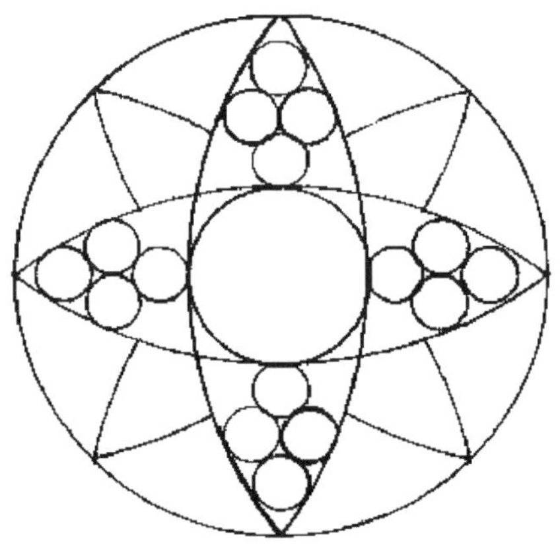

운명 감정

앞에서 점에 관한 일면을 살펴보았다. 이번 장에서는 주역을 이용한 운명 풀이를 공부해 보자. 소위 사주 풀이라는 것인데, 먼저 말해 둘 것은, 사주 풀이는 점이 아니라는 것이다. 엄밀히 말해, 점이란 미래를 묻는 행위이다. 이것은 미래의 일을 주역의 괘상에 감응시키는 행위로서 우리의 정신 감응이 관여하게 된다.

즉, 점이란 우리의 정신을 매개로 해서 미래의 일이 괘상으로 나타난다는 것이다. 괘상이 일단 나타나면 그것을 해석해야 하는바, 괘상의 해석은 어디까지나 과학이고 논리이다.

지금부터 논하고자 하는 사주 풀이도 바로 논리일 뿐이다. 오직 있는 바 그대로를 해석하기 때문이다. 우리의 성신 감응이 게재될 필요 없이 그 사람이 태어난 '사주(四柱)'를 해석하여 미래를 밝히면 그만이다.

다만 여기서는 사람의 운명을 괘상으로 나타내 보자는 것이다. 대개의 운명 감정은 소위 사주 추명(四柱推命)이라고 해서 생년월일시를 간지로 나타내어 풀어 보는 것이다. 원리는 마찬가지이다. 요는 인간의 사주 운명이 간지로 나타낸 것과 괘상으로 나타낸 것 중 어느 것이 사실에 부합되느냐인데, 여기서는 길게 논의할 문제가 아니다.

그저 운명 감정의 한 수단으로써 주역의 괘상을 이용하는 법을 얘기해 보겠다. 여기서 소개하는 방법은 필자가 스스로의 운명을 알기 위해 사용했던 것인바, 상당히 함축성이 있다고 믿는다. 필자는 이를 사용하여 수많은 사람의 운명을 감정하여 일상적인 적중 사례를 충분히 확보하고 있다.

물론 여기서 소개하는 사주 감정법은 주역 공부가 아니다. 주역이란 괘상 그 자체를 공부하는 것이려니와, 여기서는 사람의 사주를 괘상으로 만드는 방법을 공부할 뿐이다. 미리 말해 둘 것은, 이 방법은 엄밀히 말해서 과학이라고 할 수는 없다. 그저 의사 과학(擬似科學)이라도 좋고 단지 신념이라도 좋다. 다만 경험상 상당한 적중률이 있다는 것은 밝혀 두겠다.

각설하고, 운명 감정을 시작하자.

먼저 태어난 해를 소성괘로 나타내는 방법이다. 해는 간지법에 의해 60년마다 한 번씩 순환하는데, 여기서는 천간(天干)을 빼고 지지(地支)만 사용한다. 따라서 12년마다 순환하는 것이다. 말하자면 띠만을 사용한다는 뜻이다. 즉, 이것은 다음과 같이 순환한다.

子 丑 寅 卯 辰 巳 午 未 申 酉 戌 亥

띠를 모르는 사람은 만세력을 보면 나와 있다.
이제 띠를 가지고 괘상을 정해 보자.

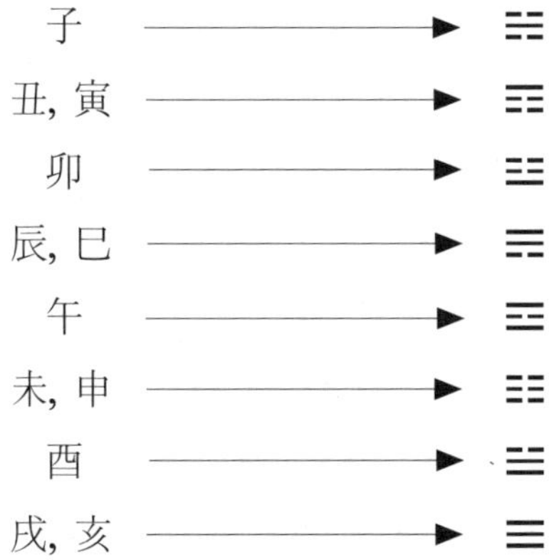

이상인데, 예를 들어 1949년 생은 소띠인바, 괘상은 ☷이다. 물론 1950년생도 같은 괘상이다.

다음은 태어난 달을 괘상으로 고쳐 보자. 음력으로 따지는 것이다. 음력을 모르는 사람은 만세력을 보라.

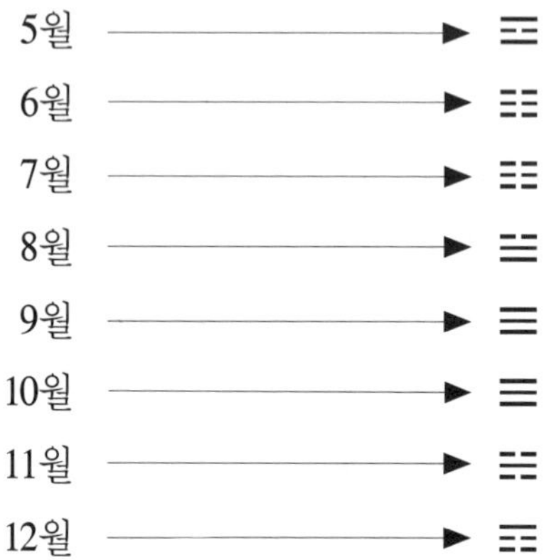

다음은 태어난 날인데, 다소 복잡하다. 먼저 태어난 날을 2.5로 나눈다. 예를 들어 5일에 태어난 사람은 2.5로 나누면 2가 된다. 6일에 태어난 사람은 2하고 나머지가 있는데, 나머지가 있으면 무조건 몫에 1을 더한다. 즉 6일에 태어난 사람은 2.5로 나누어 3을 얻는 것이다. 7일에 태어난 사람도 3이다. 그러나 8일에 태어난 사람은 4이다. 2.5로 나누어서 몫은 3인데, 나머지가 있기 때문이다. 29일에 태어난 사람은? 2.5로 나누어 보라. 몫은 11인데 나머지가 있다. 그러므로 값은 12이다.

이제 모든 날이 1에서부터 12까지의 값을 갖는다는 것을 알았을 것이다. 그 다음에 값으로써 괘를 정한다.

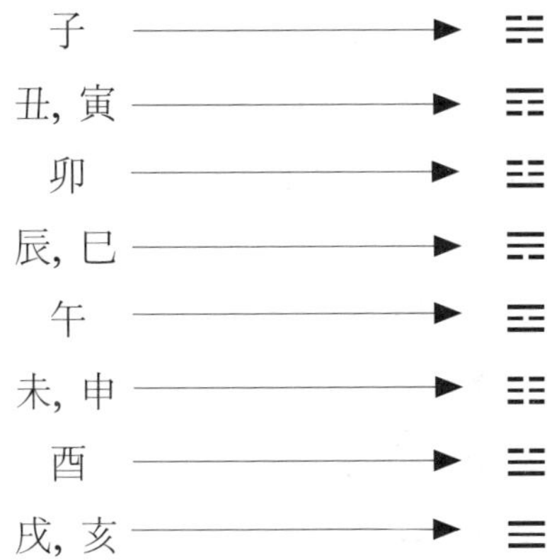

마지막으로 태어난 시간이 있다.

태어난 시간을 지지(地支)로 고치는 방법은 다음과 같다.

밤 11시 ~ 새벽 1시   子
  1시 ~ 3시   丑
  3시 ~ 5시   寅
  5시 ~ 7시   卯

7시 ~ 9시	辰
9시 ~ 11시	巳
낮 11시 ~ 오후 1시	午
1시 ~ 3시	未
3시 ~ 5시	申
5시 ~ 7시	酉
7시 ~ 9시	戌
9시 ~ 11시	亥

이제 연월일시를 모두 괘상으로 바꾸는 방법을 얘기했다.
예를 들어 1949년 5월 21일 저녁 6시에 태어난 사람을 보자.

1949년 丑 ⟶ ☷

5월 ⟶ ☳

21일 ⟶ ☷

저녁 6시 ⟶ ☳

이제 만들어진 괘상을 가지고 대성괘를 만들어 보자. 대성괘를
만들어야 운명을 감정할 수 있는 것이다. 위의 예를 사용하자.

연 ⟶ ☷

월 ⟶ ☷

일 ⟶ ☷

이것을 둘씩 짝짓는다.

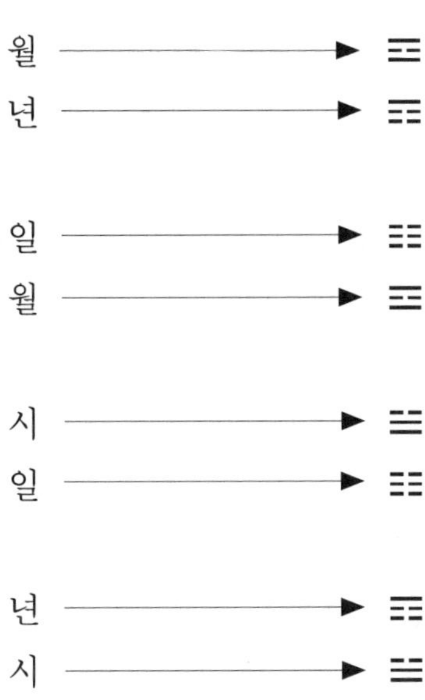

이상은 그대로 대성괘가 된다.

이 대성괘가 바로 그 사람의 운명을 나타내는 괘상이다.
이제는 괘상을 해석하는 일만 남았다.

예를 들어 ䷷은 화산려(火山旅)라는 괘상으로, 이 괘상을 가진 사람은 평생 이사도 많이 다니고, 직업도 안정이 안 되고 가정도 정착이 안 된다. 별로 좋은 운명이라고 할 수 없다. 그러나 해외 근무자·기자·행상·탐험가·해외 이민자·관광업자 등에게 적합한 괘상이다. 이런 괘상을 가진 사람은 그런 운명을 살아야 하는 것으로 해석할 수 있다. 이혼·해외 이민 등도 이 괘에 부합된다.

䷣. 이 괘상은 땅 속에 태양이 들어가 있는 형상으로, 어두움을 뜻한다. 따라서 비밀한 일, 어두운 일, 예를 들면 도박·불륜 등 불건전한 일에 휘말릴 수 있다. 감옥에 갈 수도 있다. 다만 생각이 깊고 총명하다. 따라서 학자·도인·성직자 등에 아주 유리한 운명이다.

䷏. 땅 위의 연못으로, 낮은 연못을 뜻한다. 형제간에 불화·이별·이혼 등 외로움이 많다. 반면 갑작스런 행운을 맞이하고 유명인이 된다.

䷗. 이 괘는 지도자의 상으로, 평생 사람들이 떠받들게 된다. 인복이 많아 위기를 잘 모면한다.

이상에서 사주 감정법을 대충 살펴보았다. 요점은 그 사람의 생년월일시를 괘상으로 바꾸고, 그것으로 운명을 판단하는 것이다. 괘상의 뜻을 잘 알면 응용의 범위가 무제한으로 넓어지는 감정법이다. 인생을 살아가는 데 필히 참조할 필요가 있을 것이다.

여기서 사주 풀이에 관심 있는 사람을 위해 앞에서 풀어 본 운명 감정법의 단계를 높여 보자. 운명의 흐름을 따져 보는 것으로, 일반 사주에서 말하는 대운법에 해당된다.

앞의 사주를 예로 들어 보자. 예로 사용할 사주는 다음과 같다.

이 괘상들을 탑처럼 쌓아 올리면 다음처럼 된다.

이 괘상을 상하로 연결시키면 하나의 환을 만들 수 있다.

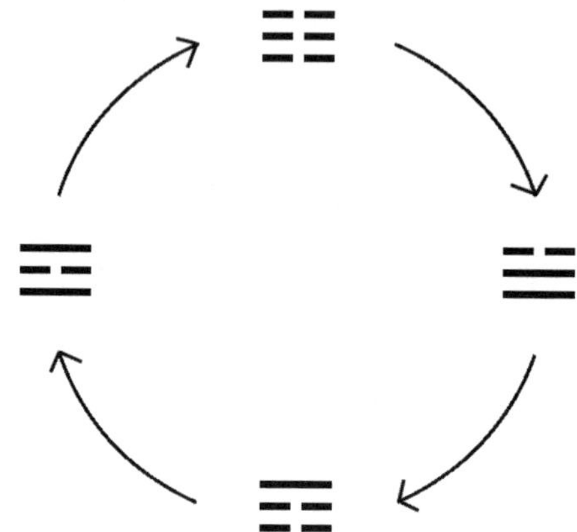

이제 이 환을 가지고 다른 괘상을 만들 수 있다. 효를 한 단계씩 앞으로 나아가서 사용하는 방법이다.

다음을 보자.

이 탑에서 맨 아래 효를 빼고 두 번째부터 괘를 만들면 이 되고, 두 개의 효를 빼고 만들면 , 세 개를 빼고 시작하면 이 된다.

이런 식으로 계속하면 마지막으로 이지만, 이 상태에서 맨 아래에 있는 효 하나를 맨 위로 옮기면 또 하나의 괘를 얻을 수 있다. 효가 환을 이루고 있기 때문에 계속되는 것이다. 어쨌건 이런 식으로 괘를 12개 만들 수 있다.

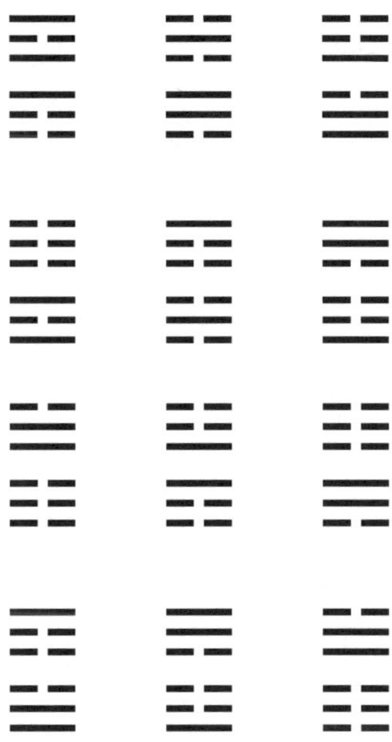

이렇게 해서 운명을 판정할 수 있는 괘상이 12개로 늘어난 것이다. 그만큼 자세해졌다는 뜻이다. 12개의 괘상은 바로 그 사람의 운명 재료라고 할 수 있다. 이것을 잘 운용하면 인생의 폭을 넓힐 수 있다. 이는 양념 등 식품 재료를 가지고 요리를 만드는 것과 닮아 있다. 예를 들어 괘상에 음기가 많은 사람은 이를 감안해서 양기를 늘리는 데 노력을 기울이면 된다. 반대로 양기가 지나친 사람은 매사에 침착할 필요가 있다.

이상에서 운명 감정법을 살펴보았는데, 괘상의 뜻을 깊게 알수록 운명 감정의 깊이를 더해 갈 수 있다.

이제 다시 주역 공부로 돌아가자. 이번에 살펴볼 내용은 괘상 ☰ 에 관한 심오한 통찰이다.

玉虛眞經 (16)

背門坐休萬想 大道自起焉

문을 등지고 앉아 만 가지 상념을 쉬게 하면 큰 도는 저절로 일어나게 되는 것이다.

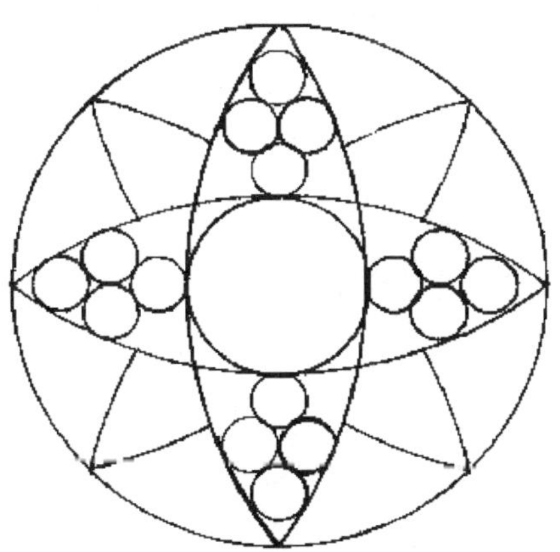

시간의 세계

시간에 대해 말해 보자.

미래를 아는 일의 유용성은 말할 나위가 없을 것이다. 가장 어려운 일이 미래를 아는 일이거니와, 인류는 일찍부터 시간과 싸워 왔다. 그것은 대개 점의 형태로 나타났지만, 동양의 점법은 고도의 원리를 갖추고 있다. 점의 원리란 결국 시간의 원리일 뿐이다.

사물은 어떻게 변화하는가? 이 명제는 오늘날 수많은 자연 현상을 설명하는 과학 그 자체이다. 과학 또는 자연과학은 물질의 현상을 규명하고 물체의 운동을 설명한다. 이러한 일들은 반드시 시간을 전제하고, 시간상에 변화를 예측하고자 하는 것이다.

동양의 운명학은 인간의 변화, 즉 운명이란 것을 알고자 하는 것인데, 자연과학의 물체 운동과는 다소 차이가 있다. 물체의 운동은 현재의 운동이 원인이 되어 미래가 필연적으로 전개되는 데 반해,

인간의 운명은 미래 일이 먼저 정해져 있고, 생활 현상은 미래에 끌려 가는 형식을 취하고 있다. 이것은 물리학에서 말하는 인과율을 정면으로 거부하는 것인데, 이 때문에 운명학은 과학으로서 인정받지 못하는 형편이다.

그러나 시간의 흐름은 과연 어떠한 법칙이 존재할까? 만일 자연 과학에서 말하는 것처럼 '미래란 현재가 원인이 되어 발생하는 수동적인 현상'일 뿐이라면, 운명학이란 의미가 없는 것일지 모른다. 하지만 시간의 흐름이 그렇게 되어 있다고 아직 단정하기에는 이르다.

오늘날 조심스럽게 제기되는 견해는 자연 현상이 반드시 과거에서 미래로 가는 원인과 결과 현상이 아니라, 미래에 일어날 사건이 과거를 끌어당겨 현상을 유도하는 경우도 존재할 것이라는 것이다. 이러한 생각은 상당히 충격적이다. 우리는 원인에 의해 결과가 일어나는 현상에 대해 익숙해져 있다.

돌을 던졌기 때문에 유리창이 깨진 것이지, 유리창이 깨질 운명이기 때문에 누군가 돌을 던졌다는 것은 믿기 어렵다. 이것은 표현의 기술이어서는 안 된다. 어디까지나 진리를 규명하는 자리에서는 언어를 오히려 단순 명료하게 할지언정 형식적으로 교묘하게 해서는 안 된다.

시간상의 어떤 사건이 미래가 먼저 존재하고 과거가 나중에 존재하는 일이 있을까? 이것은 주어진 명제이다.

저 위대한 과학자인 '디락'은 일찍이 시간상 거꾸로 움직이는 입자가 있다고 제안했다. 즉, 미래에서 현재로 날아오는 입자가 있다는 것이다. 그것은 '반입자'라는 입자들인데, 그 입자들은 미래에서 날아와 현재에 잠깐 그 모습을 보이고 과거 속으로 사라진다는 것이다. 기묘한 입자가 아닐 수 없다.

운명은 이와 현저히 다른 내용이지만, 미래에 있을 일이 현재에 영향을 미쳐 현상을 유도한다는 것은 마치 미래의 현상이 과거 쪽으로 유도 광선을 발사하고 있는 것과도 같다.

그러한 광선은 필경 미래에서 과거로 흘러가는 현상인 것이다. 과연 그러한 현상이 존재할까? 결론적으로 주역에서는 그러한 현상을 수긍하고 있다. 주역이 그러한 학문이 아니라면 뭇 과학과 다를 것이 없을 것이다. 주역은 과거에서 미래로 흐르는 일반적인 자연 현상을 인정하는 한편, 미래가 결정되어 있고 과거가 그 곳을 향해 끌려가는 역인과(逆因果)의 현상을 인정하고 있다.

물론 운명이란 역인과 현상과는 다소 차이가 있다. 운명이란 마치 의무적인 자연 현상처럼 보인다. 이는 초자연적인 힘, 또는 신(神)과 같은 존재에 의해 사건 발생이 필연적으로 예정되어 있다는 뜻이다. 그러나 역인과의 법칙이란 단순히 미래가 과거를 이끌어가는 자연 현상을 의미한다.

주역에서 다루는 시간 형식이 바로 이것이다. 자연과학에서 다루는 문제는 현재 어떠한 원인이 있고, 그것을 토대로 미래에 무슨 일이 일어나느냐 하는 것이다. 주역에서도 이러한 것을 다루고 있다. 그것은 소위 정세론이라고 하는 것이려니와, 주역은 이 외에도 더욱 중요한 문제를 다루고 있다.

그것은 미래의 현상이 단순히 과거가 원인이 되어 나타나는 수

동적 결과가 아니라, 미래가 오히려 과거를 끌어당겨서 자연 현상
이 목적적(目的的)으로 발생하는 것이다. 오늘날 과학에서는 시간
자체가 중요한 명제가 되어 있다.

시간이란 도대체 무엇일까? 이 문제는 자연과학에서뿐만 아니라
철학에서도 심각하게 다루어지고 있다. 우주가 시간과 공간이라는
존재 형식을 갖추고 있기 때문에 시간의 문제가 중요하다는 것은
더 말할 나위가 없다. 하지만 시간의 문제는 시작부터 난관에 부딪
친다. 시간의 정의 자체부터 애매 모호하기 때문이다.

공간의 정의는 오히려 간단하다. 사물이 들어설 수 있는 곳이 바
로 공간이다. 달리 표현하면 거리가 존재하면 그것은 곧 공간인 것
이다.

시간은 어떨까? 한마디로 시간은 어떻게 정의할 수 있을까? 상
당히 어려운 문제이다. 그래서 과학자들은 시간의 정의를 간접적으
로 다루기 시작했다. 시간의 정의보다는 시간의 성질부터 규명하자
는 것이다.

시간의 성질은 어떠한가? 우선 눈에 띄는 것은 흐른다는 것이다.
방향도 있다. 과거에서 미래로이다. 이는 시간의 화살이라고 일컬
어지는 것이지만, 우주 자연은 일정한 방향으로 변해 간다는 것이
다. 시간이 방향을 갖고 흘러간다는 자체가 바로 시간의 성질이다.

잠시 이 문제를 논의하자. 여기 한 가지 상태를 설정해 놓고 시
간이 지남에 따라 그것이 어떻게 변해 가는가를 살펴보자. 더운 물
과 얼음을 섞어 놓았다고 가정하자. 시간이 지남에 따라 얼음은 녹
을 것이다. 그리고 더운 물은 그만큼 식어 갈 것이다. 이것이 시간

의 방향이다. 찬 것과 더운 것이 함께 있으면 그것이 섞여 어중간한 것으로 바뀐다. 이 반대의 현상은 일어나지 않는다. 예컨대 물이 한 그릇 있을 때 시간이 지남에 따라 절반은 얼음으로 변하고 절반은 더운 물로 변하는 일은 절대 없다.

한 가지 더 살펴보자. 고춧가루와 소금을 병에 넣고 흔들어 보자. 시간이 지날수록 두 물질은 섞이게 된다. 절대로 분리되는 법은 없다. 이것도 시간의 방향을 말해 주고 있는 현상이다. 시간의 방향은 이렇듯 분명하다.

오늘날 과학에 있어서는 시간의 방향 또는 시간의 화살을 여러 가지 발견하고 있다. 그것들은 어느 것이나 일향성(一向性)이다. 바로 미래로 향하는 것이다. 물론 미래라는 방향이 따로 있는 것이 아니라 오히려 어떤 현상이 필연적으로 한 방향으로만 이루어질 때 그 방향을 미래라고 정의하는 것이다. 과거란 시간이 흘러간 반대 방향을 말한다. 현재란 미래와 과거가 만나는 시점을 의미하는데, 이것은 절대로 정지해 있는 법이 없다.

시간이 항상 쉬지 않고 미래로 흘러가기 때문에 현재란 끊임없이 이동하게 마련이다. 그런데 시간에는 물리적 시간 외에도 심리 시간이 있어서 시간의 본질을 더욱 어렵게 만들고 있다. 심리 시간에서는 의식하고 있는 때를 현재라 하고, 변해 가는 방향을 미래라고 하는데, 이 시간도 미래로 흘러가기는 마찬가지이다.

시간은 오직 미래로만 흘러가는 것이다. 달리 생각하면 시간이 흘러가는 곳이 곧 미래이고, 따로 미래라고 정해진 방향이 없는 것 같다. 결국 자연의 현상은 어디론가 정해진 방향이 존재하는데, 이는 우주 최대의 법칙인 것이다. 이 법칙을 엔트로피 증대의 법칙이라고 하는데, 엔트로피는 무질서 혹은 섞임이라는 뜻을 함유하고 있다.

엔트로피 증대의 법칙에 의하면, 우주는 종래에 가서는 모든 특징을 상실하고 균등한 죽음에 이른다는 것이다. 역사란 그 곳까지 이르는 과정일 뿐이다. 최근에 와서 서양의 과학자들은 역사의 필연성을 연구하고 있다. 이는 시간의 법칙을 활용하여 실제적인 역사 현상을 규명하자는 것이다. 그것이 만일 가능하다면 일기 예보를 하듯이 미래 예보가 가능하다.

그렇게 되면 인류의 생활이 얼마나 편리하게 될까! 세상은 기묘하고 재미있게 변하게 될 것이다. 주역이란 학문은 궁극적으로 역사 현상, 즉 미래의 일을 예측하기 위해 존재한다. 주역은 이미 만년 전에 성립되어 있었거니와, 오늘날의 과학자들은 나름대로의 방식을 통해 미래를 알고자 노력하고 있다.

그들은 주역의 원리를 발견하게 될 것인가! 아니면 주역의 원리와 전혀 다른 새로운 원리를 발견할 것인가? 이에 대해 필자는 단언할 수 있다. 시간에 관한 원리는 동서가 따로 있는 것이 아니므로 자연과학에서 발견할 원리는 결국 주역의 원리가 될 것이다.

아무튼 그것은 차차 밝혀질 일이다. 현재 자연과학에서는 많은 원리가 속속 등장하고 있지만, 주역은 이미 그것들을 가지고 있다. 우리는 시간의 비밀에 주역을 통해 접근하고 있다. 이미 얘기가 나왔으니 조금 더 얘기해 보자.

玉虛眞經 (17)

外之小事者 婦女事也 何如泰山道人動焉
문 밖의 작은 일에 마음 쓰는 것은 아녀자의 할 일이요,
어찌 태산 같은 도인이 움직일 바 될 것이냐.

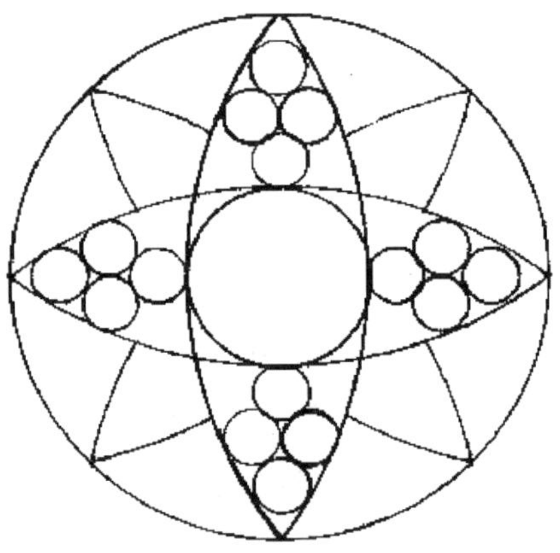

무한(無限)

'하늘이 과연 끝이 있을까?'

이것은 누구나 생각해 봤음 직한 문제이다. 필자도 어려서 종종 이 문제에 매달려 본 적이 있다. 그러나 명확한 결론을 얻어낼 수는 없었다. 문제가 너무 심오하기 때문이다.

이런 문제를 생각할 때는 대개 대답이 뻔하다. 만일 하늘이 끝이 있다면 그 너머에는 무엇이 있단 말인가! 결국 끝이 없다는 뜻이 된다.

하지만 끝이 없다는 말로써는 모든 물음이 해결되지 않는다. 가도가도 끝이 없다니! 막연하고 답답하다. 그러나 어쩔 수 없다. 만일 끝이 있다고 대답하면 '그 다음은?' 하고 물음이 나올 테니 끝은 없다고 해야 한다.

그런데 우리는 과연 끝이 없다는 말을 이해했는가? 웬지 이상하다. 끝이 없다는 말과 모른다는 말이 무엇이 다른가? 이런 것을 막연하다고 하거니와, 이 문제는 대답하기가 몹시 어렵다.

시간의 문제도 그렇다. '미래가 끝이 있는가? 있다면 그 다음 시간은?' 역시 질문이 이어진다. 수학에 있어서도 이와 마찬가지이다. 수학에서는 끝이 없음을 무한이라고 말하는데, 무한을 넘어선 것도 존재하고, 또는 도달 불가능한 영역도 있다. 모두 개념의 문제일 것이다.

우리는 실세계에서도 끝없음을 접하고 있는데, 이는 피할 수 없는 것 같다. 우리는 언제나 '그 다음은?' 하고 묻는다.

이는 우리 마음 속에 존재하는 또 하나의 무한인 것이다. 무한은 우주에도 있고, 수학에도 있고, 우리의 마음 속에도 있다. 우리의 마음이란 주체로서 유한을 인식하고 무한을 요구하고 있다. '그 다음은?' 이렇게 묻는 마음이 곧 무한을 요구하는 것이다.

그러나 인간은 무한을 요구해 놓고 막상 무한이 등장하면 그것을 이해하지 못한다. 무한은 우리의 정신 속에 필연적으로 등장하는 바이지만, 그것을 이해하기가 무척 힘들다.

무한이 인간의 정신 속에서 등장한 것은 상당히 오래 전 일이다. 수많은 철학자·수학자·과학자 들이 이러한 문제에 매달린 바 있거니와 어떤 종교에서는 무한을 악마의 개념과도 같은 것으로 치부해 버리기도 했다.

그만큼 무한은 어려운 개념으로, 이해하기가 수월치 않다. 그만한 이유가 있다. 인식이란 포착과 유지의 성질을 띠고 있는데, 무한이란 탈출의 성질을 갖고 있기 때문이다. 무한이란 언제나 '그

밖'인 것이고, 인식이란 언제나 '그 안'이다. 따라서 우리는 무한을 인식해 놓고도 불안해한다. 왜냐 하면 그 탈출성 때문이다.

우리는 과연 무한을 이해했을까? 아리스토텔레스는 유한을 '질서·아름다움·선' 등으로 표현했거니와, 무한을 '무질서·파괴' 등으로 이해했다. 또 어떤 종교에서는 유한이 '인간의 속성'이라고 말하고, 무한을 '신의 속성'이라고 말한다.

그럴 듯한 생각이다. 인간은 무엇이든 한계가 있다. 그리고 유한을 질서라고 한 것도 일리가 있다. 존재하는 것, 즉 테두리 안에 있는 것은 법칙이 작용한다. 그러나 무한은 뛰쳐나간 것이기 때문에 무질서라고 말할 수 있는 것이다. 언제나 따라잡을 수 없는 것이 무한이다.

그런데도 우리의 의식은 그것을 알고자 한다. 무한을 우리의 의식 속에 자리잡게 하고 싶은 것이다. 의식이란 원래 그런 것이다. 미지(未知)를 두려워하는 것이 의식의 본성이기 때문이다.

미술에서 '공백(空白)의 공포'라는 말이 있는데, 비어 있는 것, 그려져 있지 않은 것에 대한 불안을 나타내는 것이다. 미술이란 것도 의식과 비슷해서 표현·포착·유지 등의 기능을 갖고 있는바, 이것은 모두 유한의 뜻이 있다. 공백이란 당연히 무한을 암시하고 있는 것이다.

소리의 세계에 있어서도 무한이란 것이 있는데, 그것은 바로 침묵이다. 말이란 그 자체로서 한정적이지만, 침묵은 알 수 없는 것이기 때문에 언어를 초월해 있다. 사람이 기분이 몹시 나쁠 때 흔히 침묵해 버리는데, 이로써 상대방이 불안해진다. 사람은 할 말이 아주 많을 때 차라리 침묵을 지킨다. 그것은 침묵이 무한과 통하기 때문이다. 무한이란 이렇듯 불안하고 애매한 면이 있는 것이다.

물론 무한이 초월성이 있기 때문에 유용할 때가 있다. 자유라는 것은 한계를 벗어난다는 뜻이 있거니와, 이는 무한으로 나가는 것이다. 이럴 때 무한은 불안이 아니다. 희망을 준다. 그러나 어린아이가 먼 곳으로 나간다거나 미지의 영역을 탐험할 때 인간은 불안을 느낀다.

옛날 콜럼버스가 항해를 한 것은 무한에 대한 도전이었다. 그는 무한을 정복하여 유한의 영역에 놓고자 했던 것이다. 당시 서쪽 바다는 끝없이 열려져 있는 무한의 세계였다. 그러나 콜럼버스는 바다는 유한이라고 믿고 모험을 감행했던 것이다.

언제나 '그 밖'인 무한, 이는 불안이며, 또한 희망이라고 할 수 있다. 그리고 유한을 '질서'라 한다면 무한은 '창조'이다. 언제나 새로운 것, 이는 무한인 것이고 끝이 없다. 무한의 길이란 그것을 지나가고 나면 유한으로 변한다. 그러나 그 앞은 언제나 열려 있는 것이다.

이제 주역에서 무한을 어떻게 다루는가를 생각해 보자. 그간 서론이 길었던 것은 무한을 확실히 인식시켜 놓고 그것을 다루고자 함이다. 주역이란 만물의 뜻을 밝히는 학문으로서 당연히 무한에 도전해야만 한다. 우리는 지금 주역의 세계에서 무한을 논의하고자 하거니와, 무한에 대한 개념을 충분히 알고 나서 주역의 무한에 접하는 것이 좋을 것이다.

무한을 따져 보자. 무한이 과연 무엇일까? 우리는 무한을 그저 끝없는 것, 도달할 수 없는 것, 계속 있고 또 있는 것 등으로 이해하고 있어도 된다. 하지만 주역의 관점에서 보면 무한은 아주 간단한 개념이다. 그것은 곧 양(陽)이라는 것이다.

양! 이것은 끝없이 새로운 것, 계속 이어지는 것이다. 바로 무한이거니와, 유한은 곧 음(陰)으로서 막힌 것, 한계가 있는 것, 정지한 것 등의 뜻이 있다. 양과 음, 무한과 유한, 이로써 모든 것을 다 얘기한 것이다.

그런데 여기서 모든 것이라면 존재하는 것만 뜻하는 것이 아니다. 존재하든 존재하지 않든, 말할 수 있는 것이든, 말할 수 없는 것이든, 다 포함하는 것이다. 물론 존재하지 않는 것은 아주 자유스럽고 초월되어 있으므로 양이라고 할 수 있다.

요컨대 양이란 것은 초월해 있는 개념으로 언제나 새롭다는 뜻이 있다. 따라서 양은 생명의 근원이라 하거니와, 주역에서는 이러한 양과 양의 작용으로써 한정된 것, 즉 음을 가지고 모든 사물을 해석하고 있는 것이다.

주역은 곧 음양을 말한다. 우리는 흔히 음양의 개념을 생물의 암수에서 찾아볼 수 있는데, 원래 음양이란 우주 자연의 근본 요소이고, 사물은 그것을 본떠서 이루어진 것뿐이다. 자연은 곧 음양인 것이다.

예를 들어 보면, 시간은 양이며 공간은 음이고, 허공이 양이라면 물질은 음이다. 음과 양의 개념은 단순하게 말하면 생물의 암수에서도 볼 수 있고, 크게 말하면 시공 그 자체와 시공마저 초월한 개념이다.

우리의 생각이 무한히 열려 있다면 그것은 끊임없는 탐구와 도전이려니와 그 근원은 바로 양이라는 것이다. 양을 무한이거나 생명·창조의 섭리 등으로 불러도 좋다. 중요한 것은 우리의 마음 속에 살아 있는 개념으로써 양을 이해하면 된다.

다만 양이라는 것은 언제나 열려 있는 개념으로써 미지의 것도 포함해야 한다. 우리는 양이라는 개념 앞에 겸허해야 하며, 우리가 양을 이해한다기보다는 양의 힘이 우리의 전신을 포용하고 있다고 생각해야 한다. 양이란 무한의 뜻이 있으므로 이해한 듯, 이해할 것 같은 듯, 다소 애매함을 함유하고 깨달아야 한다.

여기서 애매함이란 새로움을 향한 여지로써 양이란 개념은 우리의 인식 속에서도 활동하게 해야 한다. 그로써 우리 마음을 생동하게 하고 무한과 더불어 화합할 수 있는 것이다. 무한, 즉 양은 활동하는 개념으로써 우리는 그것을 영원히 열려 있는 것으로 이해해야만 불안을 떨쳐 버릴 수 있다.

무한·공백·초월 등의 개념을 억지로 우리 마음 속에 가두어 놓으려고 하면 불안할 수밖에 없다. 그러나 무한이 언제나 우리의 인식 밖으로 나서는 것을 허락한다면 불안을 가질 필요가 없다. 무한이란 원래 그런 것이기 때문이다.

이제 우리는 무한을 양이라는 개념으로 깨닫게 된 것이다. 이로써 우리는 무한이라는 것을 다룰 수 있게 되었다. 언제나 밖으로 통해 있는 것, 영원히 정지하지 않는 그 어떤 것, 그것이 바로 양이다.

玉虛眞經 (18)

雖道人住密處　天下無不通之所

비록 도인이 은밀한 곳에 앉아 있건만 천하에 통하지 않
는 곳이 없다.

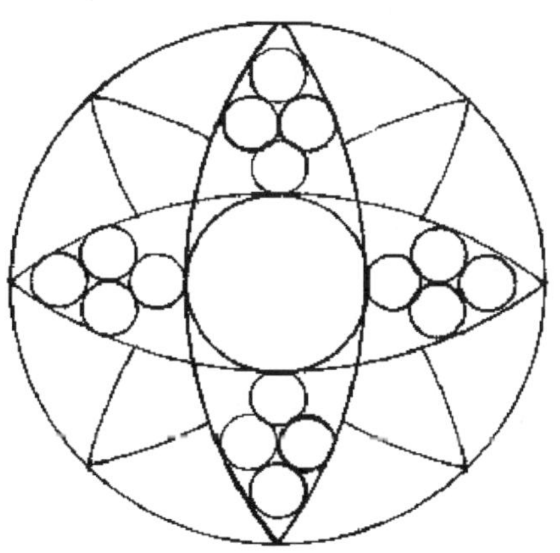

생기(生氣)

생명이란 모든 생물에 깃들여 있는 보편적인 개념이다. 그런데 구체적으로 생명이 무엇이냐 묻는다면 쉽게 대답할 수가 없다. 왜냐 하면 생명은 신비하고 보이지 않는 개념이기 때문이다. 이것을 논하기에 앞서 생명체라는 것을 먼저 살펴보자.

오늘날에 와서 생명체라는 것은 잘 만들어진 기계와는 전혀 판이한 존재라는 것이 밝혀졌다. 그것은 아래에서 위라는 형식으로 조직화된 것으로, 생명체는 그것을 구성하고 있는 하부 단위가 생명이란 것을 함유하고 있다는 뜻이다.

생명체 또는 생물은 자체적으로 활동할 수 있는 구조가 존재하는바, 그것은 완벽한 효율을 가지고 움직인다. 기계란 효율 면에서 아주 떨어지고 있는데, 구조가 하향식이기 때문이다. 기계는 밖에서 안으로 작용이 전달되는 것으로, 열역학의 제2법칙을 따르고 있

다. 그러나 생명체는 제2법칙에 역행하는 존재로서 자발적으로 조
직화되어 있다.

　오늘날에 와서는 생명체의 기능이 잘 밝혀져 있는데, 그것은 구
조로서가 아니라 작용의 면에서이다. 생명체의 작용은 안에서 밖으
로, 또는 아래에서 위로 연결되어 있는데, 근저에 무엇인가 오묘한
것이 존재하는 듯하다. 그것을 생명이라고 하거니와, 문제는 생명
이 도대체 무엇이냐이다.

　생명은 단순히 말해서 생물체 속에 들어 있는 가장 근본적인 요
소라고 할 수 있는데, 그것은 예전에는 생기(生氣)라고 불려졌다.
이른바 생기론이라는 것으로, 생물의 정의란 생기를 함유하는 것으
로 되어 있다.

　물론 생물 속에서 생기를 따로 떼어 놓을 수는 없다. 왜냐 하면
생기는 생물체의 특정 부분에 존재하는 것이 아니라, 전 구조 속에
함유되어 있는 개념이기 때문이다.

　생기론은 신비적인 개념으로 한때 폐기된 이론이지만, 오늘날에
와서는 새로 검토되고 있는 이론이다. 최근에 밝혀진 바에 의하면,
생명은 물질이 임계치의 구조를 갖고 조직화되면 어느 순간 깃들
이는 것으로 되어 있다. 그것을 발현이라고 하지만, 발현의 순간
생명이 깃들인다는 것이다.

　그것을 생기라고 하든 생명이라 하든……. 같은 뜻이지만, 생기
란 과연 무엇일까? 그것은 따로 활동하는 것은 아니지만 생명체
속에 깃들여서 생명체를 활동하게 하는 요소인 것이다.

　물론 생명이란 것이 생물보다 결코 먼저 존재하는 것은 아니다.

오히려 생물이 생물로서 구조를 가짐으로써 생명이 깃들이는 것이다. 그렇기 때문에 생물이란 생명이 깃들일 수 있는 구조를 가진 그 무엇이다.

물질이 어떤 구조를 가져야만 생명이 깃들이게 되느냐 하는 문제는 상당히 흥미 있는 것이려니와, 현재까지 알려진 바에 의하면, 분자 수준의 구조가 최고의 효율로 이루어져 있을 때 생명이 감응하는 것 같다. 인공 생명학자들은 물질의 구조가 갖는 복잡성과 효율을 정량화하기를 바라고 있다.

아무튼 물질이 임계치 이상의 구조를 가질 때 생명이 돌연 감응하는 것인데, 이것은 마치 잘 만들어진 기계에 전기가 통하는 것과도 같다. 다만 기계에는 구조를 갖춘 연후 따로 전기를 흘려 주어야 하지만, 생물의 경우에는 구조가 갖추어지면 저절로 생기가 흐르게 된다. 생기는 엄연히 존재하는 것이다.

그것은 전기와도 같지만, 그보다 더욱 미세한 근본인 그 무엇이다. 그리고 그것은 우주 자연의 외부 공간에서 공급받는 것이 아니라, 공간 이전, 아공간 내지 초공간에서 즉시 공급받는 기운이다. 이것은 생물체가 살아 있는 동안 샘물처럼 끊임없이 공급되는데, 특별한 작용이 있는 것은 아니다.

생기는 생물이 생물로서 존재하게 하는 힘이려니와, 생물은 안에 생기를 머금고 밖으로는 우주 자연의 에너지 법칙에 따라 작용을 나타낸다. 물론 효율은 100%에 가깝고 작용 방향은 엔트로피의 감소, 즉 질서의 축적 방향인 것이다.

생물은 번식을 하는데, 그것은 생물에 의해 완벽한 구조인 또 다른 물체가 생겨나는 것이다. 물론 이 때 생기가 감응되는바, 이는 모체로부터 보급되는 것이 아니라, 자식이 자발적으로 생기와 접촉·감응하는 것이다.

생기란 무엇일까? 우리의 우주는 어째서 일정한 구조가 되면 자연스럽게 생기가 발생하는가! 생기란 무게도 없고 모양도 없다. 이것은 마치 윤활유처럼 생명체를 유동하게 하고 작용을 보장한다. 이 기운은 언제나 활동한다. 이것이 무엇일까?

여기까지 와서는 어떤 느낌이 들지 않는가! 생기란 바로 양의 기운이다. 양이란 무엇인가? 그것은 시간이나 공간보다 근원적으로 존재하는 무한대인 것이다. 그것이 정교한 물체에 감응하면 바로 생물이라 일컬어진다. 물체가 자연적으로 만들어졌든, 인위적으로 만들어졌든 상관없다. 조건만 갖추어지면 생기는 감응한다.

생기는 바로 양이지만 이것이 모인 것을 또한 천(天)이라고 하는데, 공자는 생물은 천과 통해 있다고 하였다. 천이란 양의 바다, 무한 그 자체를 일컫는 말이다. 천은 살아 있는 존재로서 물질에 작용하여 생물을 탄생시킨다. 우리는 기묘한 양의 작용을 접한 것이다. 이를 통해 양의 본성에 대해 깨달음이 넓어졌을 것이다.

玉虛眞經 (19)

出門可達廣野 開心入門則達 無限闊之虛原矣

집 밖에 문을 열고 나아가면 넓은 들에 나아갈 수 있으
나, 마음의 문을 열고 들어가면 저 한없이 넓은 허원(虛原)
에 갈 수 있는 것이다.

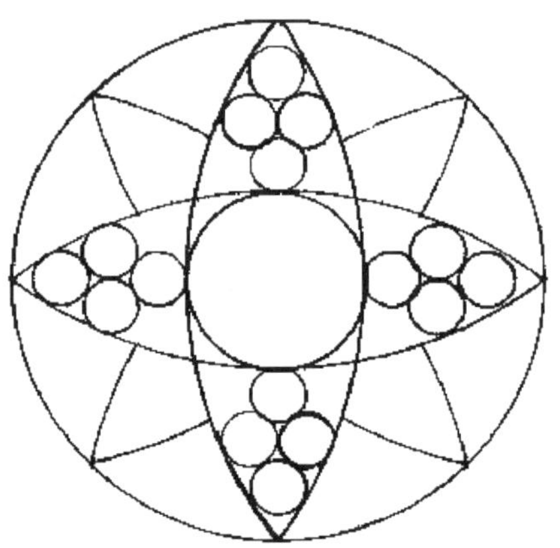

시 간

시간에 관해 고찰해 보자. 우주 자연이란 시간과 공간을 뜻하는 것이려니와, 시간은 끊임없이 움직이는 성질이 있다. 더 자세히 말해서, 시간은 한없이 흘러가는 것인데, 미래라는 일정한 방향으로 움직여 가는 것이다. 시간은 잠시도 멈추는 법이 없으며, 방향은 반드시 미래이다.

시간이 무엇인지는 철학자나 과학자들간에 수없이 논의되고 있는 문제려니와, 이것은 자연의 본성과도 통해 있는 가장 근본적인 문제이다. 물론 이와 버금가는 존재로서 공간이라는 것도 있지만, 오늘날에는 시간과 공간이 불가분의 관계임이 밝혀졌다.

이는 아인슈타인에 의해 깊게 연구된 것인바, 시간과 공간은 시공간이라는 존재로 통합된다. 시공간은 물리적 존재로서 상당히 유연성이 있는 개념이다. 예전에는 공간이란 일정 불변한 장소의 개

넘이고, 시간은 무작정 독립적으로 흐르는 존재였다. 그러나 아인 슈타인이 발견한 상대성의 원리에 의해 공간은 변형이 가능하고, 시간도 그 흐름을 변화시킬 수 있다는 것이 밝혀졌다. 당연히 시간은 어느 공간의 시간이고, 공간도 어느 시간의 공간일 것이다.

우리는 시간에 대해 의식할 수 있는데, 이것은 생의 기본적 기분이라 할 수 있다. 이러한 의식 시간의 관점에서 시간을 보면 시간은 변화하는 것의 척도라고 말할 수 있다.

시간이 공간상의 물체의 운동에 대한 척도일 뿐이라는 것은 철학과 과학에서 대체적인 결론으로 되어 있다. 이 말은 결국 시간이 흐르기 때문에 만물이 변하는 것이 아니라, 만물이 변하는 자체를 시간이라고 말하는 것이다.

과연 그럴까? 시간 문제에 대한 핵심은 바로 이것이다. 시간이 따로 존재하여 흐르는가? 아니면 우주 자연에 있는 물체가 그 속성상 끊임없이 변화해 가는데, 그것을 일컬어 시간이라 하는가? 아니면 두 가지가 다 존재하는가? 이러한 문제를 현대 과학의 입장에서 잠시 살펴보기로 하자.

상대성 원리에 의하면, 시간이란 빨리 움직이는 물체 안에서 느리게 흐른다는 것이다. 이에 대한 방정식은 다음과 같다.

$$t' = t \sqrt{1 - \frac{v^2}{c^2}}$$

(t' : 수축된 시간, c : 광속도, t=시간, v= 로켓의 속도)

이 방정식은 아인슈타인의 시간 수축 방정식인데, 광속도로 움직이는 로켓 속에서는 시간이 흐르지 않는다는 것을 보여 주고 있다. 시간이 흐르지 않는다는 것은 일체의 운동이 정지된 것을 의미한다. 물론 이런 때 원자 내부의 전자라든가, 핵의 소립자 운동조차도 완전히 정지하는 것이다.

시간의 정지, 즉 운동의 정지는 블랙 홀 속에서도 일어나는 현상인바, 시간이란 결국 운동의 척도처럼 보인다. 하지만 당초 물체의 운동을 가능케 하는 것은 무엇일까? 블랙 홀의 중력이나 로켓의 속도는 물체의 운동을 잡아 두는 성질을 갖는 것이려니와, 처음부터 물체의 운동을 가능케 한 것은 무엇이냐 말이다.

그것이 바로 시간이 아닐까! 현재 물리학의 첨단 연구에 의하면, 시간자(時間子)라는 것을 상정하고 있다. 이것은 시간의 양자화 결과인데, 시간에 관한 관점이 다시 옛날로 돌아가고 있는 상황이다.

한때 시간이란 단순히 운동의 척도였다가 신과학의 관점에서 시간 자체가 존재한다는 입장을 취하는 것인데, 당연한 귀결이라 하겠다. 시간은 공간에 붙어 있는 것으로, 애초 공간이 없으면 시간이 작용할 곳이 없겠지만, 시간이 없다면 공간이 어떻게 유지될 것인가? 결국 시간은 공간을 유지시키는 힘이고, 공간은 시간의 무대를 제공하는 셈이다.

이에 대해 아인슈타인은 '시간이 없으면 공간도 없고, 공간이 없으면 시간도 없다'는 이론을 제시했다. 주역에서는 시간과 공간에 대해 더욱 심오한 법칙이 존재하지만, 여기서는 시간의 단순한 외형만 고찰해 보겠다.

시간은 누구나 알듯이 잠시도 쉬지 않고 항상 미래로 나아간다. 미래라는 것은 또 무엇일까? 그 곳은 무한대의 가정이 통하고 언제나 여지를 주는 것이다. 그 곳은 굳이 장소라고 할 수는 없겠지만, 성질로 보면 양이라고 할 수 있다.

우리는 이미 양의 무한성·창조성·연속성·활동성을 살펴보았지만, 미래의 속성은 바로 양의 속성인 것이다. 그리고 시간이라 하는 것은 미래로 나아가는 성질을 뜻하는 것이다.

그렇다면 시간이 무엇인지는 명료하게 밝혀진 셈이다. 물체의 운동, 즉 시간 운동은 바로 양의 기운이 공급됨으로써 가능한 것이다. 다시 말해서 물체는 계속적으로 양의 기운을 공급받음으로써 시간상을 운행해 나가는 것이고, 중력이나 속도력 등은 이를 거스르는 힘인 것이다.

결론을 맺으면, 시간은 양의 기운에 의해 존재하는 운동으로써 그로 인해 물체는 미래로 끌려가고 있는 것이다. 우리는 양의 작용 한 가지를 또다시 보고 있는 중이다.

玉虛眞經 (20)

道人向道之故鄕 凡人則向道之他鄕 爲此之故
凡人在未來 道人住過去

도인은 언제나 도의 고향으로 향하고 있으나, 범인은 도
의 타향으로 향하고 있구나. 그런 까닭에 범인은 미래에
살고 도인은 과거에 산다.

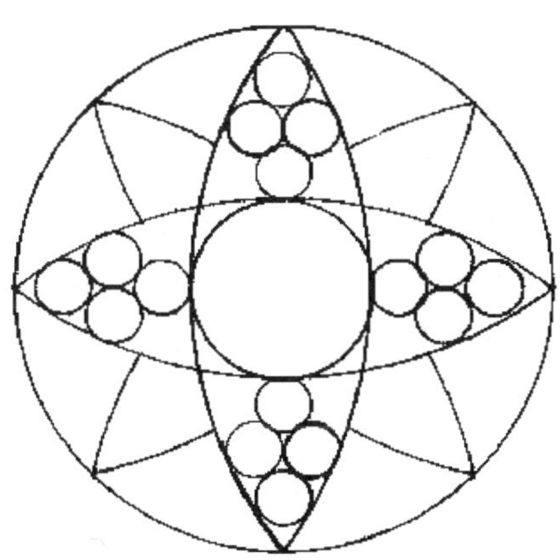

양(陽)의 위대한 작용

앞에서는 양이라는 개념을 자연계에 응용해 보았다. 자연계는 양이 존재함으로써 현상이 끊임없이 일어나고, 이로써 자연계는 살아 있는 그 무엇이 된다.

또 하나의 양의 작용을 살펴보자. 생활상에 흔히 일어나는 일이다. 우리가 주사위를 던졌을 때 어떤 일이 일어나는가? 각 숫자는 평등하게 나타날 것이다. 만일 주사위를 몇 번 정도만 던지면 당연히 불평등하게 나타나겠지만, 그것을 수없이 시행해 보면 틀림없이 각 숫자는 1/6에 접근해 갈 것이다.

이러한 것을 대수의 법칙이라 하거니와, 여러 번 주사위를 던지면 각 숫자가 평등하게 나타난다는 것을 의미한다. 물론 완전히 평등해지려면 가급적 많이 던져야 하고, 결국 무한히 던졌을 때를 가정하면 각 숫자는 일정해진다는 것이다.

이와 비슷한 자연 현상으로서는 엔트로피의 법칙이 있다. 이것은 뜨거운 물과 찬물을 섞어 놓으면 시간이 지날수록 섞여서 미지근한 물로 변해 간다는 원리이다. 이것도 평등으로, 끊임없이 흘러가는 대수의 법칙과 완전히 닮아 있다. 자연은 불평등을 해소하고 누적된 것을 해소하려는 성질을 갖는다.

이것은 모여 있는 것이 움직여서 무사(無事)한 쪽으로 가려는 성질이거니와, 힘이 있으면 언제든지 움직인다는 양의 뜻이 있다. 양은 불평등의 정보를 즉각 인식하고 그것을 해소하는 쪽으로 힘을 작용시킨다. 주사위든 뜨거운 물이든, 시간이든, 양의 기운은 우주 어느 곳에서든 작용을 나타내고 있다. 만일 우주 자연에 양이 없어진다면 주사위가 불평등을 나타내도 이것을 조절하는 섭리는 존재하지 않을 것이다.

양이란 '통한다'는 뜻이 있거니와, 사건이 한 곳에서 다른 곳으로 통하게 하는 것을 의미하고 있다. 우주가 전체로서 조화를 이루는 것도 양의 작용으로서, 이로 인해 우주는 움직이고 통하고 조화를 이루고 있는 것이다. 한마디로 양은 모든 작용의 원동력으로, 양이 없으면 우주는 사라지게 된다.

오늘날 자연과학에서는 우주가 비국소적 성질을 띠고 있다고 하는데, 이것은 한 곳의 사건이 다른 곳의 사건과 결코 독립되어 있지 않다는 것을 뜻한다. 우주는 하나라는 뜻이다. 이것은 한 곳의 사건이 공간이나 시간을 통해 점차적으로 다른 곳에 영향을 미친다는 것이 아니라, 한 곳의 사건이 아무리 먼 곳에 있어도 즉시적으로 모든 곳에 영향을 미친다는 뜻이다.

주사위 6억 개를 동시에 던진다고 하자. 이 때 각 숫자는 1억 개씩 나오겠지만, 각 주사위는 땅에 떨어지기 전에 서로 정보를 주고받으면서 평균을 만들어 낸다는 뜻이다. 이것을 '초광속 정보 전달'이라 하며, 바로 양의 작용이다.

이에 의해 우주는 한 곳의 사건이 다른 곳과 반드시 연계되어 일어나게 된다. 연계된다는 것, 이것은 서로 안다는 뜻, 또는 통한다는 뜻이고, 그 속도는 무한대이다. 속도가 무한대라는 것은 오며 가며 시간을 허비하지 않고, 한 곳에서 현상이 일어나는 순간 바로 온 우주가 그것을 안다는 뜻이다. 양이란 통하는 작용을 의미하기 때문이다.

양은 어떻게 생긴 것일까? 그것은 이유가 없다. 그것은 이유가 있으면 양이 아니기 때문이다. 양이란 그 속성상 존재하기 위한 이유가 필요치 않다. 양이란 생 그 자체이기 때문에 저절로 있을 뿐이다. 우주는 태초에 스스로 양이었다. 이것은 영원하겠거니와, 모든 이유를 선행(先行)하고 있다.

선행, 이 또한 양의 성질의 일면이다. 양의 성질을 논하자면 한이 없다. 이것은 우리의 인식 자체라고 해도 좋다. 또는 우주가 존재하는 이유라고 해도 된다. 통하고, 일어나고, 새롭고, 영원한 것, 이것의 작용은 참으로 위대하다.

그 동안 우리는 몇 가지 실례를 들어 양의 본성에 대해 살펴보았다. 하지만 양의 개념을 완전히 터득하는 것은 불가능하다. 그것은 양의 속성이 어느 곳에도 머물지 않기 때문이다. 양이란 영원히 깨달아 가는 것일 뿐이다. 주역을 공부하는 사람은 양의 인식 정도

를 끊임없이 높여 가면서 나아가야 한다. 이제 양을 가슴에 안고
주역의 세계로 들어가자.

玉虛眞經 (21)

福在下後 禍在上前也

복은 뒤에 있고 화는 앞에 있다.

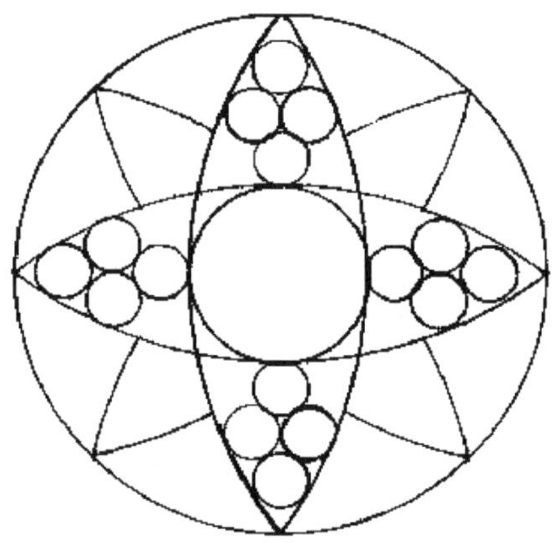

순환의 이치

괘상을 이해하는 단계를 조금 높여 보자. 원래 괘상의 극의(極義)는 성인의 경지에 이르러서야 완전하다고 할 수 있겠으나, 인간의 지혜는 점점 그 곳에 가까워지게 한다. 주역 공부란 결국 괘상의 뜻을 좀더 깊게 추구해 나간다는 뜻이다. 이에 따라 응용이 넓어지고 사물에 대한 통찰력이 깊어지게 된다.

여기서 잠깐 사물에 대한 이해의 양상을 살펴보자. 우리가 어떤 사물을 안다는 것은 무엇을 뜻할까? 그리고 잘 안다는 뜻은 또한 무엇일까? 그냥 안다는 것과 잘 안다는 것, 나아가서는 아주 잘 아는 것 등이 있는데, 이는 대체 무슨 뜻일까?

말 그대로 잘 안다는 것은 모르지 않는다를 의미할 것이다. 하지만 우리는 '안다'의 뜻을 깊게 음미하고 넘어가야 한다. 그래야만 완전한 앎에 도달할 수 있기 때문이다.

예를 들어 보자. 우리가 남대문이 어디 있는지 안다고 하자. 그 곳을 찾아가는 방법이 있을 것이다. 유능한 택시 기사라면 어떠한 방향에서도 쉽게 찾아갈 수 있을 것이다. 오직 한 가지 방법으로만 찾아갈 수 있는 사람은 알긴 알아도 잘 아는 사람이라고는 할 수 없다.

제주도를 보자. 제주도는 어디에 있는가? 한반도의 남쪽에 있다. 한반도는 어디 있는가? 중국 아래에 있다. 중국은? 아시아에 있다.

이런 식으로 계속해 나아갈 수 있다. 그리고 제주도 안에 들어가서도 한라산이 어디 있고 서귀포가 어디 있는지 알아야 한다.

이 모든 것은 무엇을 얘기하려는 것일까? 자세히 음미하면 한 가지 중요한 사실을 알 수 있다. 우리는 제주도를 말하기 위해 한반도·중국·아시아 등을 말하였다. 이것은 제주도를 알기 위해 제주도 외의 것을 동원한 것이다.

우리는 '달다'의 뜻을 알기 위해 '쓰다'의 뜻을 알아야 한다. 이는 어떤 사물이 다른 사물과 비교되어야만 더욱 분명해진다는 뜻이다.

세계적으로 유명한 베이츤이란 심리학자는 '안다는 것'의 의미에 대해 얘기했는데, 그는 사물과 사물의 차이를 아는 것이 앎의 본질이라고 하였다. 만일 우리가 흑을 알고 나서 백을 안다면 앎이 더욱 명확해지지 않겠는가! 슬픔의 뜻을 알면 기쁨의 뜻이 확실해지고, '우습다'의 뜻을 알면 '무섭다'의 뜻이 더욱 확실해지는 법이다.

우리는 앞서 정반대끼리의 괘상을 묶어서 이해하는 법을 공부한 바 있다. 이는 아주 일상적인 방법이다. 국어 사전에도 반대말이 있기 때문에 뜻이 더욱 분명해진다. '온다'의 반대말은 '간다'이다. '죽음'의 반대는 '삶'이다. '올라간다'의 반대는 '내려간다'이다.

이렇듯 사물은 비교됨으로써 그 뜻이 공고해진다. 주역의 괘상도 마찬가지이다. 앞절에서는 천(天)의 뜻을 심도 있게 살펴보았는데, 앞으로 지(地)의 뜻을 알고자 할 때 그 지식은 활용될 것이다. 천의 반대가 지 아닌가! 당초 지에 대해 잘 알고 있었다면 천의 뜻을 공부할 때 크게 도움이 되었을 것이다.

이제 우리는 괘상을 두 개씩 짝짓지 말고 네 개씩 짝지어 보자. 그러면 괘상의 뜻은 더욱 분명해진다. 겨울에 대해 말하기 위해 여름을 말하면 겨울의 뜻은 분명해질 것이고, 봄과 가을을 알면 겨울의 뜻이 얼마나 더 분명해지겠는가!

주역의 괘상으로 들어가자. 먼저 건위천괘(☰)와 곤위지괘(☷)의 사이를 보자. 이는 지천태괘(䷊)와 천지부괘(䷋)이다. 이들은 환을 이루고 있다.

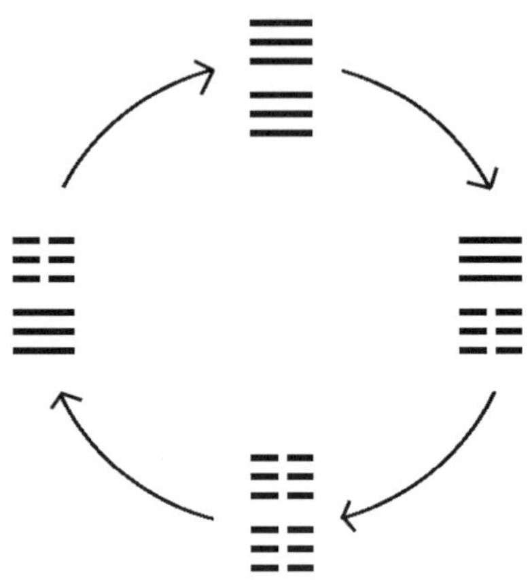

　이것은 춘하추동(春夏秋冬)에도 비견되거니와, 여기에서 괘상의 구조를 살펴볼 수 있다.

　▤. 이 괘상을 보자. 천이 위에 있고 지가 아래에 있다. 서로 제자리에서 바라보고 있는 것이다. 양의 기운과 음의 기운이 아직은 섞이지 않고 서로 다가서 있다.

　▤ . 이 괘상은 어떤가? 이 괘상은 천이 아래에 들어와 있고 지가 밖으로 나가 있다. 즉, 자리를 바꾼 것이다. 이것은 음과 양이 서로 기운을 교환했다는 뜻이다. 이는 마치 남녀가 정(情)을 통한 모습이다. 양(남자의 그것)이 들어가 있고, 음(여자의 그것)이 감싸고 있지 않은가! ▤은 음양이 맺힌 것이고, ▤은 음양이 풀린 것이다. 괘상 네 개는 순양 · 순음 · 맺힘 · 풀림을 잘 보여 주고 있다.

다른 괘상으로 확대하자.

▤ . 이 괘상은 물이 그릇 속에 담겨 있는 모습이다. 절제된 행동, 집에 있는 아이, 정렬해 있는 군인, 상자 속의 사과, 단정한 옷차림 등을 뜻한다. 이 괘상의 반대는 ▤이다. 앞서 공부한 바 있거니와 이는 여행객·행상·거지·거절 등을 보여 주고 있다.

▤과 ▤의 중간에는 무엇이 있을까? 겨울과 여름의 중간에는 봄과 가을이 있다. 이런 식으로 보자는 것이다. 그 괘상은 ▤과 ▤이다. 이들도 역시 환을 이루고 있다.

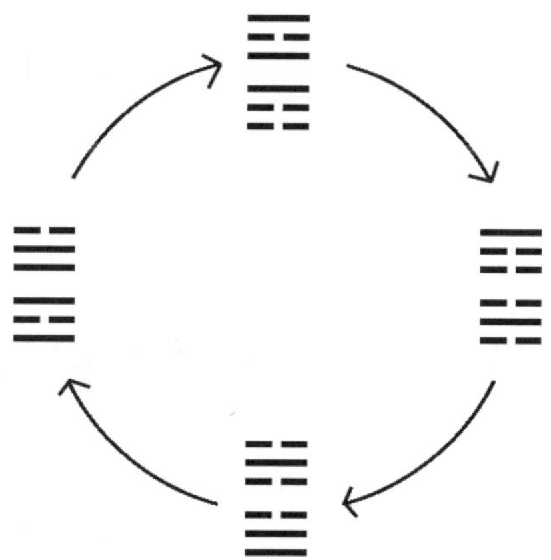

이들의 뜻을 비교해서 음미하자. ▤은 심하게 갇혀 있는 것이다. 압박을 받거나 장식품이 보이지 않는 곳에 숨겨져 있는 모습이다.

간단히 말하자. 비교된 뜻을 음미하기 위해서이다.

☷. 이는 심하게 갇혀 있는 것이다.

☷. 이는 풀려난 것이다.

☷. 이는 심하게 풀려난 것이다.

☷. 이는 담겨 있는 것이다.

다시 한 번 음미해 보자.

담겨 있다 → 심하게 담겨(갇혀) 있다 → 풀려났다 → 심하게 풀려났다

이들은 분명 순환하고 있다. 계절과 비교해 보자.

따뜻하다(봄) → 아주 따뜻하다(여름) → 춥다(가을) → 아주 춥다(겨 울)

이상에서 우리는 사물의 순환 구조를 볼 수 있다. 다른 괘상을 보자.

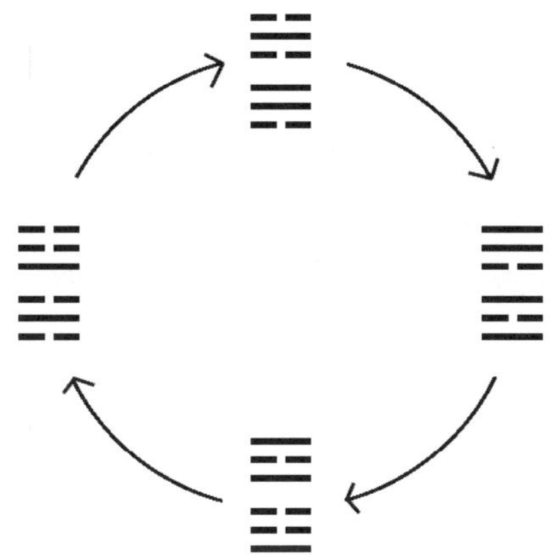

▤. 이는 단단히 굳어 있는 것을 깨고 있는 것이다.

▤. 이는 부서지고 가루가 생긴 것이다.

▤. 이는 가루가 많아진 것이다.

▤. 이는 가루가 뭉치고 있는 것이다.

역시 순환을 이루고 있으나 잘 연결이 안 되는 사람도 있을 것이다. 다시 보자.

▤ 이는 깨려는 것이고, ▤ 이는 깨진 것이다. ▤은 흩어져 있는 것이고, ▤ 이는 모이고 있는 중이다.

아직도 연결이 미흡하게 느껴질 수 있을 것이다. 다시 보자.

☳. 이는 싹이 돋아난 것이다.

☵. 이는 싹에 물이 공급되고 있는 것이다.

☶. 이는 나무가 흙에서 일어나 잘 자라고 있는 것이다.

☶. 이는 나무가 죽었지만 뿌리가 살아 있는 것이다.

아직도 이해가 잘 안 되는가? 어쩔 수 없다. 괘상이란 워낙 넓은 뜻이 있기 때문에 단숨에 전체적인 뜻이 안 보이는 법이다. 사물이란 원래 그렇다. 그래서 우리는 주역의 괘상을 공부하는 중이다. 사물은 종래에 가서는 괘상으로 이해하는 것이다.

우리는 물이란 사물에서 '물 같은 것'으로 비약하고, 궁극에 가서는 ☵에 도달할 수 있다. 요는 ☵을 이해해야 하는 것이다. ☵을 단순히 물이라고 이해하는 사람은 주역을 공부할 수 없다.

☵은 물이며, 혼돈이며, 어두움이며, 어린아이이며, 무질서이며, 동굴이다. 우리는 물·혼돈·어두움·어린아이·동굴·무질서 등이 서로 공통적 뜻이 있다는 것을 깨달아야 한다.

주역이란 사물에 담겨 있는 심오한 뜻을 내보이는 것이고, 그것은 괘상으로 그릴 수 있다. 사물을 괘상으로 나타내는 것은 말이나 글로 해서 사물의 뜻을 완벽하게 표현할 수 없기 때문이다.

주역에는 이렇게 씌어 있다.

“글은 말을 다 담을 수 없고, 말은 마음을 다 표현할 수 없으니, 성인의 마음은 알 수 없는 것일까? 그렇지 않다. 성인은 주역을 통하여 모든 것을 다 나타내 보인 것이다.”

이는 괘상만이 사물의 절대적 뜻을 나타내 보일 수 있다는 것을 의미한다.

다시 괘상을 보자.

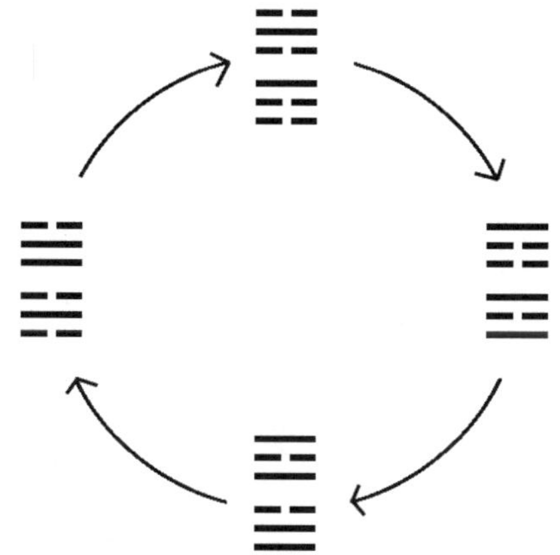

어디서부터 시작할까? 마찬가지이다.

☷. 이는 떠나가는 것이다.

☷. 이는 텅 빈 것이다.

☷. 이는 모여드는 것이다.

☷. 이는 가득 차 있는 것이다.

순환을 보이고 있는가? 다시 나아가자.

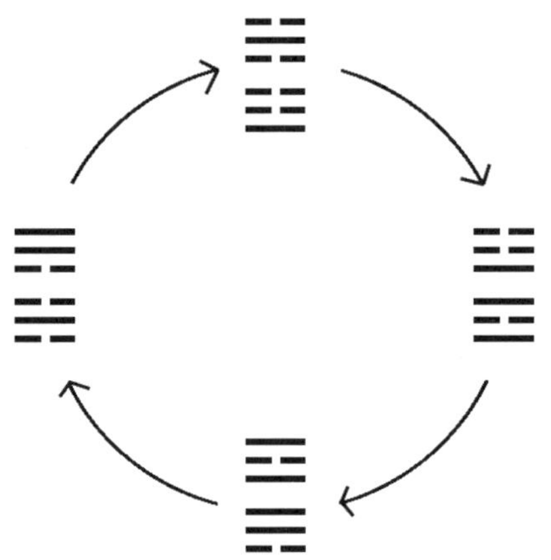

에서 시작하자. 이는 꽃이 핀 것이다.

. 이는 흩어진다는 뜻이다. 즉, 꽃잎이나 낙엽이 지는 형상이
다.

. 씨앗이 뿌려졌다.

☳. 나무가 튼튼히 잘 자란다.
표현을 다르게 해 보자.

☲. 사업을 시작한다.

☲. 이익을 잘 챙기고 있다.

☲. 크게 결실을 맺었다.

☲. 도로아미타불, 다 써 버린 것이다.

결국 순환하는 모습이다. 여기서 우리는 순환의 모습 한 가지를
음미할 수 있다. 사물이 극한에 이르면 변화한다는 것이다. 달도
차면 기운다는 뜻이다. 다시 보자.

☳. 이는 뿌리를 내리고 있다. 모내기를 하는 모습이다.

☲. 벼가 잘 자란다.

☲. 익었다.

☲. 추수한다.

　괘상이란 유형을 의미하는 것이기 때문에 하나의 괘상에서 많은 사물을 유추해 낼 수 있다. 물론 어느 것이든 뜻이 괘상과 부합해야 한다. 꿈 해몽하듯 엉터리로 해석할 수 없는 것이 바로 괘상인 것이다.

　이상에서 20개의 괘상을 살펴보았다. 물론 나머지 괘상도 이런 식으로 정리할 수 있다. 방법은 간단하다. 다음을 보자.

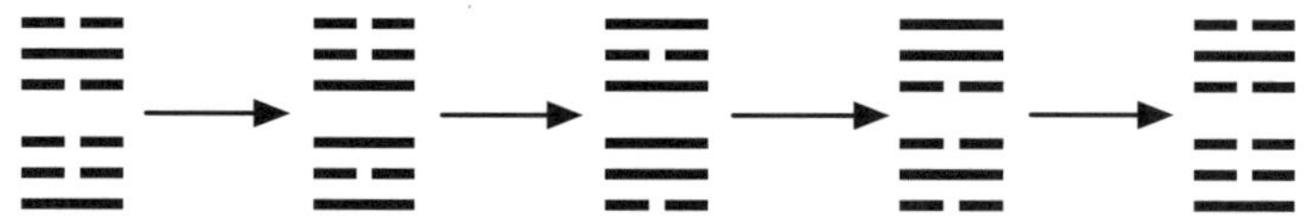

　어떤 규칙이 있는가? 별게 아니다. 아래 있는 괘상을 위로 보내고, 위에 있는 괘상은 반대로 만들어 아래로 떨어뜨린 것이다. 예를 들어 보자.

　䷗. 이 다음은? 아래 있는 괘상, 즉 ☷을 위에다 쓴다. 그 다음에 위에 있는 괘상, 즉 ☷을 반대로 만들어 아래에 쓴다. ☷의 반대는 ☰이다. 따라서 괘상은 ䷓이 된다. 계속해 보면 ䷁, ䷖, ䷁ 등으로 이어지는 것이다.

　괘상의 뜻을 음미해 보라. 하나하나의 뜻보다는 연관 지은 해석을 해야 한다. 처음엔 다소 어려울 수도 있을 것이다. 그것은 주역적 사고 방식에 익숙하지 않기 때문이다. 우리는 평소 사물을 해석하는 데 마구잡이식으로 해석해 왔기 때문에 체계적이고 간단한 해석 방법이 오히려 어렵게만 느껴지는 것이다.

이상에서 우리는 괘상을 네 개씩 묶는 방법을 배웠다. 하나를 알면 네 개를 아는 방식이다. 따라서 16개의 괘상을 알면 64개의 괘상을 이해할 수 있게 된 것이다. 물론 16개 괘상을 완전히 알기는 쉽지 않다. 가장 쉽다는 괘상도 자세히 보면 모를 구석이 생긴다.

주역이란 처음 공부할 때는 누구나 어렵다. 그러나 조금 공부하면 쉬워진다. 하지만 그 다음엔 더욱 어려워지는 것이다. 이것이 바로 주역 공부이다. 옛말에 주역을 공부하면 수명이 준다는 말이 있는데, 이는 주역 공부의 어려움을 표현한 것이다.

괘상은 알다가도 모를 것이고, 모르다가도 어느덧 알게 되는 것이다. 괘상의 극의를 깨닫고자 한다면 한도 없이 씹고 또 씹어 봐야 한다. 옛 사람이 말한 바 있다. '산과 바다가 다한 곳에 낙원이 나타난다'고. 주역의 괘상은 사물을 통해 알기도 하고, 서로 비교해서 알기도 하고, 막연히 달려들어 알 수도 있다.

예를 들어 보자.

도랑을 치고 있는 상태를 괘상으로 말할 수 있는가? 말할 수 있어야 한다. 주역의 괘상이란 삼라만상을 해석할 수 있는 것이다. '도랑을 친다'란 말은 무엇일까? 바로 ䷧이다. 뇌수해(雷水解)라는 괘상인데, 벌레가 물에서 벗어나는 모습이고, 빨래의 물을 짜내는 것이고, 국에서 건더기를 건져내는 것이다. 괘상의 이름을 해(解)라고 한 이유를 알겠는가?

다시 사물을 보자. 음식을 익히고 있는 것은 어떤 괘상인가?

䷱이다. 이 괘상은 정(鼎)이라는 이름인데, 솥은 무엇 하는 도구인가?

　다시 묻자. 학교에서 공부를 하고 있는 것은 어떤 괘상인가?

　이것도 ䷱이다. 뜻밖이라고? 생각해 보면 간단히 알 수 있다. 학교에서 하는 일이 무엇인가? 정신이 무르익도록 공부하고 있지 않은가!

　䷱의 모습을 보자. 위에 있는 괘상, 즉 ☲은 불·아름다움·덩어리 등을 나타낸다. 아래에 있는 괘상 ☴은 바람이다. 바람을 불에 공급하고 단단한 덩어리를 주무르고 있다. ☴은 부드럽게 주무른다는 뜻이다. 공부를 시키는 것이 바로 단단한 머리를 부드럽게 주무르는 것이 아니고 무엇일까!

　또다시 사물을 보자. 애무를 하는 것은 어떤 괘상인가?

　䷴이다. 이는 점(漸)이라는 괘상이거니와, 산 위에 바람이 불어가고 있다. 쓰다듬고 있는 모습이다. 부드럽게 쓰다듬으면 커지게 마련이다. 이런 현상 중에 무엇이 있을까? 남자의 중요한 생리 현상 중의 하나이다. 모른다고? 그냥 넘어가자.

　한 가지만 더 해 보자. 완전한 암흑을 어떻게 표현하는 게 좋을까?

　䷣이다. 이는 명이(明夷), 즉 밝음의 침몰이라는 뜻이거니와, 주역은 어떠한 사물이든 괘상으로 나타낼 수 있다.

　괘상은 하나의 언어인 것이다. 우리는 말할 수 있는 모든 것을 괘상으로 표현할 수 있어야 한다. 이는 마치 번역을 하는 것과 같다. 물론 인간의 유치한 언어를 절대 언어인 천어(天語)로 번역하는 것이다. 천어로 번역해 놓으면 사물의 심오한 뜻은 그 중에 저절로 나타나게 된다.

우리는 잠깐 사물에서 괘상을 유추하는 방법을 공부했다. 이제 사물을 통해 하나의 괘상을 알았으면 그것의 반대 괘상을 찾고, 나아가서는 네 개의 괘상을 찾아보라.

玉虛眞經 (22)

殺心養道也 由此 尊者不念道 戒其心起

마음을 죽이는 것이 도를 살리는 것이 된다. 그런 까닭
에 존자(尊者)는 도를 행하는 것이 아니라 날마다 마음이
일어나는 것을 경계한다.

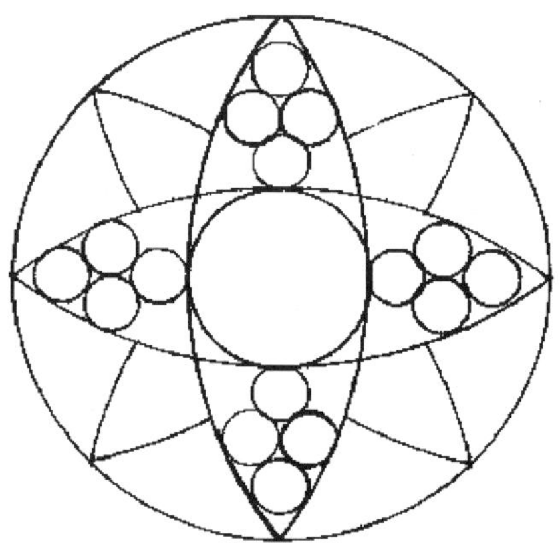

주역은 신이 만들었는가?

잠시 괘상에 관한 것을 잊고 다른 일을 생각해 보자. 주역의 기원(起源)에 관한 문제이다. 이에 대해서는 이미 확립된 전설 내지 역사가 있다. 하지만 본 장에서는 좀더 깊은 문제를 논의하기로 해 보자.

예로부터 전하는 바에 의하면 주역 외에도 귀장역(歸藏易)과 연산역(連山易)이란 것이 있었다고 한다. 귀장역과 연산역은 실전(失傳)되었지만, 주역만 남아 수천 년간 전해져 오고 있는 것이다.

주역은 주(周)나라 때 사용하던 역이려니와, 괘상을 사용하는 데 있어서는 귀장이나 연산역과 다르지 않다. 결국 귀장과 연산역은 같은 괘상에 설명을 달리한 책인데, 논리적으로는 같은 내용일 수밖에 없다. 오늘날 수학 참고서가 많지만 공식이라든가 논리는 같은 내용인 것처럼 말이다.

즉, 한 가지 진리에 설명하는 방식을 달리했을 뿐이라는 것이다. 따라서 귀장이나 연산역이 없어졌다고 해서 역(易)을 연구하는 데 크게 지장받을 것이 없다. 왜냐 하면 괘상 64개가 완벽히 전해져 있기 때문이다.

요는 괘상이다. 그에 대한 해설은 깨닫고 나면 무수히 많이 써 낼 수 있다. 우리는 이제껏 괘상의 뜻을 탐구해 왔고, 그것을 그저 주역이라고 말해 왔다. 제목이 무슨 상관이겠는가? 괘상 그 자체가 문제일 뿐이다.

어쨌건 지금부터 논의할 내용은 64괘의 생성 기원이다. 전설과 역사적 자료에 의하면, 64괘의 성립은 5,000년 전쯤 된다. 그 전이라는 설도 있지만, 우리의 논의하고는 상관없다.

5,000년 전을 생각해 보라. 그 당시 인류는 집도 없이 땅 속이나 동굴·바위틈에서 살았다. 몽둥이 등 연장을 사용하기는 했어도 가공된 것은 거의 없었다. 뾰족한 돌을 주워서 칼로 사용하는 정도였다. 농사라는 것도 짓지 않았고, 문자(文字)도 없었다. 거의 동물처럼 생활했던 것이다. 인구도 턱없이 부족했다. 그야말로 몇 년을 헤매어야 사람이 눈에 띌까말까 했던 것이다. 그 당시의 생활은 넓은 천지를 방황하면서 사냥을 하거나 과실을 따먹으며 근근히 목숨을 이어 갈 뿐이었다. 언어조차도 각각이어서 의사 전달도 힘들었던 시기였다.

주역은 이런 시기에 만들어진 것이다. 누가 만들었을까? 성인(聖人)이 만들었다고 한다. 전설에 의하면, 황하(黃河)에서 용마가 나왔는데, 등에 그림이 그려져 있었다고 했다. 또는 낙수라는 곳에서 거북이를 잡았는데, 그 등에 그림이 그려져 있었다고 한다. 성인이 이 그림을 보고 주역 8괘를 처음으로 그렸다는 것이다.

그 성인의 이름은 복희씨(伏羲氏)라고 하거니와, 괘상은 성인이 지은 것이 아님은 분명하다. 복희씨가 8괘를 짓기 전에 이미 그 원리는 용마와 거북이 등에 새겨져 있었던 것이다. 그렇다면 누가 그러한 짐승들을 풀어 놓았을까?

하늘이 그렸다는 것이다. 소위 계시(啓示)라는 것인데, 괘상은 이렇게 해서 인류 역사에 등장한다.

문제는 하늘이 무엇이냐이다. 그저 하나님·신(神) 등으로 이해하면 그만이지만, 논리를 생명으로 하는 주역의 기원을 종교적 전설로 마무리지으면 너무나 허전하다. 좀더 현실적인 해석 방법은 없는가?

하늘이란 말은 애매하므로 일단 성인이 지었다고 해 두자. 성인은 심오한 지혜를 가졌으므로 주역을 발명하는 게 불가능하지 않을 것이다. 하늘이 계시를 내린 문제에 대해서는 뒤에 가서 논하기로 하자.

자, 이제 성인이 주역을 왜 만들었나를 생각해 보자. 이 문제는 쉽지 않다. 그래서 우회를 하면서 생각해 보자. 우선 주역은 누구를 위해 만들었을까? 말이나 거북이나 참새를 위해서 만들지는 않았을 것이다. 필경 주역은 그 대상이 인간일 것이다.

여기까지는 문제가 없다. 단지 시기가 좀 이상하다. 주역이 만들어질 당시에는 인류가 집도 절도 없는 떠돌이이고, 먹고 사는 일이 급할 뿐 문화가 필요 없었다. 주역을 통한 지혜가 필요할 수는 있겠지만, 문자조차 없는 짐승처럼 어리석은 인간에게 주역은 시기 상조인 것이다.

당시 인간은 아주 희귀했는데, 이들에게는 종이라든가 붓 같은 것도 있었을 턱이 없다. 물론 나무나 돌 같은 데 자국을 남길 수는 있었을 것이다. 그런데 왜 주역을 가르쳤는가 말이다.

답은 뻔하다. 주역은 만들어졌을 뿐, 인간에게 현실적으로 가르쳐졌던 것은 아니다. 당시에는 돌도끼 만드는 법이라든가, 짐승 가죽 벗기는 법 등이 유용했을 뿐 주역 같은 것은 필요 없었기 때문이다.

다만 주역은 어딘가에 기록되어 남아 있었을 것이다. 인간이 그것을 발견하고 내용을 깨닫기까지는 세월이 많이 지나야 했을 것이라는 뜻이다.

전설에는 옛 성인이 주역을 보고 그 속에서 집을 짓는다든가, 농사를 짓는다든가, 활을 만든다거나, 배를 만드는 등 크게 활용했다고 한다. 그럴 법한 일이다. 아주 먼 옛날에 어떤 성인이 바위나 나무 등에 괘상을 남겼을 것이고, 후에 또 다른 성인이 그것을 발견해서 그 뜻을 깨달았던 것이다.

주역의 발견을 성인과 연관 짓는 것은 그만한 이유가 있다. 주역의 내용은 워낙 심오하기 때문에 범상한 인간으로서는 접근이 불가능하다. 그래서 누군가 주역의 괘상을 봤다 하더라도 소용이 없었을 것이고, 성인만이 그 뜻을 알기 때문에 성인에서 성인으로 전달되었을 것이다. 즉, 성인은 더 먼 옛 성인으로부터, 더 먼 옛 성인은, 더더 먼 옛 성인으로부터 주역을 전해 받았다. 이는 직접 주고받은 것은 아닐 터, 훗날 인류가 사회를 이루고 글을 갖게 되었을 때쯤에야 직접적인 가르침이 가능했을 것이다.

이제 정리를 해 보자. 주역은 하늘 → 성인 → 인간 등으로 전해 온 것임을 알 수 있다. 하늘이 주역을 언제 인간 세상에 보냈든 간에 그것은 성인이 보고 깨달았던 것이고, 세월이 아주 많이 흐른 후에야 인간에게 전해지고 또한 소용되었던 것이다.

이는 필요에 의해 주역이 등장한 것이 아니다. 주역은 인간보다 먼저, 또한 성인보다 먼저 존재했다는 뜻이다. 하늘은 어떤 의도가 있었겠지만, 주역이 인간에게 전달되기까지는 막연히 방치된 세월이 있었을 것이다.

하늘은 어째서 그리 서둘렀던 것일까? 하마터면 주역은 인간의 손에 들어오지 못할 뻔했다고 볼 수도 있다. 하늘은 인간이 돌도끼를 휘두르고 있을 무렵 아주 급하게 주역을 만들어 놓았을 것이다. 왜일까? 인간에게 전할 것이라면 인간이 문화적으로 충분히 성장한 후에 전달하는 것이 순리가 아니었을까? 어린아이에게 재산 문서를 미리 전달한들 이익이 무엇이란 말인가.

이 점을 생각해 보자. 단순한 말장난이 아니다. 주역이 과연 무엇인가를 알기 위해서는 주역이 왜 생겼는가를 알아야 한다.

계속 나아가 보자.

주역은 분명 성인의 손을 거쳤거니와, 그 출현 시기는 상당히 보순이 있다. 하늘의 일에 깊게 생각할 필요가 없는 것일까? 그렇지 않다. 주역은 신앙의 대상이 아니고 논리 그 자체일진대, 그 기원도 마땅히 합리적이어야 하는 것이다.

이에 대해 하나의 가설을 세워 보자. 이것은 어디까지나 가설이다. 너무 오래 전 일이므로 그럴 듯한 가정을 해 보자는 것이다. 이제 하늘이 누구인가를 따져 보자. 설마하니 용마가 스스로의 등에 그림을 그렸을 리 만무하고, 우연히 주역의 조직적인 그림이 등장하지는 않았을 것이다.

누군가 처음으로 괘상을 그렸던 것이다. 그런 존재를 하늘이라고 해 버리면 여기서 논의는 중단될 수밖에 없다. 차라리 성인이 발명했다고 하는 게 낫다. 그러나 성인이 굳이 발명한 게 아니라 하니 대안을 강구해 보자.

하늘도 아니고 성인도 아니면 누구일까? 여기서 필자는 대담한 가설을 내보이고 싶다. 터무니없을지도 모르지만 깊게 생각해 보면 일리가 있다. 아니, 어쩌면 유일한 해답일지도 모른다.

필자의 생각에는 태초에 주역의 괘상을 인간 세상에 남겨 놓은 존재는 우주인이라고 본다. 그렇다. 바로 우주인이다. 멀고 먼 옛날 우주인은 지구에 다녀갔다. 그 당시 인류를 보니 한심하기 그지없었다. 가르칠 대상조차 아니었던 것이다. 그래서 떠나가면서 괘상 8개를 남기게 된 것이다.

터무니없다고? 절대 그렇지 않다. 이제부터 그 이유를 생각해 보자. 주역이 과연 무엇인가를 논의하자는 것이다. 주역이 무엇이냐에 따라서 우주인의 유무도 밝혀질 수 있다. 요는 주역이 함유하고 있는 내용이다. 그 내용은 우주인이 남길 만한 그런 것일까?

우선 주역의 구성을 보자. 우선 주역은 2진법 체계로 되어 있다. 2진법이란 오늘날 컴퓨터에 사용되며 가장 편리한 연산(演算) 원리이다. 우리 몸 속의 신경도 이러한 방식을 채택하고 있다.

둘째, 주역은 두 가지 원소를 사용하여 분자식을 만드는데, 이는 화학에서 사용하는 분자식 내지 구조식의 체계와 일치한다.

셋째, 주역은 상괘와 하괘로 이루어져 있으므로 이는 복소수 구조이다.

$$\frac{(A)}{(B)} = a + bi$$

넷째, 주역은 위상 수학적 구조를 갖고 있다.

다섯째, 주역은 공간의 6 방향을 표현하며, 이것이 시간에 따라 변화하는 것을 나타내고 있다.

여섯째, 주역은 자기 상사(自己相似)인 프렉탈 구조이다.

일곱째, 주역은 고도의 정수론 체계를 이루고 있다.

여덟째, 주역은 행렬식이다.

아홉째, 주역은 오늘날 과학의 최고 원리인 상대성 원리·불확정성 원리 등 자연의 근본 원리를 함유하고 있다.

열째, 엔트로피라는 물리 개념상 주역은 현대 과학을 뛰어넘은 엔트로피 계층 구조를 논하고 있다.

이상에서 주역의 구성을 대강 살펴보았는데, 이 외에도 많은 요소가 있다. 그리고 이들은 그 어느 하나라도 과거 인류가 알 수 없었던 내용이다. 주역의 구성은 오늘날 과학이 고도로 발달했기 때문에 그것을 해명할 수 있었던 것이다.

만일 인류가 위상 수학·행렬·복소수·분자식·2진법 등을 발견하지 못했다면 아직도 주역의 구성은 신비에 싸여 있을 것이다. 주역의 구성 요소들은 실로 문명이 발달하고 나서야 밝혀진 과학의 원리인 것이다.

인류가 돌도끼 시대를 벗어났다고 해서 주역의 원리를 알 수 있는 것은 아니다. 주역은 과학이 한참 동안 발전한 후에라야 해독이 가능했던 것이다. 100년 전만 하더라도 인류는 앞에서 얘기한 과학의 원리 등을 다 발견하지 못한 상태였다.

21세기에 당도한 인류는 이제 겨우 주역을 이해할 수 있는 과학적 경지에 이르렀다. 그 동안은 절대로 주역을 이해할 수 없었던 것이다. 그만큼 주역은 고도의 과학적 체계로 조직되어 있기 때문이다.

일례를 보자.

지구상의 모든 생물체의 근원이 되는 DNA라는 물질은 네 개의 염기로 구성되어 있는바, 주역도 바로 네 개의 요소로 구성되어 있는 것이다. 우연의 일치일까? 지구상의 모든 생물의 아미노산 코드가 64개라는 것이 바로 그 연유이거니와, 하필 주역 괘상과 숫자가 같을까!

어쨌건 주역의 구성은 신비하기만 하다. 그리고 그 내용은 고도의 과학을 통해서만 이해가 가능한데, 이러한 주역이 지구상에 왜 출현했단 말인가! 가장 이상한 일은 주역의 출현 시기이다. 인류가 도대체 이해할 수 없었던 시기에 주역이 등장한 것이다. 자칫 했으면 인류가 주역을 발견할 수 없을 뻔했다.

이것은 무엇을 뜻하는가? 주역의 출현 시기, 그리고 그 정밀한 구성, 이는 하늘의 계시일 리가 없다. 정작 하늘의 계시라면 시기가 적절했을 것이고, 목표도 분명했을 것이다. 하지만 주역은 완전히 우연하게 인류의 손에 당도하게 된 것이다. 그 고도의 과학적 내용이 있음에도 불구하고 말이다.

이는 우주인이 지구를 다녀가면서 막연하게 남겨 놓은 메시지가 아닐까! 먼 장래에 인류가 지성을 발전시킨 연후 혹시나 주역을 발견할 수 있기를 기대하면서.

기실 인류는 성인에 의해 주역의 의미 신중함이 지적되었고, 오늘날 과학에 의해 그 내용이 속속 밝혀지고 있다. 우주의 지성이 지구를 다녀간 것은 아닐까! 굳이 우주인이 아니고 하늘이 주역을 내려 주었다고 주장한다면 그것을 나무랄 마음은 없다. 다만 하늘보다는 우주인이 더욱 현실적이 아닌가!

주역의 구성을 보라. 하늘이 내리기에는 다소 저열(低劣)하고 인간이 이해하기에는 너무나 과학적이다. 그러므로 하늘과 인간의 중간인 우주인이라고 생각하고 싶은 것이다.

이 문제는 후에 다시 논의할 수 있다. 다만 이 장에서는 주역이 그토록 조직적이고 과학적이라는 것을 얘기하고자 할 뿐이다. 이는 인공적이라는 의미를 갖는다.

다시 한 번 주장하거니와 주역은 우주인에 의해 만들어졌거나 어쩌면 신이 만들었을 수도 있다. 둘 중에 어떤 것이 더 가능성이 있겠는가?

玉虛眞經 (23)

坐勝立 由此吾謂 立爲下人之心 坐爲尊者之心
所以吾謂之 下人之心高 尊者之心低也

앉아 있는 것이 서 있는 것을 이긴다. 그런 까닭에 서 있는 것은 하인(下人)의 마음이요, 앉아 있는 것은 존자(尊者)의 마음이라고 하는 것이다. 그래서 나는 하인의 마음은 높아지고, 존자의 마음은 낮아진다고 하는 것이다.

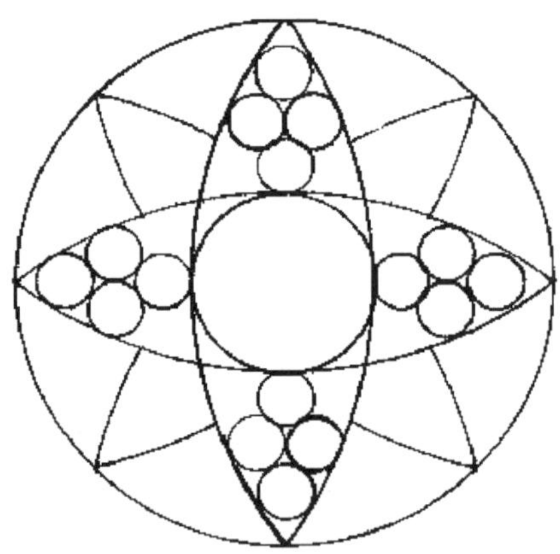

간지(干支)에 관하여

간지는 동양 문화권에서 거의 절대적이라고 할 만큼 생활과 밀접하다. 우선 당 해를 서기로 표시하는 것 외에 간지로 표시하고 있는 것이다. 예컨대 1998년은 무인년이라고 하는 것이 그것이다.

옛날 왜국이 우리 나라를 침략했을 당시 간지가 임진이어서 아직까지 임진란이라고 표기하는 것만 보아도 간지의 위력을 알 수 있다. 기실 우리 나라의 역사에는 기미년 독립 만세 사건, 연산군의 갑자사화(甲子士禍), 을사보호조약 등 연도를 간지로 표현하고 있는 것이다.

이것은 무슨 까닭일까? 오늘날에 와서 신세대의 경우 간지가 무엇인지 전혀 모르는 경우가 없지 않다. 하지만 어떠한 연도이든 해당되는 '띠'라는 것이 있다는 정도는 누구나 알고 있는 사실이다.

어떤 해[年]가 특별히 동물 중의 하나와 대비된다는 것은 재미있는 일이거니와, 띠 외에도 열 가지 다른 이름이 붙어 있다. 해에 대해 띠와 또 다른 이름이 있다는 것은 아주 심오한 뜻이 있지만, 우리는 이를 가지고 궁합을 본다거나 운명을 감정하는 일 등을 하고 있다.

소위 사주 팔자라고 하는 것은 연월일시에 대해 간지를 부여한 것임을 아는 사람은 얼마나 될까? 흔히 사주 팔자가 운명임을 알 뿐, 팔자가 여덟 글자, 즉 간지인 것을 정확히 아는 사람은 많지 않다. 물론 동양 문화가 무엇인지 아는 나이 든 분들은 팔자의 뜻을 모를 수 없다. 하지만 정확히 팔자, 즉 간지가 무엇을 의미하는지 아는 사람 또한 드물다.

우리는 일주일에 한 번씩 똑같은 요일을 맞이한다. 예컨대 오늘이 수요일이면 7일 전도 수요일이고 7일 후도 수요일이다. 이는 7일을 주기로 한 요일법이다. 하필 주기가 7일인 이유가 무엇인지는 상당히 어려운 철학적 측면이 있겠지만, 일주일이 7일인 이유는 대체로 구약 성서에 연유된 것으로 봐야 한다.

구약 성서에는 하나님이 6일 만에 천지를 창조하고 7일째는 쉬었다는 것인데, 만일 5일 만에 천지 창조를 마치고 6일째 쉬었다면 오늘날 인류도 6일 만에 한 번씩 일요일을 맞이했을 것이다. 놀기를 좋아하는 사람은 5일 만에, 혹은 4일 만에 한 번씩 일요일이 있어도 좋으리라.

그런데 문제는 7일이라는 것이 무슨 뜻이 있느냐이다. 하나님이 6일 만에 천지를 창조하고 7일째 쉬었다는 것은 어디까지나 신화이고 종교적일 뿐이다. 우리는 7일의 뜻을 더욱 명확히 알아야 하지 않을까!

그리고 문제가 하나 더 있다. 우리 나라의 경우 첫째 날을 월요일이라고 하는데, 과연 첫째 날과 월(月)이라는 것이 무슨 연관이 있느냐이다. 필경 하나님이 첫째 날에 달을 만든 것은 아닐 것이다. 그리고 또한 둘째 날에 화(火), 또는 화성(火星)을 만든 것도 아니다. 이어 수(水)라든가 목(木)도 물론이다. 금요일에 금속이 만들어진 것도 아니고, 토요일날 흙이 만들어진 것도 아니다.

이렇듯 요일이라고 하는 것은 그 이름과 특별한 연관을 갖고 있지 않다. 요일은 단지 7일이라는 숫자에만 의미가 있을 뿐 그 이름에는 의미가 없다.

그렇다면 7일이라는 의미는 무엇일까? 이는 필경 중대한 뜻이 있으려니와, 주역을 공부하는 우리로서는 이 문제를 필히 규명할 필요가 있다.

그건 그렇고 간지의 문제를 다시 논의해 보자. 간지는 요일과 달리 한 자 한 자에 엄연한 뜻이 있다. 예컨대 갑자(甲子)라고 하면 갑(甲)에 목양(木陽)의 뜻이 있고, 자(子)에는 수국(水局)이라는 뜻이 있는 것이다.

따라서 우리는 갑자라고 하는 것을 그 뜻에 따라 의미를 분석할 수 있다. 그렇기 때문에 간지를 가지고 인간의 운명마저 가늠해 볼 수 있는 것이다. 요일하고는 아주 딴판이다. 우리는 수요일에 태어났다고 해서 물과 연관된 인생을 살고 있지는 않다.

하지만 간지의 경우, 임계(壬癸)에 태어난 사람은 물과 관계된 인생이 암시되고 있는 것이다. 임계라는 것이 바로 각각 수양(水陽)과

수음(水陰)을 표시하고 있기 때문이다. 간지를 사용하는 것은 실로 깊은 뜻이 있다. 그것은 간지 자체가 뜻이 있기 때문이다.

물론 서양의 경우 달력에 간지를 붙이지 않는다. 그들은 1998년은 있어도 무인(戊寅)년은 없다. 1998년은 별 뜻이 없다. 단지 예수가 태어난 지 1998년이 되었을 뿐이라는 것이다. 그러나 간지는 다르다. 무인년은 흙과 호랑이, 또는 토양(土陽)과 목국(木局)에 해당된다.

간지가 사용된 지는 예수가 태어나기 훨씬 오래 전이다. 동양에서는 이미 수천 년 전에 간지를 사용했거니와, 이는 무궁한 시간에 대해 의미를 부여한 것이다. 물론 시간에 대해 목화토금수(木火土金水)의 뜻을 부여한 것은 과연 합당한 일이냐 하는 문제는 추후에 연구할 과제이다.

다만 동양에서는 수천 년 전부터 간지를 사용해 왔던바, 그에 대한 많은 이론이 있다. 주역에서도 당연히 이 문제에 대한 정확한 이론을 내놓아야 할 것이다. 이에 대한 통념을 살펴보자.

간지는 우선 전설에 등장하고 있다. 그 내용을 살펴보자.

옛날 중국의 성왕(聖王)이 거기에 등장하고 있다. 중국의 성왕 황제(黃帝), 황자(字)는 누를 황(黃)으로, 흙을 뜻한다. 이 왕은 중국 신화의 주축을 이루는 인물로서 한의학의 주요 경전인 《황제내경》, 신선의 성생활을 밝힌 《소녀경》 등에 등장하고 있다.

뿐만 아니라 황제는 중국 천하의 학술·인격·종교 등에 절대적인 인물이다. 이러한 존재가 먼 옛날 우리 나라의 단군과 겨루는 대목이 나온다.

단군은 치우씨(蚩尤氏)라는 전신(戰神)과 함께 하늘에서 내려왔는데, 황제는 전신 치우씨와 싸워 연전 연패하고 막바지에 몰리게 된다. 이 때 등장하는 것이 바로 간지이다.

황제는 최고의 지략가임에도 불구하고 치우씨에게 쫓겨 최악의 상황에 직면하게 된다. 황제는 이를 타개하기 위해 하늘에 제사를 드리게 된다. 즉, 하늘에 구원을 요청했다. 하늘은 황제를 구원하기 위해 간지를 내리게 된 것이다.

간지는 천간 10자와 지지 12자이다. 황제는 이 글자의 뜻을 깨닫고 이를 병법에 응용하여 치우씨를 물리쳤다. 신화의 내용 그대로는 황제가 천간을 둥글게 배치했고, 지지를 네모나게 배치했는데, 이것은 천도(天道)와 지도(地道)의 뜻을 깨달아 천간(天干) 지지(地支)를 응용했다는 뜻이다.

삼라 만상이 음양으로 되어 있는바, 이를 깨달아 병법에 응용했다면 필경 신출귀몰한 병법이 나오지 않았겠는가! 제갈공명이 그토록 뛰어났던 것도 음양을 깨달아 응용했기 때문이다.

주역은 바로 음양을 말하는 것이지만, 간지도 이를 넘어선 것이 아니다. 다만 천도를 10개로 표현하고 지도를 12개로 표현한 것이 색다를 뿐이다.

그런데 간지의 실체는 과연 무엇일까? 다소 어려운 문제이다. 천간에 대한 것은 오행(五行)을 음양으로 나눈 것이니 어려울 것이 없다. 오행만 알면 그만일 뿐이다. 하지만 지지를 12개로 한 것은 다소 어려움이 있다.

이 점을 논해 보자. 이제 다시 주역으로 돌아오게 된다. 다음의 괘열(卦列)을 보자.

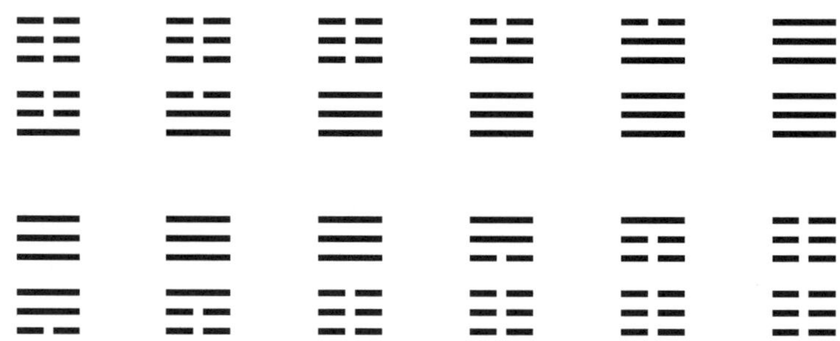

무엇을 느끼는가? 질서 정연하지 않은가! 양이 점점 증가하여 극에 이르면 이제는 음이 증가한다. 음 역시 극에 다다르면 양이 다시 증가한다. 결국 순환하는 모양이 되는데, 지극히 단순하고 아름답다.

이 괘열은 아주 유명한 것으로 소위 군주괘(君主卦)라는 괘의 집단이다. 군주괘라고 이름 붙인 것은 괘들이 체계적인 질서를 이루고 음극과 양극을 포함하고 있기 때문이다. 게다가 이들은 64괘 중에 어떤 지표(指標)를 마련하기 때문에 군주괘라는 명예로운 이름이 붙은 것이다. 이 문제는 후에 자세히 논의해 보고 지금은 군주괘의 구조를 보자.

우선 ䷗을 보라. 양의 기운이 최초로 발생한 모습이다. 군주괘를 입체적으로 배열해 보자.

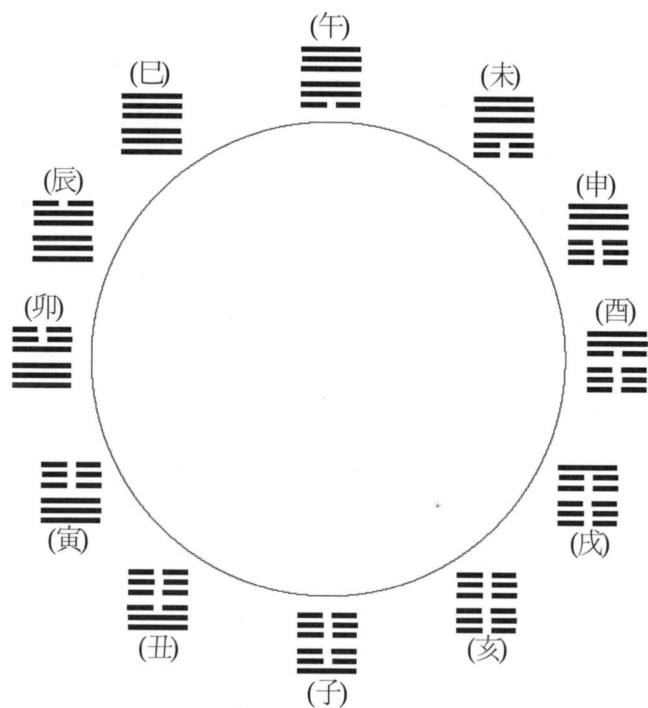

　이 모양은 시계 모양과 정확히 일치한다. 순환이란 것은 12개로 되어 있다는 것을 후에 배울 것이다. 이제 괘열에다 문화적인 이름을 붙이자. 먼저 자오(子午)를 잡는다. 즉, ䷗을 자로 하고, ䷀을 오라고 명명한다. 자와 오는 애당초 ䷗와 ䷀의 이름을 정하기 위해 탄생한 단어이다. 이제는 순차적으로 단어를 만들면 된다.

　여기서 단어란 어디까지나 괘상의 이름일 뿐이다. 오징어나 닭에 이름을 붙인 것과 다를 것이 전혀 없다. 결국 지지 12개는 군주괘

12개를 의미하는 것이다. 여기서 우리가 유의해야 할 것은 괘상을 질서 정연하게 배치하면 서로 비교하며 체계적으로 괘의(卦意)를 공부할 수 있다. 멋(?)을 내기 위해 이름을 붙이는 것은 좋으나 이름보다는 괘의 내용 그 자체가 더욱 소중하다.

군주괘 12개를 음미해 보자.

☷ 은 순음(純陰)으로서 음극(陰極)이다. 여기서 한 가닥 양의 기운이 발생한 것이 ䷗ 이다. 동짓날과 같은 뜻이고, 보일러를 막 틀기 시작한 때이다. 또는 이삿짐을 날라오고 있는 중이다.

䷒. 이는 이사를 와서 터전을 잡은 상태이다. 괘상의 모양을 보라. 땅 아래 있는 연못이므로 깊은 연못이고, 따라서 뿌리를 내렸다는 뜻이 있다.

䷊. 이는 음과 양이 힘을 교환했으며, 양기가 절반이나 차지하고 있다. 충만된 상태, 자동차로 말하면 연료를 가득 넣은 상태, 회사라면 재정이 풍부한 상태이다.

䷡. 이는 양기가 세상으로 분출하고 있다. 운동 선수로 말하면 아마추어에서 프로가 된 상태이다. 괘의 모양을 보라. 하늘 위의 우레이다. 이는 장군이 강군을 지휘하고 있는 모습, 하늘을 찌르고 있는 63빌딩 같은 모습이다.

䷪. 이는 양기 폭발 직전이다. 위에 하나 남은 음이 견디지 못할 상황이다. 괘의 모양은 하늘 위에 있는 연못이다. 연못이 땅 위에 있어야지 하늘 위에 있어서 얼마나 견디겠는가! 하늘 위의 연못이란 먹구름을 의미하지만 결국 떨어지고 말 것이다. ☰에 이르러 높고 넓은 하늘이 나타난다. 순양, 양극, 하늘의 무한대 섭리를 나타내고 있다.

䷫은 무슨 뜻이 있는가? ䷪의 반대이다. 하늘 아래 바람이 불고 있다. 심상치 않은 바람이다. 비가 올 조짐이다. 또한 여러 남자가 있는 곳에 한 여자가 등장했다. 앞으로 무슨 일이 일어날까? 필경 여자가 득세하여 남자들을 혼란시킬 것이다.

䷠. 이것은 ䷫의 반대이다. 깊은 연못의 반대는? 낮은 산이다. 하늘 아래 잔뜩 엎드린 모습이다.

䷓은 음이 태반을 차지하고 있다. 이미 전세가 기울어 패색이 짙은 상태이다.

䷓. 이는 황량한 벌판에 쓸쓸히 바람이 일고 있는 모습이다.

䷖. 이는 음의 기운이 극성하여 밖으로 솟아올랐다. 바로 산을 의미한다.

☶☵. 이 괘상은 앞에서 이미 설명했다. 이미 한 바퀴를 돌아온 것이다.

이제 천간을 알기 위해 오행(五行)이라는 것을 논의해 보자. 오행론(五行論)은 범주론의 효시로서 주역을 이해하는 데 아주 중요한 역할을 한다. 장을 다음으로 넘겨서 설명하자.

玉虛眞經 (24)

有人問 修心道理於我 吾說平直 平直者 大道之門戶也
平則廣 廣則寂 直則高 高則淑 寂淑者 天眞之本性也

누가 내게 마음 닦는 도리를 묻는다면 나는 평직(平直)을 말할 것이다. 평직이야말로 큰 도의 문호(門戶)인 것이다. 평한즉 넓고, 넓은즉 고요하다. 직한즉 높고, 높은즉 맑다. 고요하고 맑은 것, 이것이 천진(天眞)의 본성인 것이다.

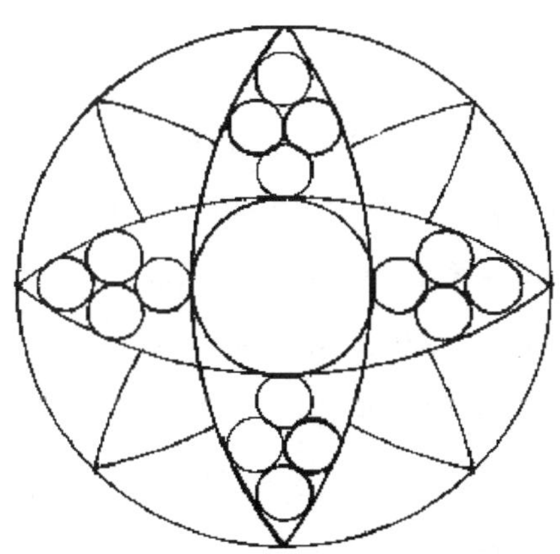

오행과 주역

오행(五行)은 지구상에서 가장 잘 알려진 범주론일 것이다. 범주론이란 사물을 특정한 원소와 대비시켜 해석하는 방식이다. 오행은 목화토금수(木火土金水)이려니와, 이것으로 만물의 성질을 분류하는 것이다.

예컨대 어떤 사람이 나무라면 물인 성질을 가진 사람과 만나야 이롭다는 식이다. 나무는 물에 의지해서 살기 때문이다. 고대 중국의 한나라 유방은 서촉(西蜀) 땅에 근거를 잡았는데, 그 곳은 금(金)의 성질이 있었고, 유방은 불인바, 불로써 금을 다루니 무기를 이루어 천하를 제패했다고 한다.

오행의 응용 범위는 참으로 넓다. 우리 몸 중에서도 심장은 화, 폐는 금, 간은 목, 신장은 수, 비장은 토로 되어 있다. 이로써 각 장기에 연관된 작용을 해석할 수 있는 것이다.

오행에는 소위 상생(相生)과 상극(相剋)이라는 것이 있어서 오행의 관련성을 구체적으로 논의할 수 있다. 상생은 木 ― 火 ― 土 ― 金 ― 水 ― 木으로 되어 있고, 상극은 水 ― 火 ― 金 ― 木 ― 土 ― 水인바, 이는 오행을 물질로 봤을 때는 상당히 합리적이다.

다만 오행을 물질 이전의 범주로써 볼 때는 상생 상극의 원리가 쉽게 이해되는 것은 아니다. 이 문제는 앞으로 심도 있게 논의할 수 있을 것이다. 우선은 대충 알고 넘어가자. 오히려 그래야만 큰 모양을 알 수 있는 것이다.

관건은 범주로써의 오행이다. 물론 오행 외에도 인류는 다른 범주를 사용하고 있거니와, 불교의 사대(四大)인 지수화풍(地水火風)도 있다. 주역은 8개의 범주, 즉 팔괘로 되어 있고, 또는 천지인(天地人) 3재(三才)를 사용하기도 한다. 범주란 무한한 사물을 유한한 원소로 분류하는 것으로서 이를 사용하면 사물의 작용을 단순하게 이해할 수 있다.

인류가 범주에 관해 생각하게 된 것은 상당히 오래 전부터이다. 희랍의 탈레스는 만물의 근원을 물이라 하였고, 플라톤도 범주에 관한 문제에 관심이 깊었다. 잠시 플라톤의 범주에 대해 살펴보자.

플라톤은 원래 비범한 지혜를 갖춘 사람이었지만, 그는 정다면체 문제에 상당히 흥미를 보였다. 정다면체의 숫자는 모두 몇 개인가? 이것이 플라톤의 문제였다.

만일 정다면체의 숫자가 무한하다면 문젯거리가 안 된다. 예를 들어 정삼각형·정사각형·정오각형·정육각형·정칠각형 등 무수히 많은 정다각형이 있으면 흥미의 대상이 되지 않는 것이다. 묘미가 없기 때문이다.

그러나 정다면체 문제는 이와 다르다. 그것은 한정된 숫자를 갖고 있기 때문이다. 모두 해서 다섯 개뿐이다. 한 가지 예로 정육면체가 있는데, 이는 주사위 모양이고 가장 흔한 예이다.

그 다음엔 어떤 것이 있을까? 정사면체가 있다. 이는 정삼각형 4개가 모여서 된 것으로, 가장 간단한 모양이다. 다음엔 정8면체로서 정삼각형 8개가 모여서 이루어진 것이다. 다음으로 12면체가 있는데, 이는 정5각형 12개로 만들어진 것으로, 축구공의 모양이다.

이제 4개의 정다면체, 즉 정4, 정6, 정8, 정12면체 등을 찾아봤는데 나머지 한 가지는 무엇일까? 그것은 신기하게도 정20면체이다. 20면체라니 신기하지 않은가? 16이나 24 등이 아니고 하필 20면체라니 말이다. 정20면체는 정삼각형 20개가 모여 입체를 이룬 것으로, 암세포도 이러한 모양을 이루고 있다고 한다.

어쨌건 정다면체는 이상에서 말한 5개 종류밖에 없다. 예컨대 정24면체 · 정36면체 · 정72면체 등은 없다. 오로지 5개인 정다면체, 그것은 4, 6, 8, 12, 20면체이려니와 5종류밖에 없다는 것이 묘한 신비감을 준다. 플라톤도 이를 신기하게 여긴 나머지 만물의 성질도 5개로 한정될 것이라는 생각을 하게 된 것이다. 이것이 플라톤의 범주이다.

여기서 우리가 생각할 수 있는 것은 플라톤의 정다면체 5개와 중국의 오행이 같은 의미를 갖느냐이다. 문제는 원소가 각각 5개씩이라는 것이다. 이 문제는 아주 그럴 듯하게 보인다.

하지만 원소가 5개씩이라 해서 서로의 범주를 같은 것으로 단정지을 수는 없다. 만일 우리가 정다면체 5개와 5행을 서로 하나씩 짝지을 수 있다면 된다. 그러나 현재까지 그 방법이 일반적으로 알려진 바는 없다. 앞으로 우리는 그것을 시도해 보겠지만, 지금은 오행에 대해 생각해 볼 뿐이다.

오행의 기원은 무엇일까? 피라미드의 모양을 보라. 그것은 5개의 요소를 갖는 사방의 뿔과 중앙의 혹이 있다. 이는 바로 오행의 모습을 보여 주는 것이다. 피라미드는 다름 아닌 오행을 그대로 나타낸 것이다.

좀더 자세히 풀어 보자. 주역에서는 2개의 원소, 즉 음과 양이 있다. 이것은 만물 중 가장 근원적인 원소로서 우주의 모든 것이 이것으로 이루어져 있다. 오늘날 인류가 다루고 있는 원자 문명도 이를 넘어서고 있지 않다.

각설하고 나아가자. 음양은 이를 2중으로 하면 사상(四象)이라는 것이 된다. 즉 ⚏, ⚎, ⚌, ⚍이다. 이것들은 주역의 근원을 이루고 있는 요소이지만, 공간에 적용시키면 동서남북(東西南北)이 되고 시간에 적용시키면 춘하추동이 된다.

하지만 사상이 먼저이고, 동서남북이나 춘하추동 등은 사상의 응용에 지나지 않는다. 만물은 근저에 이르면 4가지 요소가 존재하는 것이다.

물질의 4력(四力)을 아는가? 4력은 중력 · 전자력 · 약력 · 강력 등이지만, 물질은 궁극적으로 이 4가지 힘으로 이루어져 있다. 우주에서 4가지 힘 중 한 가지만 없어도 우주는 성립할 수 없다.

주역의 괘상도 4가지 형태로 서로 연관되는데, 오행이 바로 이것이다. 사상은 그대로 오행 중 4개가 되고 나머지 하나, 즉 토는 4가지가 합친 성분이다. 그러니까 엄밀히 말해 만물은 4가지 성질이지만, 그것이 잡탕으로 섞인 성질 하나를 추가하여 오행을 이룬 것이다. 오행을 기하학적으로 만들어 보인 것이 바로 피라미드이다.

이제 우리는 오행을 알았는데, 이것을 두 배로 확대할 수 있다. 즉 피라미드 모양 두 개를 붙여서 10개로 할 수 있다는 것이다. 피라미드는 땅 밖으로 솟아난 것이지만, 이를 반대로 해서 땅 속으로 만들어 놓으면 된다.

이렇게 해서 성립되는 것이 천간(天干) 원소 10개이다. 천간은 오행을 입체화한 모양인 것이다. 플라톤도 지적했지만, 사물은 그것에 부합되는 모양이 반드시 있는 법이다.

다시 피라미드 모양을 보자. 두 개로 합친 것은 바로 정8면체인데, 면 8개 중 각각이 바로 8괘에 해당된다. 즉, 오행을 입체화하면 8괘가 되고, 8괘를 평면화하면 오행이 되는 것이다. 말하자면 오행이란 간이범주(簡易範疇)라고 할 수 있는 것이다. 사물에 대해 8괘를 적용하면 완벽해서 더 말할 나위가 없지만, 오행은 근사치로서 쉽게 사용할 수 있다. 이를 조직적으로 이해하기 위해 주역의 방식을 보자.

오행, 즉 사상은 이중 구조로 되어 있다. 즉 ⚏, ⚎, ⚍, ⚌. 이 모양은 상하로 되어 있지 않은가! 위에도 음양, 아래도 음양이 있으니 전체적으로 $2 \times 2 = 4$인 것이다.

그러나 중요한 것은 위와 아래가 있다는 것이다. 이를 유식하게 말하면 천과 지이다. 즉, 가로와 세로이다. 수학적으로 말하면, x와

y가 되는 것이다. x와 y는 평면차원 2개를 말하는 것으로, 서로 교차하는 것을 나타낸다. 교차란 힘을 합성한다는 뜻이려니와, 사상은 2차원 평면을 이루고 있다.

이를 입체로 하면 3차원 입체, 즉 8개의 요소가 되지만, 3차원이란 바로 천지인(天地人) 삼재(三才)를 말한다. 보자.

이들 팔괘는 모두 3층 구조이다. 3층은 천지인이고 또한 x, y, z인 것이다. 가로·세로·높이라는 뜻이다. 다시 보자.

2중 - 4개

3중 - 8개

1중이면 몇 개인가? 2개이다. 1중이란 1차원을 의미하고, 이 속에 음과 양이 있다. 기찻길을 보라. 좌와 우가 있지 않은가! 2중으로 하면 평면이 되어 4개의 영역이 생기고, 3중으로 하면 8개의 영역이다.

이상에서 알 수 있는 것은, 오행이란 평면, 즉 2차원의 요소로서 만물을 구분하자는 것이다. 그리고 8괘란 입체, 즉 3차원의 요소로서 만물을 대비시키는 것이다.

이제 우리는 오행과 8괘를 알았는데, 그것의 기하(幾何)는 2차원과 3차원이었다. 이로써 그만인가? 과연 사물은 2차원 내지 3차원으로 모두 표현할 수 있는가? 이 문제는 주역에서뿐만 아니라 오늘날 과학에서도 가장 중요한 문제가 되어 있는바, 이는 앞으로 주역의 경지가 높아지면 다시 한 번 다루게 될 것이다. 우선은 오행의 뜻을 알고 넘어가면 그만이다.

玉虛眞經 (25)

吾亦說嬰兒之心 嬰兒之心無勞苦 又
無作爲 由此謂 嬰兒之心天眞也

나는 또 영아(嬰兒)의 마음을 말할 것이다. 영아의 마음
이야말로 노고하지 않으며 꾸미지도 않는다. 그런 까닭에
영아의 마음을 천진하다고 하는 것이다.

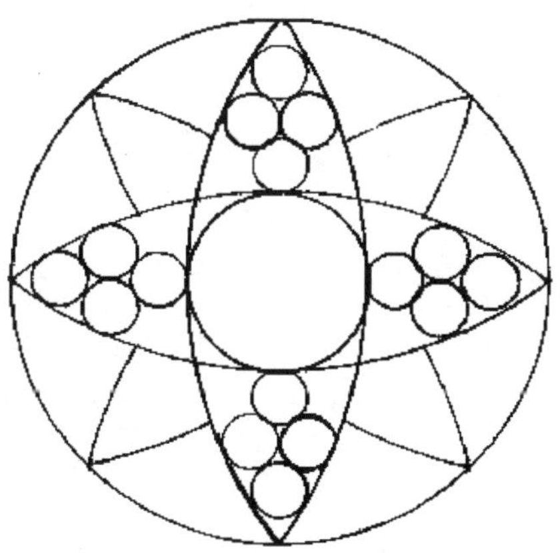

8괘의 구조

이쯤에서 8괘의 구조에 대해 살펴보자. 주지하다시피 8괘는 3중 구조로 되어 있는바, 이로 인해 8개의 양상이 나타난다. 즉, 음양 두 개의 성질을 세 차례 중첩시킴으로써 8개가 나타나는 것이다. 즉, ☷, ☶, ☵, ☴, ☳, ☲, ☱, ☰이다. 2중으로 하면 4개, 즉 ⚌, ⚍, ⚎, ⚏가 나타나고, 이것이 오행이 된다는 것을 앞에서 살펴보았다.

물론 4중으로 하면 16개가 되는데, 이렇게 무작정 층수를 늘려 나가면 의미가 있는지가 문제이다. 이것은 매우 심오한 문제이거니와, 결론부터 말하면 3중 이상은 의미가 없다. 여기서 그 이유를 고찰해 보기로 하자.

쉽게 보면 3중이라는 것의 3은 바로 3차원을 의미한다. 우리가 사는 우주가 바로 3차원 공간이다. 3이라는 숫자는 상당히 신비한 면이 있는데, 3각형만 봐도 그렇다. 2각형은 없고 바로 3각형부터 시작하지 않는가! 가위 · 바위 · 보를 보자. 3개이니 망정이지 4개나 5개라면 뭔가 잘 되지 않을 것이다.

국가의 구성도 입법 · 사법 · 행정으로 되어 있다. 가정도 부부, 즉 둘로서는 미비하고 자식 등 셋으로 행복하다. 사업도 제3자의 중재가 필요하고, 운동 경기도 제3자인 심판이 필요하다. 식사도 하루에 세 번 하고, 재판도 3번 해야 끝난다. 시계 바늘도 3개이다. 변증법의 정반합(正反合), 크지도 작지도 않은 중용(中庸) · 지인용(智仁勇) · 지덕체(智德體) 등 모두 3이다.

우리의 주변을 둘러보라. 3이라는 숫자가 수없이 널려 있다. 그만큼 3이라는 숫자는 신비한데, 그 중에서도 우리가 사는 우주 공간이 3차원, 즉 가로 · 세로 · 높이로 되어 있다. 그림자는 높이라는 것이 없는 2차원이다.

주역의 괘상은 3중으로 해서 8괘를 이루는데, 도형으로 대비시키면 주사위의 8개 꼭지가 해당된다. 주사위의 꼭지 8개를 보라. 서로 가장 멀게 마주 보는 것이 4개 있다.

이것을 정리해 보자.

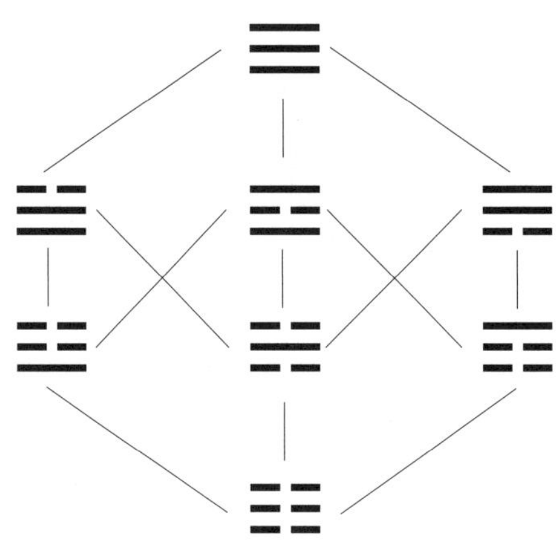

서로 선으로 연결시킨 것은 하나씩 변화한다는 뜻이다. 즉, ☷에서 맨 위가 변하면 ☶이 되고, 아래가 변하면 ☳이 되고, 중간이 변하면 ☵이 된다. 이처럼 8괘라는 것은 하나씩 변해 이웃하거나 정반대의 괘상에 도달하는 것이다.

이것은 사물이 서로 연관이 있으며, 3개의 요소로 이루어져 있다는 뜻이다. 3개, 즉 3중의 구성이 결과적으로는 8개의 성질을 이루는데, 8개의 성질이란 사물의 특징이다. 물론 혼합되어 있는 사물도 있겠지만, 분해하면 결국 8개에 도달한다.

그런데 여기서 반드시 알아야 할 내용은 3중의 요소가 각각 평등한 것이 아니라 다른 의미를 띠고 있다는 것이다. 가정에 있어서도 '아버지·어머니·자식'은 3각형을 이루면서도 각각 다른 의미가 있다. 괘상을 보라.

☶은 3중으로 되어 있는바, 상중하라는 위치가 있다. 각 층이 이렇게 성질이 다르므로 팔괘가 성립한다. 만일 각 층이 평등하다면 ☱, ☲, ☳은 같은 뜻이 된다. 이는 단순히 양극에 음이 하나 섞였다는 것으로, 오행의 금에 해당된다. 물론 3층이 각각 뜻이 있으므로 금의 종류는 3개라고 볼 수 있다.

이것은 나중에 논의할 문제지만, 여기서 8괘는 3중으로 되어 있고 각 층은 고유의 뜻이 있는바, 그 뜻을 상세히 알아야 괘상의 뜻을 통달할 수 있다. 다음을 보자.

☱. 이것은 맨 위에 음이 있다. 이로써 양을 가두어 놓은 것이다. 음이란 본시 하향성이고 양은 상향성으로 본 괘상은 음이 양의 상향을 막아서고 있다. 다음을 보자.

☶. 이것은 음이 아래에 있어서 막아서지 못한다. 위에 있는 양은 위로 잘 도망갈 수 있다.

☲은 어떤가? 이는 일부 양을 가두어 두는 반면, 일부는 놓치고 있다. 다른 괘를 보자.

☳. 이 괘상은 음이 아래 붙어 있어 꼼짝 못하고 있다. ☶은 어떤가? 음, 두 개가 위로 솟구쳐 있다. 비행기·독수리·높은 건물

등을 상징한다. ☵은 유동성이 많다.

☰. 이것은 통째로 상향성이 있다. 생명성·활동성을 뜻한다.

☷은 통째로 하향성이 있다. 하향성이란 소극적·안정적이라는 뜻이 있는바, 여인의 성품이다.

단계를 높여 보자.

☶은 ☵이 정지한 것이다. ☳은 ☵이 움직인 것이다.

☱은 ☲이 정지한 것이고 ☴은 ☲이 움직인 것이다.

이유를 보자. ☵은 중앙이 양이어서 유동체(流動體)를 의미하는데, 이런 사물이 안정을 이루려면 위가 음이어야 한다.

☱은 아래의 양 두 개가 요동해도 위의 음에 의해 갇혀 있을 뿐이다.

☴은 바람이지만, 흐르는 물도 바로 이 괘상으로 표현한다. 군중이 이동할 때도 마찬가지이다. ☲은 중앙이 음이어서 덩어리인바, ☶은 아래로 뭉친 것이고, ☳은 위로 부풀려 있으니 커지고 있는 것이다.

다시 보자. ☲ 음이 양 두 개에 의해 위로 떠오르는 중이고, ☵은 음 두 개에 의해 양이 아래로 내려오는 중이다. 이 상을 대성괘(大成卦)에 응용해 보자.

䷄. 이는 비가 내리면서 하늘의 기운, 즉 뜨거운 기운을 하강시키고 있다.

☰☷. 이는 태양이 떠오르는 형상, 전진을 뜻하기도 한다.

☶은 무덤처럼 흙이 두툼하게 솟아 있다.

☵은 눈덩이처럼 구르면서 커지고 있다.

☴은 물이 흩어지고 있다.

☱. 물이 고여 있다.

☶. 하늘 아래 엎드려 있다. 음 때문에 그런 것이다.

☳. 이것은 음이 위로 움직이고 있는 모습으로, 하늘에서 힘차게 날고 있는 독수리의 기상이며 장군의 모습이다.

☱. 땅 아래에 연못이 안정되어 있다. 연못이란 그 자체로 안정되어 있는 것인데, 낮을수록 더 안정될 것이 아닌가!

☴. 땅 위를 불어 가는 바람으로, 위의 양을 가두어 놓을 힘이 없다. 음이 아래에 있지 않은가!

이상에서 팔괘를 응용하는 일면을 살펴보았다. 64괘는 8괘를 기초로 하는바, 8괘의 성질을 자세히 알면 64괘를 이해할 수 있게 된다.

玉虛眞經 (26)

玄眞大道 獨居而不孤 群居而不繁

현진(玄眞)의 큰 도는 홀로 있어도 고독하지 않으며 함께 있어도 번잡하지 아니하다.

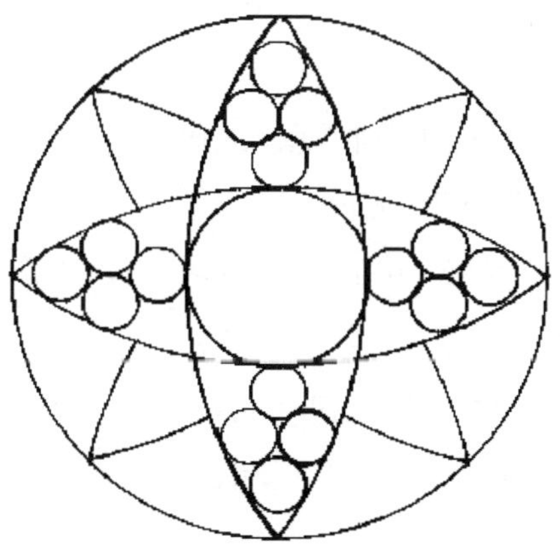

64괘의 구조

앞에서 우리는 8괘가 3중 구조를 갖고, 그것은 3차원 좌표와 대응한다는 것을 살펴보았다. 이제 그것을 64괘로 확장하자.

64괘는 소위 대성괘(大成卦)로서 8괘를 중복하여 사용한 것이다. 따라서 6중의 구조를 갖고 있지만 여기에는 아주 미묘한 점이 있다. 문제는 6중이라는 것인데, 실은 6중이 아니다. 물론 대성괘는 겉보기에 6획으로 되어 있다.

하지만 그것은 상하로 나누어져 있다. 이는 2중이라는 뜻인데, 상하가 단체로써 기능을 한다는 뜻이다.

단체는 8괘를 의미하지만, 아래에 있는 것과 위에 있는 것은 서로 구획이 분명하게 정해져 있다. 이는 운동 경기에 양팀이 있는 것과 같고 선수들은 소속이 있다.

선수라는 것은 괘상으로 말하면 음과 양이겠지만, 그것들은 상팀과 하팀으로 나누어져 있다는 것이다.

팀 즉 단체, 이것은 아주 중요하다. 대성괘도 막연히 6층 구조로 되어 있는 것이 아니라, 3층씩 두 개로 되어 있다. 이는 바로 2중 구조로써 1×6도 아니고 2×3도 아니고 바로 3×2인 것이다. 3×2 라는 것은 3개가 한 덩어리를 이루고 그것이 중첩되었다는 뜻이다.

2×3이라는 것은 두 대가 한 덩어리를 이루고 그것이 3중이라는 뜻이지만, 주역의 괘상은 그렇게 되어 있지 않다. 대성괘의 구성은 어디까지나 2중일 뿐이다. 2중이라는 것은 괘와 괘의 작용을 의미하는 것으로 단체 작용이다.

한 괘가 3중 구조로 되어 있는 것은 3개여야만 한 단위를 이룰 수 있는 것이고, 이것이 다시 둘로 중첩되는 것은 상호 작용을 뜻한다. 괘상을 보자.

☵. 이것은 물과 하늘의 상호 관계를 나타낸다. 아래의 ☵은 구성이 --과 —, 그리고 --으로 이루어져 있는바, 그들은 모두 한 편인 것이다. 위의 세 개, 즉 —과 —, 그리고 또 —도 모두 한 편이다. 세 개씩 묶인 것은 단어에 해당되고, 이러한 단어가 둘씩 만나 문장을 이룬다.

주역의 64괘는 한마디로 8괘라는 단어 두 개가 모여 이루어 낸 문장이다. 대성괘가 2중으로 되어 있는 것이 바로 그런 뜻이다. 2 중이 아니면 사물의 상태를 설명할 수 없기 때문이다.

☵은 물인바, 이 자체로는 사물의 원소만 표현했을 뿐 그것이 어떻게 되느냐는 나타내고 있지 않다. 하지만 ☵, 이렇게 둘로 해

놓으면 '물이 그릇 속에 있다'는 뜻을 나타내는 것이다.

☲. 이것은 물이 그릇 밖으로 나온 것이다. 물이 바람을 쏘이고 있으니 그릇 밖에 있는 것이 아니고 무엇이랴!

이제 64괘라는 것은 단어 8개가 이루어 낸 문장이라는 것을 알았다. 주역에 능통하다는 것은 8괘가 상하로 배치됨에 따라 의미가 다양하게 변화한다는 것을 잘 이해했다는 뜻이다. 이는 주역의 문법(文法)이라 할 수 있는데, 아주 단순할 뿐이다. 즉, 상과 하의 관계일 뿐이다.

정리해 보면, 단어란 반드시 3획이어야 하고, 문법은 그들을 상하로 배치해야 한다는 것이다. 무릇 주역을 공부하는 사람은 단어의 뜻, 즉 8괘를 열심히 규명해야 할 것이며, 그러고는 문법, 즉 2중으로 되어 있는 64괘를 이해해야 한다. 주역은 이뿐이다. 상하의 뜻과 팔괘의 뜻!

이렇듯 주역은 단순하다. 그것들은 이미 우리의 안전(眼前)에 와 있다. 주역은 어려운 것이 아니다.

괘상을 보자.

☲. 이것은 서합(噬嗑)이라는 괘로, 이빨 위에 음식이 놓여 있는 모습이다. 음식이란 ☳을 말하는데, 음식 덩어리는 장차 부서질 운명에 놓여 있는 것이다.

☳은 눈덩이처럼 불어나고 있는 모습이다.

두 괘상은 ☳와 ☶로 구성되어 있는데, 상하가 바뀜으로써 뜻이 달라지고 있다. ☲은 ☷의 위에 있은즉 부서지고, ☷의 아래에 있은즉 뭉쳐지는 것이다. 다시 괘상을 보자.

☲ 은 전진과 밝음을 보여 주고 있다. ☲이 ☷의 위에 있기 때문이다. 괘상 ䷗은 ☲이 아래에 있어서 어두움을 표현하고 있다. 또 보자.

☶은 높은 산을 의미한다. 산이 하늘을 뚫고 올라갔으니 높을 수밖에!

☶은 낮은 산이다. 산이 하늘 아래 있을 뿐이다.

☱은 낮은 연못이다. 땅 위에 있는 연못이기 때문이다.

☱ 은 깊은 연못이다. 낮게 있기 때문이다.

☵ 은 태중(胎中)에 있는 아이를 나타내고 있다.

☳ 은 출산한 모습이다.

☵ 은 모이고 있는 물이다.

☲ 은 흩어지고 있는 물이다.

☷ 풍만한 젖가슴이다.

잘 생각해 보자.

☶은 빈약한 젖가슴, 살이 빠져 나가고 있으니 빈약할 수밖에! 살이란 ☱을 뜻한다.

☴은 하늘로 올라가는 새. 당당해 보인다.

☳은 낙하하는 모습이다.

☱. 구름이 모여 있다.

☵. 비가 내리고 있다. 구름이 비가 된 것이다.

☲. 여자가 남자를 지배하고 있다. 얼마나 오래 갈 것인가!

☴. 남편이 하자는 대로 잘 따르고 있다. ☰이 남편이고 ☷은 여자라는 것을 자세히 설명할 필요가 없을 것이다.

☶. 숨어 있다.

☳. 갑자기 나타난 것이다.

이런 식으로 괘상 64개를 모두 해석해 보자. 척척 맞아떨어질 것이다. 이 모든 것 속에는 단순한 논리가 숨어 있다. 그 내용은 괘가 상하에 배치됨에 따라 일정한 뜻을 갖게 된다는 것이다.

다시 보자. 이번에는 다른 식으로 비교해 보자. 물론 상하의 의미가 독특하게 전개될 것이다.

☲☲. 이 괘상은 앞에서 살펴보았듯이 전진과 밝음을 표현하고 있다. ☲은 중앙에 음을 함유하고 상승하는 모습이다. ☲의 위는 양인바, 이것은 음을 이끌어 주고, ☲의 아래는 양인바, 이것은 음을 밀어 주고 있다.

☲의 중앙에 있는 음은 아래에 있는 음에서 출발한 것이지만, 양이 밀고 당기면서 전진하는 것이다. 다음의 괘상을 보자.

☵☵. 이 괘상은 ☲☲와 입장이 비슷하다. 단지 상하가 바뀌었을 뿐인데, ☵은 음이 위에 있어서 그 아래에 있는 양을 누르고, ☵의 아래에 있는 음은 그 위에 있는 양을 당겨 내리고 있다.

계속하자.

☶☵. 이 괘상은 물이 아래로 빠져나가 물체가 모습을 드러내는 것이다.

☲☶. 이 괘상은 불이 위로 사라지고 있다.

☰. 이 괘상은 누적된 것이 소멸되고 있다.

☰. 이 괘상은 물이 흩어지고 있다.

☰. 땅이 일어나 하늘로 향하고 있다.

☰. 하늘의 기운이 땅으로 향하고 있는 것이다.

☰. 연못이 물을 받들어 주고 있다.

☰. 두꺼운 이불로 불을 보호하고 있다. 온돌방 위에 덮어 놓은 이불.

☰. 하늘 위에 바람이 불어 비구름을 모으고 있다. 머지않아 땅으로 내려올 것이다.

☰. 땅 속에 화산의 기운이 모이고 있다. 장차 어떻게 되겠는가!

☰. 땅에 바람이 파고들려는 상태이다. 그러나 땅은 문을 열어주지 않는다.

☰. 산이 하늘을 쫓아가려 하지만 하늘은 너무나 높게 있다. 닭 쫓던 개 지붕 쳐다보기.

䷌. 물이 대지를 적신다. 물의 고향은 바로 땅이다.

䷍. 태양이 하늘을 향해 간다. 태양은 높이 떠야 힘을 발휘하는 법.

䷍. 한 여자가 고집을 피우면서 여러 남자를 괴롭히고 있다.

䷆. 지도자가 군중을 잘 지휘하고 있다.

䷙. 불이 땅 속에 잠겨 힘을 발휘하지 못하고 있다.

䷀. 하늘이 잔뜩 흐려 있다.

䷲. 밀림 속에서 길을 잃은 모양.

䷘. 속이 거북한 상태, 토할 것이다.

䷀. 권력자, 세상을 호령하고 있다.

䷁. 권력자의 부인. 집안에서는 왕이다.

䷠. 안개 속에 싸인 산. 묶여 있는 모습이다.

☷. 나무가 흙에 붙어 있다.

이런 식으로 64괘 모두에 적용할 수 있다. 각 괘상을 서로 비교
하면서 점점 괘상의 뜻을 깊게 알아 갈 수 있다. 무엇보다 상하의
뜻에 특히 유의해야 한다.

玉虛眞經 (27)

玄眞如神窟 故無所不通也 玄眞大道 圓無頭尾 由此
爲一通萬物 近通遠 內通外 低通高 吾謂此大合

현진은 깊숙한 동굴과도 같다. 한없이 이어져 통하지 않
는 곳이 없으니. 오오! 현진의 큰 도는 둥글어 머리와 꼬
리가 없구나. 그런 까닭에 하나이건만 만물에 다 통하고,
가까이 있건만 멀리 통하고, 안에 있건만 밖에 있는 것과
통하고, 아래 있건만 위와 통한다. 나는 이것을 대합(大合)
이라고 말한다.

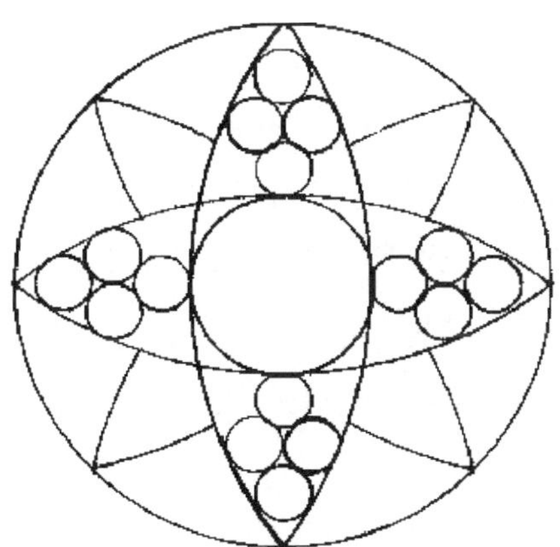

현자의 지혜

이제 괘상에 대해 어느 정도 감을 잡았을 것이다. 물론 괘상의 뜻이 확실해진 것은 아니다. 괘상이란 원래 그런 것이다. 인간이 평소 철저하지 못했기 때문에 괘상을 이해하기가 쉽지 않다. 앞으로 괘상에 대해 숙달이 되면 세상의 모든 사물에 대해 능통할 수 있다. 이 장에서는 응용의 면을 살펴보자.

아직 괘상에 대해 능통하지 못하기 때문에 깊게 응용하지도 못한다. 하지만 사물을 이해하는 데 주역의 괘상을 조금만 사용할 줄 알아도 당장에 심오한 면을 갖출 수 있다. 현자의 지혜란 바로 괘상을 응용한 것이다. 삼국지의 제갈공명만 하더라도 현자의 지혜를 구사했다. 한 가지 예를 보자.

공명은 조조와 다투면서 오나라를 끌어들였다. 오나라는 지(地)의 성질을 가진바, 조조의 천(天)에 대항하기 위해서였다. 현덕은

인(人)으로써, 천에게는 지는 성질이 있었다. 인은 원래 지에 이기고 지는 천에 이기는바, 공명은 지인 오나라를 움직여 천인 조조를 물리쳤던 것이다.

또 공명은 자신의 제자이며 부하인 마속을 처단했는데, 그는 진지를 잘못 구축한 바람에 패하고, 나중엔 군법에 회부됐다. 공명은 마속에게 병법의 기본도 모르느냐고 꾸짖었다. 마속은 그저 산 위에 진을 친 것뿐이었으나 이는 크게 잘못된 것이다. 왜냐 하면 마속이 진지를 구축한 산은 무척 작았는데, 이 작은 산은 ☶로 표시되는바, 이것은 ☷을 만나면 포위되기 때문이다.

무릇 진지란 ☷이 되어야 한다. ☷은 아주 큰 산을 뜻하거나 혹은 도주로가 있는 산을 뜻한다. ☶은 전진만 할 수 있고 후퇴가 불가능한 지역을 말한다.

축구를 보자. 축구 경기에서 미드필드 지역은 ☷인바, 이 지역은 제일 먼저 장악해야 한다. 병법에서는 구지(衢地)라고 하거니와, 사통 팔달(四通八達)의 지역이다. 전쟁의 승패를 가르는 곳도 구지이다. 넓은 평야・도로・항구 등이 이런 곳에 해당된다. 계엄군이 도시에 진입해서도 가장 먼저 장악해야 할 곳으로 방송국・학교・간선 도로 등이 바로 그것이다.

또 병법에서 적이 게릴라전, 즉 ☶의 방식으로 나오면 그를 포위해야 하는 것이고, 정규전, 즉 ☷의 방식으로 나오면 그의 중앙을 친다. 괘상으로 표현하면 ䷗은 포위 전술이고, ䷏은 중앙 돌파 전술이다.

적이 포위 전술로 나오면 온 힘을 한 곳에 집중해야 하는데, 이는 ䷁에 해당되고, 적이 강공으로 나오면 숨어야 하는바, 이는 ䷗에 해당된다. 요컨대 일어나는 상황을 주역의 괘상으로 이해해야 한다.

6.25 때 낙동강 전투시 상황은 ䷎이었다. 압록강 전투는 전진을 너무 서두른 상황으로 ☶이었다. ☶의 경우, 대책은 전진을 늦추고 진지를 강화하는 것이다. 이는 ䷏이거니와 전진에 앞서 후속 부대의 진지화가 필요했었다.

등산의 경우, 베이스 캠프에 해당되는 것이다. 모든 전투에서도 마찬가지지만 ☶은 위험한 상황이다. 전진이 빨라서 후속 부대와 연결이 안 되고, 적이 대규모 반격으로 나오면 속수무책이 된다. 축구 경기에서도 아군이 모두 적지에 나가 있으면 역습당할 우려가 있다.

6.25 당시 우리 국군은 적을 섬멸시킬 욕심으로 진격을 서둘렀다. 국군은 인천 상륙 작전으로 한 번 이겼으나 진격을 서두르다 보니 중공군의 반격을 적절히 방어하지 못했던 것이다.

제2차 세계대전 당시 연합군은 독일 본토를 급습하기 위해 공수 작전을 전개한 바 있으나 크게 실패했다. 이는 후속 부대의 도착이 늦어졌기 때문인데, 원래 원거리 공수 작전은 ☷의 성질을 띠어야 한다.

☷의 성질이란 제공권과 도주로 등을 말함인데, 연합군은 지역 진지화 작업을 강행했다. 지역 진지화란 교두보(橋頭堡) 작전이지만 후속 작전 없이 실시된 것이었다. 이는 괘상으로 ䷏인바, 연합군은 화를 자초했다.

전쟁 얘기는 이만하고 사랑 얘기를 해 보자. 연애에 있어 성급하면 실패하게 마련인데, 겉으로는 잘해 주고 속으로는 마음을 단단히 지키는 게 비결이다. 상대방이 충분히 자신에게 기울어졌다고 생각되었을 때 행동하는 것이 연애의 비결이다. 섣불리 나섰다가는 상처만 입기 십상이다.

괘상으로 ䷂ 은 점진적이라는 뜻이 있거니와, 이는 겉으로는 충분히 행동하되 속으로는 냉정함을 유지하는 것이다. 연애는 전쟁만큼이나 무서운 것인바, 적(애인)을 잘 속여야 한다.

의외의 행동을 해야 한다. 이는 ䷂ 라는 괘상이다. 의외의 행동을 해 상대방으로 하여금 예측할 수 없게 해야 한다. 또한 상대방의 마음을 기대하지 말고 나만 열심히 해야 하는 것인데, 이는 ䷦ 에 해당된다. 이 괘상은 장차 ䷂ 이 되어 사랑에 성공하게 된다. 만일 서두르면 ䷃ 이 되는바, 이는 장차 ䷂ 이 되어 아주 외면당하게 된다.

또 연애에 있어 상대방이 도망이라도 칠 것 같으면 전진을 하지 말아야 한다. ䷦ 이려니와, 도망가는 사람은 절대로 쫓지 말아야 하는 것이다. 연못이 하늘을 쫓아갈 수 있으랴! 기다려야 한다. ䷄ 은 기다려서 성취한다는 뜻이 있다.

또한 연애에 있어 상대방에게 지나치게 잘 대해 주면 반발이 있게 된다. 이는 ䷂ 이거니와, 그릇에 물을 담을 때 지나치게 급히 집어넣으려고 하면 반발해서 흘러나오게 마련이다. 수도꼭지를 강하게 틀고 컵으로 받아 보라. 물이 잘 담기겠는가!

친구와 사귐에 있어서도 아량을 베풀어야 하는바, 이는 ䷇ 에 해당된다. 서로 싸우는 모습은 ☵인데, 이는 내 스스로가 마음을 굳게 닫고 고집을 부리기 때문에 상대방도 떠나가게 된다.

다시 사랑에 있어, 상대방의 마음이 조금 움직일 때는 무르익도록 충분히 기다려야 한다. 괘상 ☳가 이에 해당한다. 이 괘상은 양의 기운이 최초로 생기기 시작한 때로서 더욱 성장할 때를 기다려야 한다.

전쟁이라든가 사랑, 또는 사업에 있어서 모든 원칙은 중용이다. 괘상으로는 ☶ 또는 ☵이다. 중용이 아닌 ☳와 ☴은 미움을 받거나 고독해지는 모습이다.

이제 괘상을 신체에 적용해 보자. 먼저 심장은 괘상으로 ☰인데, 심장이 건강하기 위해서는 안정이 요구된다는 것을 보여 주고 있다. ☰이란 극양의 성질로서 이는 음에 의해 보호되면 강해진다.

소장은 ☶인바, 섬유질을 원한다. 또한 소장은 흥분이 자제되고 행복한 기분을 가져야 건강해진다.

폐는 ☱으로서 공기를 크게 머금어야 한다. 숨 참기 등으로 폐활량을 늘이면 건강해진다.

대장은 ☳으로서 숙변을 제거해야 한다. ☳은 진동을 뜻하는 것으로서 숙변이 제거되는 등 찌꺼기가 없고 활동이 원만해야 한다. 대장의 활동은 큼직한 리듬이 있어야 하는바, 리듬이 아주 적거나 없으면 ☷이 된다. 또한 ☷은 초조하다는 뜻인데, 대장은 초조가 금물이다. 대장이 ☷의 상태가 되면 아주 나쁜 상태이다. 이는 변비증 등 대장의 활성이 적은 것이고, ☵은 설사를 의미한다.

간은 ☴의 성질인바, 풀어 준다는 뜻이 있다. 긴장은 금물이다.

소식(小食)과 정기적인 휴식이 필요하다. 느긋한 마음은 간을 강화시킨다.

담은 ☶인데, 마음의 평정을 요구한다. 산처럼 안정된 마음은 담력을 기른다. 평소 행동이 느린 것도 담력에 도움을 준다. 모름지기 산의 덕을 배워야 한다.

이제 성격을 보자.

☰은 창조력과 불굴의 의지를 상징한다. 절대로 체념하지 않는 마음인 것이다.

☷은 질서, 그리고 긍정적인 마음을 상징한다. 긍정적인 마음은 인격과 지혜를 향상시킨다. ☷은 또한 유순함을 뜻하거니와, 여자가 유순하면 신비한 매력이 있다.

☳은 정확함이다. 그리고 아름다움이다. 남자도 매력이 있어야 한다. 정밀한 것이 ☳이고, 졸지 않는 사람이 ☳이고, 실수가 적은 사람이 ☳이다.

☵은 냉정하고 깨끗한 사람이다. 정서가 풍부한 사람도 이에 속한다.

☶은 침착함인데, 물그릇을 옮길 때의 마음가짐, 이것이 침착함이다. 또한 ☶은 다정함이고 포용력이다.

☷은 인내심, 묵직함이다. 근면함도 여기에 속한다.

☶은 깊은 지혜와 사리가 정연한 사람이다. 학자류에 해당된다.

☵은 포용력이나 외교력이 있는 사람. 지도자의 품격이다. 원한을 잊고 용서해 주는 마음이다.

이제 괘상을 운명에 적용해 보자.

☰은 주로 정신적인 일을 하는 사람. 승려나 성직자·교수·학자·정치인 등이다.

☷은 물질적인 사람으로·농사·부동산·군인 등 편안한 사람이다.

☲은 연예인·작가·공직자 등 돈보다는 명성·명예가 있는 사람이다.

☷은 실속 있는 사람이다. 물질이 풍부한 사람, 알부자 등이다.

☵은 직장인 또는 소시민적으로 평온하게 살 사람. 평범한 여인이 바라는 남편상이다.

☷은 안정된 사람. 타고난 재산이 있거나 생활에 충실한 사람이다. 근면하게 일해 평생 궁색함이 없다. 직업 전환이 거의 없다.

☵은 전문가·과학자 등으로, 외곬 운명이다. 고학력의 소지자. 특수 기술자.

☲은 변화가 많고 잔재주가 많은 사람이다. 장사꾼·기자 등 낙천적인 사람으로, 운명도 기회가 아주 많다.

이상에서 괘상의 적용 내지 운용을 살펴보았다. 모두 생활에 관한 것이려니와, 우주의 구조, 자연의 섭리 등 학문에의 적용은 더욱 내용이 심오하다.

玉虛眞經 (28)

上者之心在下則下長也 此謂低高相通
通則爲圓 圓則二爲一 一則玄眞之大道

상자(上者)의 마음이 아래에 있은즉 아래는 자란다. 이러한 것을 위가 아래에 통했다 하고, 통한즉 둥글다고 한다. 둥글게 되면 둘이 하나가 된다. 하나, 이것이 현진의 큰 도인 것이다.

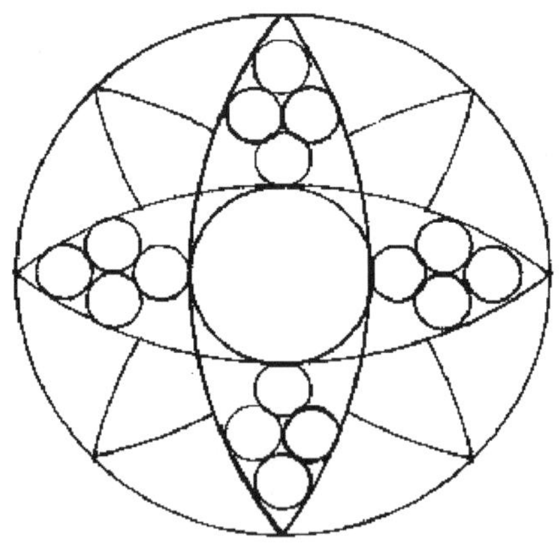

주역이란 무엇인가?

왜 주역을 공부하는가! 사람에 따라 다양한 이유가 있을 것이다. 옛 사람들은 지식층이라면 누구나 자동적으로 공부했다. 소위 사서 삼경(四書三經)은 유식한 사람이 누구나 공부했던 책이다.

주역은 특히 그 중에서도 가장 차원이 높은 책으로, 이조 때에는 주역을 읽지 않으면 정승 판서가 될 수 없었다. 물론 벼슬을 꿈꾸지 않는 사람도 최고의 학자가 되려면 주역을 멀리 할 수 없었다. 공자는 뒤늦게 주역 공부를 시작했는데, 나중에는 주역이 좋아 평생 머리맡에 두고 공부했다고 한다.

필자의 경우, 주역은 19세 정도에 접했는데, 동기는 공자가 주역을 공부했기 때문이었다. 공자는 성인으로서 주역의 심오한 경지에 이르렀거니와, 너무나 주역을 좋아한 나머지 자신의 수명이 짧은 것을 한탄했을 정도였다.

공자는 이렇게 말한 바 있다.

'하늘이 내게 몇 년의 수명을 더 빌려주어 주역을 다 마칠 수 있다면 큰 허물을 면할 텐데…….'

여기서 큰 허물이란 완벽을 추구하는 성인으로서 하늘에 대한 겸손이겠지만, 주역의 공부는 높고도 높은 것 같다. 공자만한 성인이 평생을 다해 공부했어도 다 마치지 못했다면 과연 주역의 세계는 얼마나 넓은 것일까!

필자는 어려서부터 끝없는 지혜를 얻고자 수많은 노력을 기울였다. 그러다 끝내는 주역의 문에 들어서고 말았다. 특히 주역에 대한 공자의 열망은 어린 날의 필자를 감동시켰다. 나중에 알게 된 일이었지만, 주역은 전인류적으로 공부의 대상이었다. 아인슈타인만 하더라도 죽기 직전까지 주역에 매달렸으며, 닐스 보어도 그랬다.

그런데 그들은 주역을 왜 공부했던가? 필자는 최고의 지혜, 또는 절대적인 지혜를 추구하기 위해 주역을 공부했다고 말할 수 있다. 그렇다면 다른 사람들은 주역을 왜 공부하는가?

몇몇 사람들의 예를 들어 보자. 사람들은 주역에 대해 스스럼없이 얘기하고 있다. 주역이 최고라든가, 주역을 알면 귀신을 부른다든가, 주역에 우주의 모든 이치가 들어 있다거나 등등…….

그러나 정작 주역에 관심을 두는 사람들은 어떤 사람들인가? 이점이 중요하다. 그렇지 않은 사람도 있겠지만, 대개는 운명에 관한 것 때문이다. 운명을 알기 위해 주역을 알려고 한다는 것이다. 그래서 그들은 주역을 알면 사주 팔자, 즉 운명 감정에 능통할 것이라고 생각한다. 또는 주역을 막연히 점치는 책이라고 생각하고 있다.

그러나 그렇게 생각해서는 주역에 대해 전혀 감도 잡을 수 없게 된다. 주역은 그러한 학문이 결코 아니다. 물론 주역을 알면 점도 칠 수 있고, 사주 풀이도 할 수 있게 된다. 하지만 그것은 주역의 본질이 아니다.

만일 어떤 사람이 운명을 알기를 갈망한다면, 나는 그에게 주역을 공부할 필요가 없다고 말하고 싶다. 그런 사람은 차라리 간지술(干支術)로 대변되는 사주 추명학을 공부하라고 권하고 싶다. 운명을 공부하려는 사람에게 주역은 공연히 시간 낭비가 되기 때문이다.

그렇다면 주역은 도대체 무엇이란 말인가! 이러한 질문에 대해서는 쉽게 대답할 수가 없다. 이는 주역을 한마디로 말할 수 없기 때문이 아니다. 단지 범상한 사람은 주역의 중요성을 얘기해 주어도 그것이 왜 중요한지를 모르기 때문이다.

주역은 현실적으로 보면 다소 애매한 점이 없지 않다. 그것은 인생이 무엇이냐와 관련이 있기 때문이다.

이렇게 질문해 보자.

문 : 학교를 왜 다니는가?
답 : 공부를 하기 위해서이다.

맞는 말이다. 초등학교에서는 글을 배우고 중·고등학교에서는 교양을 넓힌다. 대학에서는 전문 공부를 하는 것이다.

다시 묻자.

'대학은 왜 다니는가?'

이에 대한 대답으로는 성공하기 위해서라는 대답이 적절할 것이다. 즉, 남보다 많이 알아서 취직을 하거나 사업에 성공하기 위해서이다. 인생에 승리하기 위해서이다.

그런데 문제는 인생의 승리가 무엇이냐이다. 이에 대해 누구나 생각하는 당연한 대답은 '인생의 승리란 바로 사회의 승리'라는 것이다.

그러나 과연 그러할까? 어떤 사람은 공학자가 되고, 어떤 사람은 법률가가 된다. 이들은 그로써 인생을 잘 산 것이 될까?

결코 그렇지 않다. 소크라테스한테 물어보거나 공자한테 물어본다면, 사회의 성공은 결코 인생의 성공이라고 말하지 않는다. 소위 도인에게 물어보아도 그렇다. 그들은 무인도나 깊은 산중에 숨어 살아도 그 중에 인생의 승리가 있다고 한다.

당연한 일이다. 그들은 인생의 가치를 단순한 사회적 가치로 보지 않기 때문에 색다른 면이 있다. 그것을 도나 철학이라 하겠지만, 상당히 가치가 있는 것이다. 아니, 그것은 절대적 가치가 있다고 해야 할 것이다.

다시 묻자.

'왜 주역을 공부하는가?'

'주역은 인생의 절대 가치를 얻기 위해서 공부하는 것이다.'

그럼 그것은 구체적으로 무엇인가?

간단히 말할 수는 없다. 그저 최고 지혜라고 할까?

좀더 얘기해 보자. 지혜란 대체 무엇에 쓰는 것일까? 만일 지혜란 인생살이의 수단일 뿐이라고 말한다면, 이는 다시 사회적 승리만을 위한 것이 될 것이다. 물론 지혜란 사회적 승리의 수단이 될 수 있지만, 그보다 더한 승리의 수단인 것이다.

절대 가치, 지혜란 절대 가치로 나아가는 절대 수단인 것이다. 무릇 주역이란 그런 일에 쓰이는 것이다. 주역은 학문이며 도이다. 그것은 절대의 세계를 뚫는 최선의 길이다.

좀더 얘기해 보자.

그리스의 철학자 중에 피타고라스가 있었다. 이는 수학자로도 알려져 있는데, '피타고라스 정리'라는 유명한 공식을 남기기도 한 장본인이다. 어느 날 피타고라스의 제자가 물었다.

"선생님, 기하학은 공부해서 무엇에 쓰지요?"

그러자 피타고라스는 그의 면전에 동전 한 닢을 집어던지며 이렇게 대답했다.

"자네 같은 자에게 필요한 것은 바로 이것일세."

오늘날 흔히 사용하는 말이 있다.

"그게 밥 먹여 주나?"

주역은 밥을 먹여 주는 게 아니다. 오히려 주역 공부에 몰두하다 보면 시간을 빼앗겨 현실에 소홀해질 우려마저 있다. 그러나 주역은 그만한 가치가 있다. 설사 주역이 너무 좋은 나머지 다른 일에 흥미를 못 느낀다 해도 주역은 충분한 보상을 해 주기 때문이다.

주역이 주는 보상은 사회적 성공이 아니다. 그것은 우주적 보상으로서 생과 사를 초월해 있다. 주역을 공부하는 이가 만일 도인이라면 주역을 통해 우주의 비밀을 파헤칠 수 있을 것이다. 또한 그가 성직자라면 도덕의 원리를 주역에서 발견할 수 있을 것이다.

주역으로부터 얻는 이익은 유독 도인이나 성직자 같은 사람뿐만이 아니다. 과학자라면 과학의 원리를 얻고, 병법가라면 주역에서 작전의 원리를 얻을 것이다. 또한 정치가라면 주역에서 다스림의 원리를 얻을 수 있을 것이다. 주역의 세계는 실로 광대하고 깊어서 우주의 모든 것을 망라할 수 있다.

그럼 주역이 무엇에 쓰이냐고?

결코 밥 먹여 주는 데 쓰이는 게 아니다. 밥이 중요하다면 영어 학원을 다니는 게 낫다. 사주 풀이가 소원이라면 간지술을 공부하면 그만이다. 그러나 모든 것의 지혜를 얻고자 한다면 주역을 공부하라고 권하고 싶다. 다만 주역이 그리 쉬운 것이 아니기 때문에 당장 커다란 지혜를 얻는 것은 아니다.

주역의 길은 멀고 험난하다. 그러나 그 길목에는 희열이 있고, 세월이 갈수록 보람이 있다. 맑은 정신, 더할 수 없는 최선의 지혜, 이런 것들은 주역에서 나오거니와, 인생 그 자체를 의미 있게 해 주는 것이다.

오늘날 많은 사람들이 주역을 공부하고 있다. 옛날에는 제갈공명이나 손자·공자·노자·장자 등 인류의 성현들이 주역을 통해 그들의 빛나는 인생을 풍미했다.

현대에 와서 아인슈타인이나 닐스 보어 같은 사람은 주역을 통해 그들의 심오한 학문을 완성했다. 필자는 어린 날 최고의 지혜를 얻기 위해 과학을 공부했으며, 병법도 공부했다. 그러나 종래 주역을 공부함으로써 만족을 얻을 수 있었다. 주역을 제외하고서는 이 우주에 최고의 지혜를 얻을 길은 절대 없다.

그렇다면 우리는 주역에서 무엇을 유의해야 하는가?

이러한 질문은 주역을 공부하는 방법에 해당되겠지만, 그에 대한 답은 아주 단순하다. 그저 주역 자체를 좋아하라고……. 만일 어떤 사람이 주역 자체가 좋지 않고 그 응용만을 달콤하게 생각한다면 그 사람은 결코 주역을 완성할 수 없다.

주역은 어떻게 공부해야 하는가?

이 문제는 주역이 무엇인가와 밀접한 관계가 있다. 오늘날 문명의 학문인 수학을 생각해 보자. 수학은 무엇에 쓰이는가? 어떤 사람들은 학교 교육에서 아예 수학을 없애자는 주장도 서슴지 않고 있다. 그 이유는 사회에 나와서 수학이 써먹을 데가 없기 때문이라고 주장한다.

그러나 과연 그러할까?

오늘날 인류의 찬란한 문명은 수학이 아니었으면 결코 이루어질 수 없었다. 건물도 지을 수 없으며, TV나 컴퓨터·휴대폰·자동차 등도 결코 만들어질 수 없는 것이다.

수학은 문명 그 자체이다. 인간의 보편적 지혜도 알고 보면 수학에서 나온다. 만일 인간이 수학을 공부하지 않았다면 그는 쓸모없는 존재가 되어 오늘날 사회에 적응할 수 없을 것이다.

수학자들은 이렇게 말한다. 수학은 자유스러운 것이라고……. 이 말의 뜻은, 수학은 그 자체로서 아름답고 합리적이며, 창조적이라는 것이다. 응용은 수학자가 관여할 바가 아니다. 수학자는 수학 그 자체가 지닌 진리를 추구하면 그만이다. 신(神)은 수학자라는 말이 있는데, 수학의 진리는 곧바로 우주의 진리와 합치한다.

주역도 마찬가지이다. 주역을 수학의 한 분과라고 해도 좋고, 그 이상이라고 해도 좋다. 단지 주역의 진리는 우주 자연과 인간 사회에 그대로 적용되는 진리인 것이다. 조물주는 바로 주역학자라고 할 수 있다.

우주는 그 깊은 내면에서 광활한 외부 세계까지 철저히 주역의 원리에 입각해서 만들어졌다.

이 세상에 주역을 통해 모를 것은 하나도 없다. 심지어는 여자의 마음까지도……

지금까지 우리는 주역의 여러 면을 살펴보고 괘상을 해득하기 위해 다양한 시도를 해 봤다. 다소 번거로울 수도 있었을 것이다. 그러나 그렇게 함으로써 우리는 어느 새 괘상에 대해 조금은 알게 되었다. 물론 체계적인 학습이었다고는 말할 수 없다. 그러나 염려할 필요는 없다. 어린아이가 말을 배울 때 체계를 사용하는가? 주역도 처음에는 마구잡이식으로 공부해야 한다. 그러다가 나중에는 깊은 체계에 도달하게 된다.

물론 그 동안 우리가 공부한 방식이 막연한 방식은 아니었다. 어느 면에서는 단번에 주역의 모든 것을 열거했고, 상당한 체계도 있었다. 다만 모든 것이 일목 요연하게 파악되지 않은 것이 아쉽다.

그러나 그것은 우리의 능력의 문제였다. 처음 주역을 접한 사람

도 이제껏 공부한 방식에 잘 적응했다면 앞으로는 점점 더 깊어지
고 능숙해질 것이다. 자, 앞으로 나아가자.

玉虛眞經 (29)

前者爲德 其故向後 由此 觀己後者 可謂實成圓德

앞에 있는 자의 덕은 뒤로 향하는 데 있다. 그런 까닭에 자기 자신의 뒤를 볼 수 있다면 실로 둥근 덕을 성취했다고 할 수 있다.

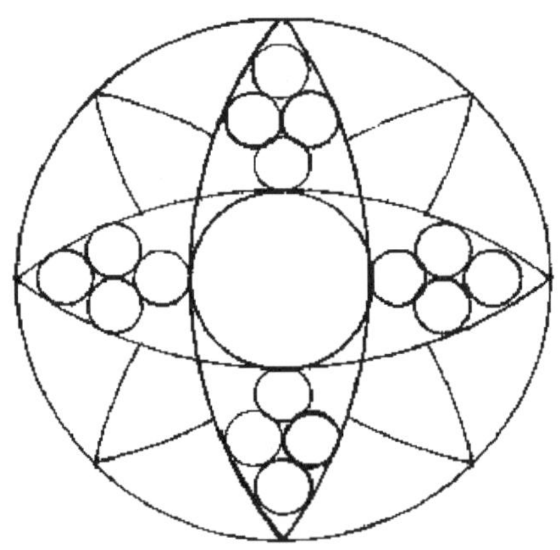

주역의 신비

주역이 만들어진 시기는 분명 수천 년을 헤아리고 있다. 그리고 그것은 성인의 손을 거쳐 가다듬어졌다. 그런데 여기서 하나 궁금한 것이 있다. 성인의 지혜란 과연 얼마만한 것일까?

이런 생각이 불경(不敬)스런 짓일 수도 있겠으나, 오늘날 문명 세계에 사는 사람으로서 필자는 그것을 의심해 왔다. 의심이라고 해서 성인의 지혜에 대해 부정적인 일면을 갖고 있다는 것은 절대 아니다. 감히 그럴 수 있겠는가! 성인의 지혜는 필경 온 우주를 다 덮고도 남으리라.

다만 성인은 말을 너무나 많이 아꼈다는 생각이 든다. 물론 윤리·도덕·인격에 관한 것은 충분하다고 할 수 있겠으나 일반적인 자연 환경에 대해서는 말한 바가 거의 없다. 일례로 공자는 지구가 둥글다는 말을 한 적이 없는데, 이 사실은 얼마나 중대한 것인가!

옛날 사람은 동서를 막론하고 지구를 평평하다고 생각했었다. 실로 몇 백 년 전만 하더라도 지구는 평평해서 나중에는 끝없는 절벽으로 떨어진다고 생각했다. 이것은 터무니없는 생각이려니와, 당시 인류의 지적 수준을 말해 주는 것으로 볼 수 있다.

아쉬운 것은 성인이 왜 지구가 둥글다는 것을 가르쳐 주지 않았는가이다. 도인들도 마찬가지였다. 심지어 교황청에서는 지구가 태양을 돌고 있다는 사실에 대해 죄를 뒤집어씌우기까지 했다. 어쨌건 지구가 둥글다는 사실은 인류의 지성 내지 인생의 의미를 생각하는 데 아주 중대한 내용임에 틀림없다.

그런데도 이를 얘기한 성인이 없었던 것이다. 그 이유는 여전히 알 길이 없다. 어쩌면 당시 인류가 좁은 영역에서 살기 때문에 골치 아픈 사실을 얘기할 필요가 없었을지도 모른다. 지구가 둥글다는 얘기를 한다면 우주에 대해서도 얘기해야 할 것이다.

얼마나 복잡한 일인가! 어떤 사람들은 아예 성인이나 도인들이 지구가 둥글다는 것을 몰랐을 것이라고까지 말한다. 이는 분명 불경스런 생각이려니와, 성인은 필경 언급을 생략하였으리라!

어쨌건 필자는 성인의 절대 지혜를 믿고 있다. 그것은 오늘날 최고의 과학자들을 훨씬 능가하는, 아니 우주 최고의 과학을 뛰어넘는 내용을 담고 있을 것이다.

어째서 필자는 그런 생각을 할 수 있었을까? 이는 성인에 대한 막연한 경외심이 아니다. 진리란 믿을 필요도 없이 자명한 것이다. 필자는 주역을 연구하면서 그것을 통감했다. 주역이 성인의 손을 거친 것이라면 분명 성인의 지혜는 초월적이었다. 주역에는 그만한 내용이 있는 것이었다.

지구가 둥글다는 사실만 해도 그렇다. 괘상 중 ☴은 지구가 둥글다는 것을 단적으로 애기해 준다. ☱은 우주에 물질이 존재한다는 것을 보여 주고 있다. 오늘날 과학이 우주적인 방위(方位) 구성을 이해하고 있지 못하지만, 좀더 과학이 발달하면 괘상 8개와 부합되는 우주 방위를 발견할 수 있으리라!

예를 들어 ☶은 우주의 끝이다. 그 곳은 물질의 영역을 뛰어넘어 근원과 맞닿은 곳이다. ☳은 별들이 모여 있는 은하계에 해당되는 것이다. ☷은 오늘날 가장 신비한 우주 영역인 블랙 홀이다. ☲은 그보다 더욱 신비한 화이트 홀에 해당된다. ☵은 만유 인력을 보여 주고, ☰은 반중력을 나타내고 있는 것이다.

이들 8괘가 우주 자연계에 그러한 사물을 뜻하고 있다는 것은 성인의 지혜를 엿볼 수 있는 계기가 된다. 또한 앞에서 언급했듯이, 주역을 우주의 초지 성체가 만들었다는 구체적인 이유가 될 수 있다.

이제 주역의 신비 부분을 다루어 보자. 지금부터 다룰 내용은 소위 도사역(道士易)에 해당되는 부분이려니와, 실은 주역의 4차원적 구조를 보여 주고 있다. 4차원이라고 하면 지구가 둥글다는 것보다 심오한 과학적 내용이려니와, 신비로워야 할 도사역이 오히려 초과학적 내용을 담고 있다는 것이 흥미롭다.

그러나 시간은 순환하는 것이므로 먼 과거의 도사나 먼 미래의 과학자는 한 가지 진리를 함유하고 있다.

각설하고, 다음의 괘열을 보자.

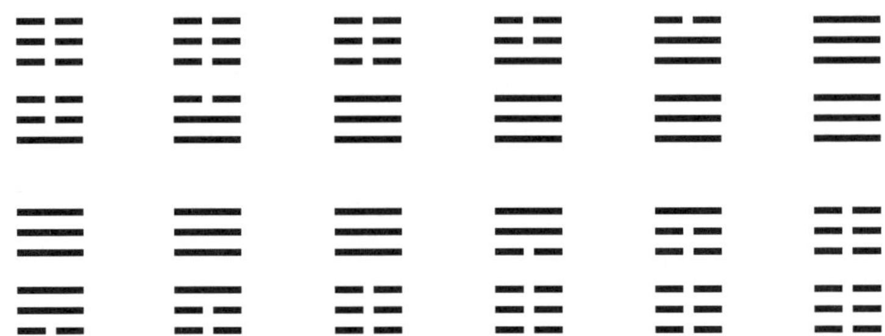

이 괘열은 앞에서 설명한 바 있는 군주괘이다. 이들은 순환 구조를 갖고 있다. 그런데 각 괘의 구조를 보자. 6획의 구조를 하고 있는데, 이는 공간의 6허(六虛)와 정확히 대응하고 있다. 또한 에서 에 이르는 6개의 괘도 6허에 대응시킬 수 있다.

그렇다면 에서 까지의 6개의 괘는 어디에 배치할 수 있는가? 이것은 차원을 달리할 수밖에 없다. 수학자들에게 군주괘열을 보여 주면 당장에 '아, 이것은 4차원 순환 구조이구먼!'하고 흥미를 보인다.

더 정확히 말하면, 4차원 순환 구조체인 클라인 병 모양인 것이다. 클라인 병이라고 하면 생소한 독자도 있을 것이다. 뫼비우스의 띠라고 하면 어떨까? 클라인 병은 뫼비우스 띠의 입체화이다. 다소 어려운 얘기이다.

그러나 주역을 공부하는 데 뫼비우스 띠나 클라인 병을 몰라도 크게 지장은 없다. 단지 괘열이라는 것은 삼차원 공간 성분이 4차원적으로 순환하는 구조라는 것만 인식하면 된다. 이들에 대해 상식을 넓히려면 수학 책을 보면 된다.

다시 주역으로 돌아오자.

우리는 앞서 군주괘열을 공부하면서 그것들이 지지(地支) 12개 요소를 설명하고, 그로써 일 년의 절기(節期)를 구조적으로 보여 준다는 것을 알았다. 더 중요한 것은 괘상 12개를 질서 정연하게 배열함으로써 그들을 서로 비교할 수 있고, 또한 음양이 순차적으로 증감하는 모습을 시각적으로 볼 수 있다는 것이다.

'진리란 원래 시각적 구조로써 설명되어야만 완전한 설명이 된다'는 말도 있듯이 군주괘열은 주역의 괘상을 이해하는 데 상당히 후련한 방법을 제공해 주었다.

그런데 문제는 주역의 나머지 괘상은 그런 식으로 정돈되지 않느냐이다. 예로부터 군주괘 12개 외에 나머지 52괘는 잡괘(雜卦)라 해서 무시되어 왔다. 무시라는 것은 질서가 없어 이해하기 힘들다는 뜻이다.

사실 군주괘열처럼 단순한 구조가 어디 있겠는가! 군주괘열은 1층에서 6층까지 단계적으로 나타내 보이고, 가득 차면 다시 그것을 소멸하는 방식으로 진행한다. 계절의 흐름은 정확히 그런 양상을 띠고 있다.

이제 우리는 잡괘에 대해 생각해 보자. 논의의 관건은 잡괘가 과연 질서가 없느냐이다. 여기서 질서라 함은 군주괘열처럼 가지런히 배열할 수 있느냐이다. 당연히 12개이고 순환하는 구조로 말이다.

여기서 잠깐 언급하고 넘어갈 것은 순환의 요소가 12개라는 것이다. 우리의 시계도 12개의 눈금으로 되어 있거니와, 12라는 숫자는 원래 순환의 숫자인 것이다. 만일 저 먼 우주에서 우주인이 날아온다 하더라도 그들은 반드시 12개의 눈금을 가진 시계를 차고 있을 것이다. 12라는 숫자는 원을 자르는 데 아주 편리한 숫자이기 때문이다.

이 점을 잠깐 얘기하자.

원을 몇 등분하는 게 가장 좋을까? 물론 반으로 자르면 가장 편하다. 그 다음은? 4등분? 그렇지 않다. 4등분보다는 6등분이 편하다. 지름을 가지고 원둘레를 잘라 나가다 보면, 6번만에 제자리에 돌아온다. 즉, 원은 6등분하는 것이 쉽다는 뜻이다.

6이라는 숫자는 수학에서 완전수라고도 하는데, 우리에게는 익숙한 숫자이다. 공간의 변수가 6개이고, 눈도 6각형이다. 주역의 괘도 6획으로 되어 있지만, 12는 6을 2배한 것이 아니다.

원에서는 처음부터 6이 등장하고 3은 그 다음에 등장한다. 실제로 원을 삼등분하려면 먼저 6등분을 작도해야 한다. 물론 반지름이 아니라 지름을 사용해서 삼각형을 그릴 수 있다. 그러나 지름이라는 것은 반지름에서 나온 것이다.

그리고 12등분은 6등분을 다시 둘로 나눈 것이지만, 이는 세분했다는 뜻이 있을 뿐이다. 따라서 우주인의 시계는 6개의 눈금을 가진 것도 있겠고, 또는 24개도 있을 수 있다.

어쨌건 주역의 수성(數性)을 보면, 6이나 12, 혹은 24는 같은 뜻이다. 그러면 이제 잡괘를 순환 구조로 나열해 보자. 논의를 쉽게 하기 위해 과정은 생략하고 즉시 그것을 보여 주겠다.

다음의 괘열을 보자.

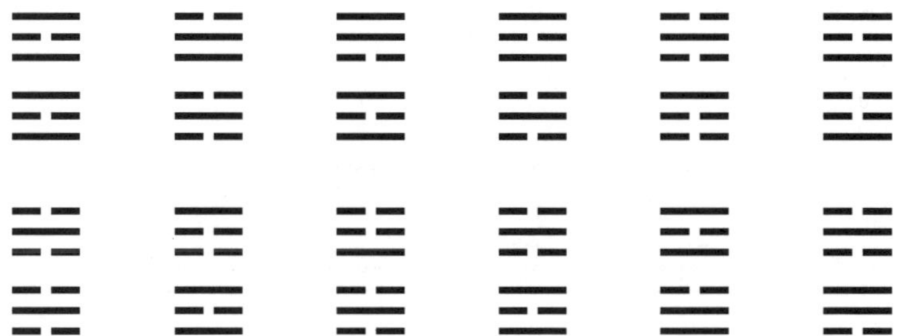

이들은 매우 복잡하게 보인다. 그러나 이들을 가지고 환을 이루어 놓고 보면 많은 것을 알 수 있다. 우선 마주 보는 괘상이 서로 완전히 반대로 되어 있다는 것이다. 이는 수학에서 점대칭 관계라고 하는데, 생활 용어로는 정반대라고 한다.

다시 괘열을 보자.

이제 정반대와 그 절반을 잘라 4개씩 살펴보자. 12시 방향, 3시 방향, 6시 방향, 9시 방향으로 말이다.

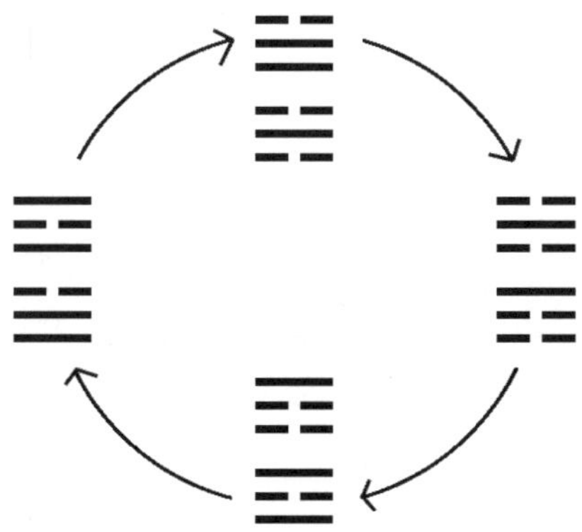

예를 들어 보자.

이들을 나란히 쓰면 다음과 같이 된다.

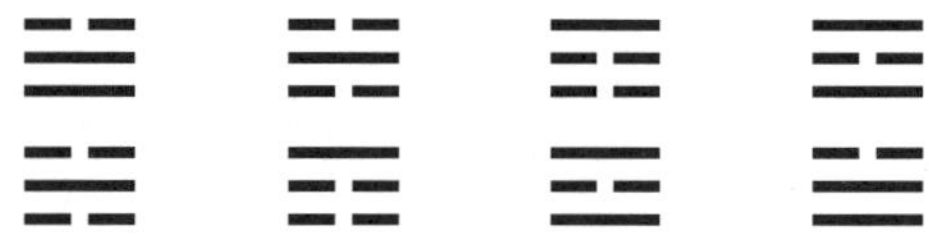

여기서 무엇을 볼 수 있는가? 연접해 있는 다음의 괘상을 보라.
아랫덩이가 그대로 올라가고 윗덩이는 반대로 해서 떨어져 있다.

이는 그대로 올라간 것이고,

이는 반대로 떨어진 것이다.

참으로 단순한 원리로 만들어졌을 뿐이다. 이제 4개씩 말고 12개
로 확대하자. 그러기 위해서는 위에서 배열한 4단계 순환 체계 사
이에 2개씩, 즉 여덟 개를 채워 넣어야 한다.

한 단계를 보자.

과 사이에 무엇이 오면 좋을까? 앞에 써 놓은 12개의 괘열을 자세히 살펴보자.

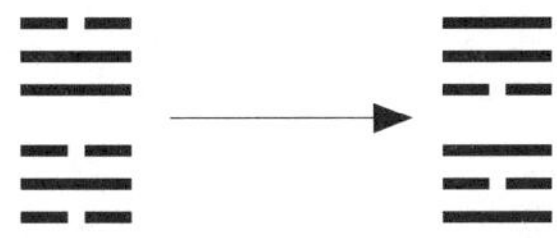

여기에서 무엇을 알 수 있는가? 우선 의 1, 2, 3, 4, 5 자리와
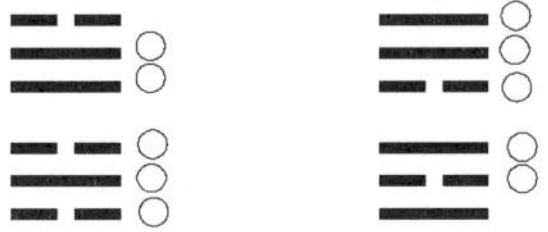의 2, 3, 4, 5, 6 자리를 비교해 보라. 어떤가? 정확히 일치하지
않는가! 한 단계씩 그냥 그대로 올라간 것이다. 그리고 나서 맨 위
의 것이 반대로 떨어져 내려왔다. 보자.

표시한 부분이 서로 반대이다. 다시 보자.

표시한 부분이 모두 같다. 12개의 괘상은 모두 이런 식으로 되어
있다.

다른 괘에 적용해 보자. 아무 괘나 잡아서 해 보면 된다.

을 보자.

다음 괘는?

간단하다. 맨 위의 것을 반대로 해서 아래에다 쓰면 된다.

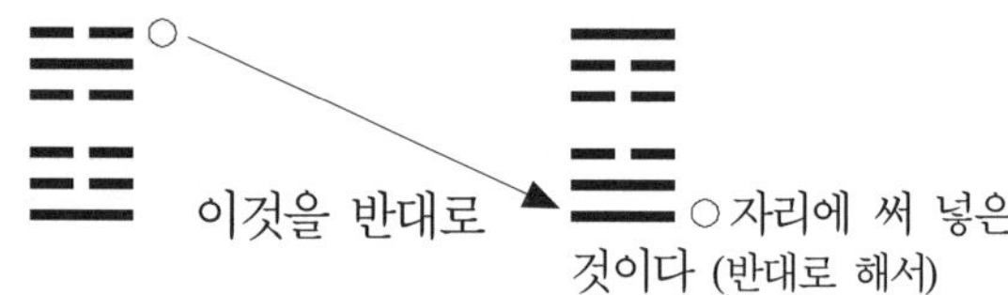

이런 식으로 계속 진행시켜 보자.

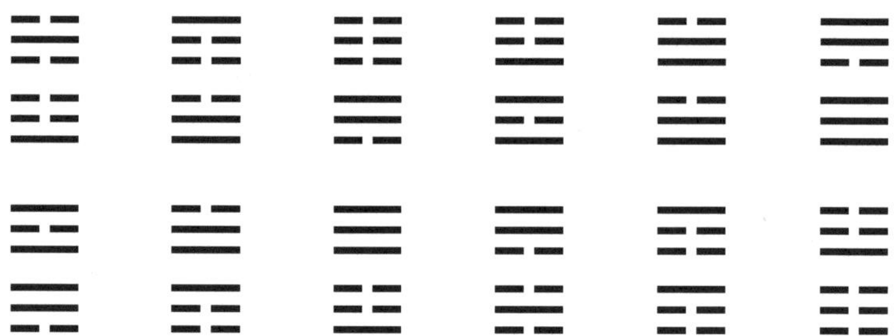

예외없이 단순한 법칙에 의해 전개된다.

아직 모르겠다고?

처음부터 다시 읽어 보라. 맨 위의 것을 반대로 해서 맨 밑에다 쓰면 되는데, 무엇이 어려운가!

다른 괘열을 보자.

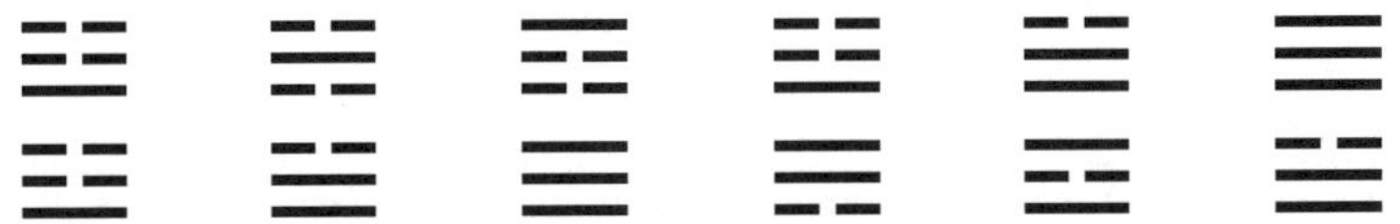

이러한 괘열을 만드는 데 처음에 무슨 괘를 쓰느냐는 상관없다. 결국 순환하에 제자리에 돌아오고 원을 이룬다.

또 하나의 괘열을 보자.

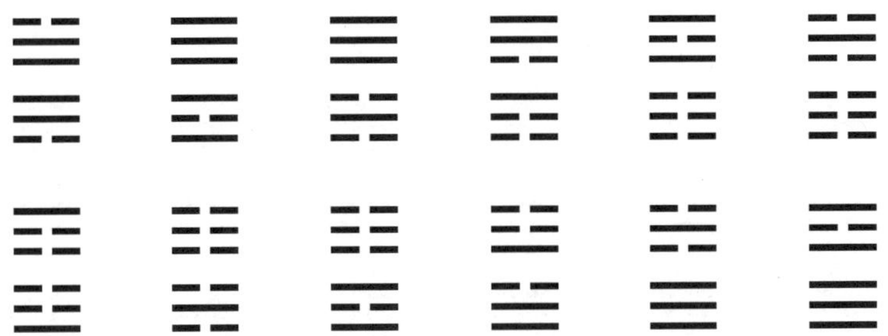

여기서 우리가 하나 알아둘 것이 있다. 한 괘열에서 사용된 괘는 절대로 다른 괘에서는 사용되지 않는다는 것이다. 그리고 모든 괘열은 반드시 환을 이룬다는 것이다. 따라서 잡괘라 해서 특별히 무질서한 것이 아니다. 군주괘나 잡괘는 정확히 똑같은 원리에 의해 구성되었을 뿐이다. 옛 사람들은 생각이 모자라서 군주괘만 발견했던 것이다.

이제 우리는 모든 괘가 평등한 원리에 지배를 받는다는 것을 알았다. 민주주의를 방불케 한다. 진리란 그 적용에 있어 우주 어느 곳에서든 평등할 뿐이다. 이제 군주괘를 포함해서 모든 괘를 나열해 보자. 특별히 잘난 괘열은 있을 수 없다.

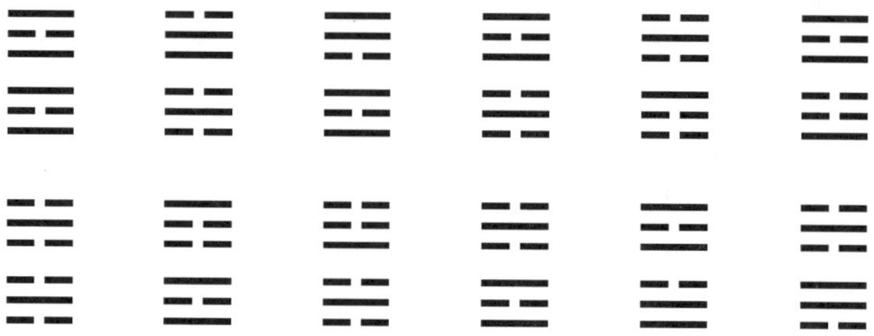

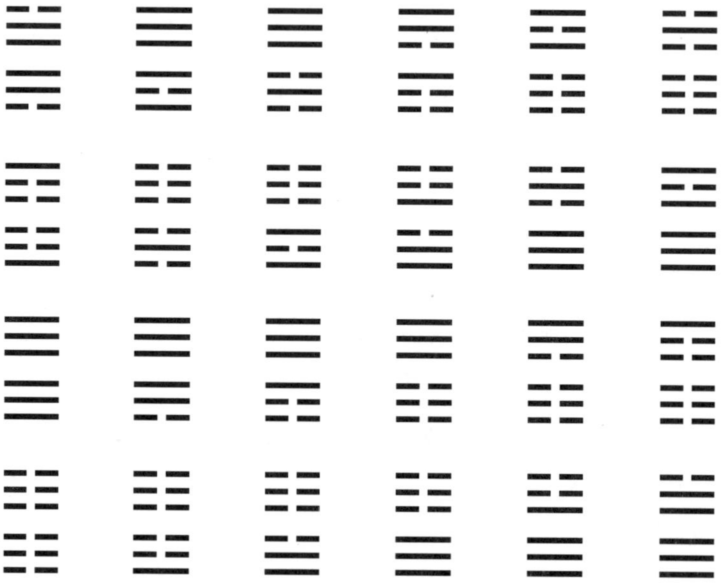

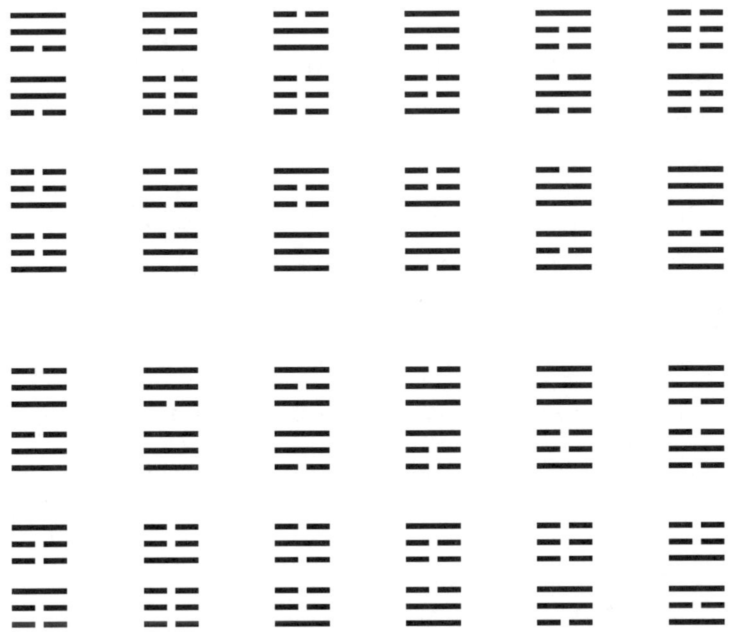

이상은 모두 12개로 이루어진 순환 체계이다. 12개씩 5개의 순환 군이 만들어진 것이다.

모두 해서 몇 개의 괘인가?

$12 \times 5 = 60$이다.

60? 이상하다! 주역은 64개의 괘상인데, 어째서 60개란 말인가?

나머지 4개의 괘는 어디로 갔을까?

물론 그것이 어디로 도망간 것은 아니다. 우리가 쓰지 않았을 뿐이다.

그것은 어떠한 괘들인가?

찾아보라.

괘상 64괘를 하나씩 지워 본다. 그래서 남는 것들이 바로 그 괘상이다. 반드시 4개가 남을 것이다.

4개?

이상하다. 다른 괘들은 12개 순환 체계 속에 포함되는데, 이들 4개는 어째서 빠져 나갔을까? 특별한 괘상이기 때문일까?

특별? 이는 좀 이상하다. 우리는 방금 괘상의 민주주의를 보았다. 군주괘마저도 일정한 원리에 따라 배열됨을 알았는데, 유독 4개가 빠져 나가다니! 이 4개를 찾아서 어떻게 생긴 것인지 살펴보자.

아니, 이보다 먼저 할 일이 있다. 아주 중요한 일이 남아 있다. 이상한 괘상 4개를 찾아내는 것은 앞의 방식대로 하면 쉽게 찾아낼 수 있다. 하지만 찾는 게 능사는 아니다. 무엇인가 먼저 생각할 일이 있다. 그것은 주역의 심오한 질문을 포함하고 있는 것이기 때문에 반드시 짚고 넘어가야겠다.

이제껏 우리는 주역 64 괘상이 일정한 판단 기준(원리)에 의해 5개의 소속으로 나뉨을 보았다. 주역 전체를 일목 요연하게 볼 수 있는 방법이 아닌가! 마치 군인들을 키에 맞춰, 그리고 소속을 정해 정렬해 놓은 것 같다. 단순하고 후련하고 아름답기까지 한 일이다. 그런데 하필 이 때 4개가 반역을 하다니!

이에 관한 얘기를 해 보자.

玉虛眞經 (30)

閑坐後園而念德　吾謂此遊虛原

고요한 저 후원(後園)에 앉아 놀며 한가하게 덕을 생각한다. 나는 이것을 허원(虛原)에서 노닌다고 말한다.

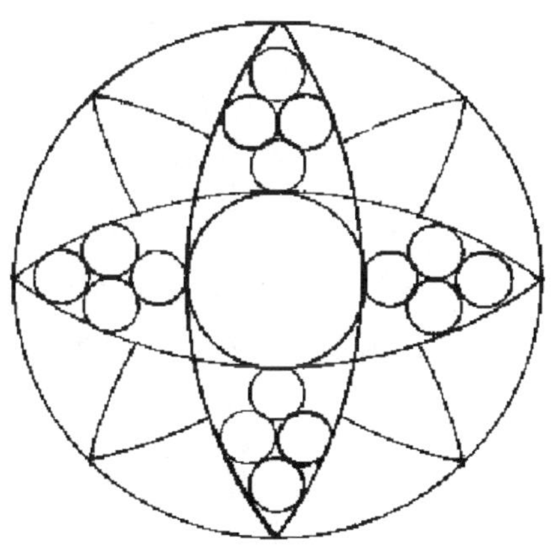

필사적인 탐구

이제부터 하는 얘기는 다소 사적인 얘기일 수도 있다. 그러나 주역의 핵심 문제와 연관이 되어 있기 때문에 거리낌없이 얘기하겠다. 30년 전쯤의 일이다. 필자는 이 당시부터 주역 연구에 필사적으로 매달렸거니와, 지금 생각해 보면 감회가 새롭다.

당시 필자의 주역 수준은 아주 초보 단계였다. 하지만 열의에 차 있었고, 주역 연구를 위한 상식도 풍부한 편이었다. 당시 필자는 아인슈타인의 상대성 원리에 정통해 있었고, 현대 수학에도 상당한 이해가 있었다. 그 외에도 자연과학 일반에 대해 견문이 넓은 편이었는데, 어린 날의 꿈은 과학자가 되는 것이었다.

그러던 것이 주역을 접하면서 인생의 판도가 확 바뀌었던 것이다. 주역을 접하는 순간, 필자는 이런 생각을 하게 되었다.

'과학의 궁극이 여기에 있다. 아인슈타인의 원리도 여기에 있으

며, 공자가 전 인생을 통해 완성하고자 했던 지혜도 모두 이 곳에 있다.'

필자가 짧은 순간에 어찌해서 그런 생각을 했는지는 신기한 일이었지만, 당시의 생각이 30년이 지난 오늘날에 와서도 조금도 변하지 않았다. 어린 날에는 아인슈타인 같은 과학자가 되어 노벨상도 타고, 자연의 비밀을 탐구해 보겠다고 백 번 천 번 다짐했건만, 주역 앞에는 모든 것이 부질없다고 보였다.

필자가 주역에 접하고 나서 얼마 후 달려든 문제는, 앞장에서 논의한 순환군에 관한 것이었다. 당시 필자는 주역 64괘를 단숨에 이해하는 방법을 찾느라 애쓰고 있었는데, 순환군 문제는 그 첩경이었다.

그래서 어느 날 필자는 구도 여행을 하기로 마음먹었다. 장소는 속리산. 주역의 세계에는 수많은 문제가 있겠지만, 당시에는 그런 것을 생각할 겨를이 없었다. 오로지 눈앞에 당면한 문제를 해결하는 것, 자연스럽게 떠올랐던 문제의 핵심은 주역 64괘를 군주괘 12개처럼 단순히 분류하는 것이었다.

필자는 그 당시 책을 통해서 군주괘 12개는 알고 있었는데, 그 단순성에 상당히 감명을 받았다. 단순성, 즉 간결성이라는 것은 진리의 특징이려니와, 잡다한 주역의 괘상이 어떤 원칙에 의해 어떤 적은 수의 집단으로 분류된다면 이처럼 편리한 것이 없다. 64괘를 한눈에 바라볼 수 있지 않겠는가!

군대가 수많은 병사들을 지휘할 수 있는 것은 부대들을 나누고 계통을 세운 까닭이다. 주역의 괘상도 군대처럼 부대를 나누고 계통을 세운다면 지휘(깨달음)를 쉽게 할 수 있으리라. 당시 필자는 군주괘와 같은 분류 방식이 무척이나 마음에 들었다.

물론 그것이 12개로 되어 있다는 것은 필연성이 있다. 괘상이 6획으로 되어 있고, 그들은 음과 양인 두 가지 성질뿐이므로 12개가 되는 것이다. 군주괘는 바로 그렇게 되어 있다. 나머지도 그렇게 되어 있으면 더 말할 나위 없이 편리하다고 필자는 당시 깨닫고 있었다. 그리고 필자의 마음 속에 어떤 확신이 있었는데, 그것은 군주괘가 특별할 리 없다는 것이었다.

자연이란 본시 평등한 법이라는 것을 알고 있었기 때문이다. 당시 필자의 생각으로는 옛 사람이 눈에 보이는 단순한 논리로 군주괘를 만들고 다른 괘는 거들떠보지 않았을 것으로 믿었다. 따라서 다른 괘들도 평등한 혜택(?)을 받아 간결하게 정리되는 게 마땅하다는 것이다.

필자는 이러한 신념을 갖고 여행에 나섰다. 준비물은 볼펜과 노트, 나머지는 머릿속에 있을 뿐이었다.

기차가 출발하자 즉시 생각에 잠겼다. 그런데 잠깐만에 깜짝 놀라고 말았다. 만일 주역의 괘상 64개가 12개씩 나눠지면 4개가 남는데, 이 문제가 마음에 걸렸던 것이다.

'군주괘라는 불평등을 해소하기 위해 다른 괘들을 연구하려던 차에 또 하나의 불평등한 요소가 등장하다니! 괘상은 당연히 12개로 순환을 이루어야 하거늘 어째서 4개짜리가 등장하는가?'

당시에는 당황한 나머지 가슴이 두근거렸다. 한편으로는 그 4개의 괘가 무엇인지 너무나 궁금했다.

필자의 확신은 이러했다. 64괘는 군주괘든 아니든 12개의 괘열로 분류될 것이라고……. 문제는 12×5＝60이었다. 주역의 괘상이 72개이면 12×6＝72여서 그만이다. 하필 64개여서 문제이다.

필자는 난감했지만 생각을 고쳐 먹었다.

'진리를 추구함에 있어 편안함을 구해서는 안 된다. 문제가 있으면 해결할 뿐이다.'

이것이 당시의 생각이었다.

기차가 서울을 벗어나자 또 하나의 문제가 떠올랐다. 60이라는 숫자! 이는 60간지와 일치하지 않은가! 필자는 또 한번 놀랐다. 그러나 놀란 것은 그뿐이 아니었다.

다시 보자. 12×5에서 5라는 것은 무슨 뜻인가? 5는 오행(五行)의 5개가 아닌가! 글쎄……. 만일 12×5의 5가 바로 오행이라면 주역 괘상은 오행군(五行群)으로 분류되는 것이다. 이는 상당한 의미가 있다. 잡다한 괘상이 5개의 군으로 나뉠 뿐 아니라, 각 군(群)의 이름과 성질이 오행이라는 준비된 논리와 접합된다는 것이다. 그것은 안성맞춤이다.

다만 12×5의 5가 오행과 합치하는 뜻인가가 문제이다. 60이라는 숫자는 바로 그 문제이다. 60은 당초 오행에서 나온 것이다. 12는 바로 지지(地支)이므로 이제 오행과 5개 괘열을 대조해 보는 것뿐이다.

'누구나 그러한 기대를 하지 않을까? 이미 전개된 60이라는 간지수(干支數)가 있고, 이제 새로이 전개될 5개 괘열 60괘상이 있으니 그게 그것이 아닐까? 또한 12×5의 5는 바로 오행이 아닐까?'

이러한 생각으로 필자는 크게 흥분하고 있었다.

'이번 기회에 주역의 비밀을 단숨에 풀어내리라!'

필자는 이런 생각으로 입을 굳게 다물었다. 머릿속에서는 60과 5, 그리고 4라는 숫자가 요동치고 있었다.

기차는 종착역에 도착하고 버스를 갈아탔는데, 생각에 몰두하느라고 도중의 좋은 경치를 구경하지도 못했다. 버스에서 내리자 여관 방으로 직행했다. 이 때는 처절한 생각을 하고 있는 중이었다. 만일 문제를 풀지 못하면 산중에 들어가 목숨마저 버릴 각오였다.

여관 방에 도착하자 즉시 노트를 펴 놓고 연구를 시작했다. 그 과정을 보자. 당시 필자가 세운 대책은 군주괘를 조사해 보는 것이었다. 여기에서 어떤 원리를 추출해 내기 위함이었다.

군주괘를 다시 보자.

여기서 무엇을 발견할 수 있는가? 위의 괘열은 양의 기운이 성장하는 것인데, 아래에서 차츰 쌓여 가고 있다. 이는 마치 빈 컵에 물을 채워 나가는 것처럼 보이지 않는가? 그렇게 보일 수도 있다. 필자도 처음엔 그렇게 생각했다.

그러나 그게 아니다. 만일 그렇게 생각한다면 중대한 문제가 발생한다. 물을 밑에서부터 채워 나간다는 것은 다른 괘열을 만들고자 할 때 하나씩 반대로 만들어 간다는 뜻인데, 한번 그렇게 해 보자.

䷀. 이것은 맨 아래부터 바뀌어 ䷀이 된다.

다음은?

䷀이다.

그 다음은 ䷀이다.

불편은 없는가?

문제가 있다. 우선 괘상을 보고 무엇을 바꿀지 알 수가 없다. 그리고 괘마다 바꿔야 할 부분이 다르다. 또한 바꿔야 한다는 이유도 없다. 그러나 올바른 방식은 어떤가 보자.

이 괘열은 맨 위의 것이 바뀌어서 내려온다. 사물은 궁극에 가면 바뀐다는 것을 의미한다. 이러한 방식은 임의의 괘, 즉 64괘 모두에 일률적으로 적용된다.

다시 엉터리 변화법을 보자. ䷀에서 시작하자.

다음 괘는?

처음이 바뀌면 ䷀이 된다.

다음은 ䷀이 된다.

䷀와 ䷀은 군주괘인데, 한 번 더 전개하면 엉뚱한 것이 나온다. 즉, ䷀인데 군주괘가 아니다.

이래서는 분류가 되지 않는다. 그리고 효(爻)의 변화를 사람이 지정해 주어야만 하는 것은 자연의 원리에 맞지 않는다.

다시 올바른 변화법을 보자.

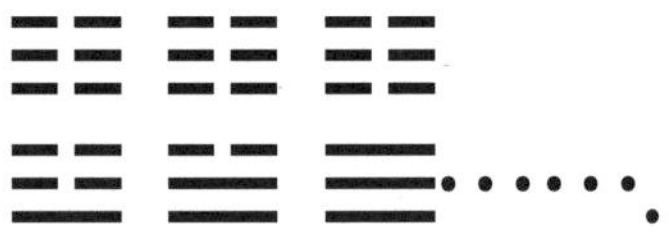

이번에는 무엇이 보이는가? 단순히 보면 모든 효(爻)는 위로 한 단계씩 상승해 가고, 극에 이르면 반대가 되어 떨어진다. 이러한 방식은 자연의 흐름과 부합된다.

그러나 더 중요한 사실이 있다. 이번에는 괘 두 개만으로 환을 만들어 보자. 먼저 시도해 볼 것은 ☰과 ☷이다. 어떻게 되는가?

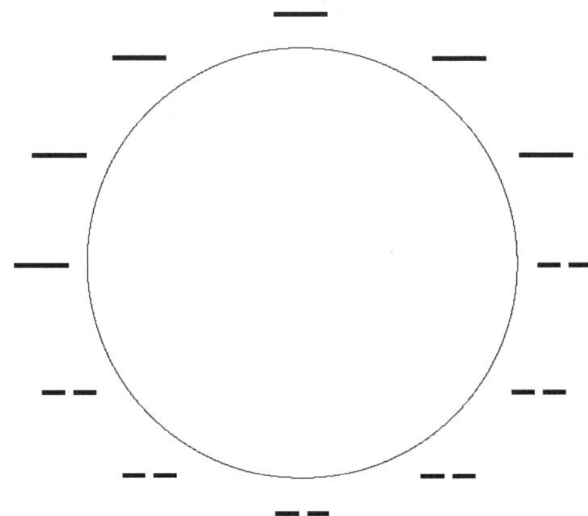

이렇게 되지 않는가!

그럼 이번에는 ☰와 ☷을 써 보자.

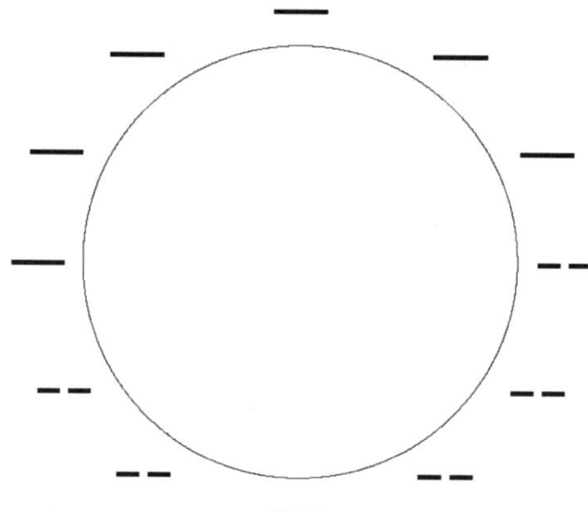

이렇게 된다.

아니라고? 자세히 보자.

☰과 ☷을 합쳐서 환을 만들면 하나는 거꾸로 써야 한다. 그림으로 보자.

(그림)에서 6 다음엔 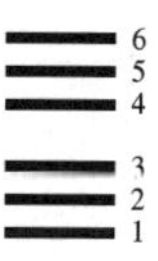의 1이 나와야 된다.

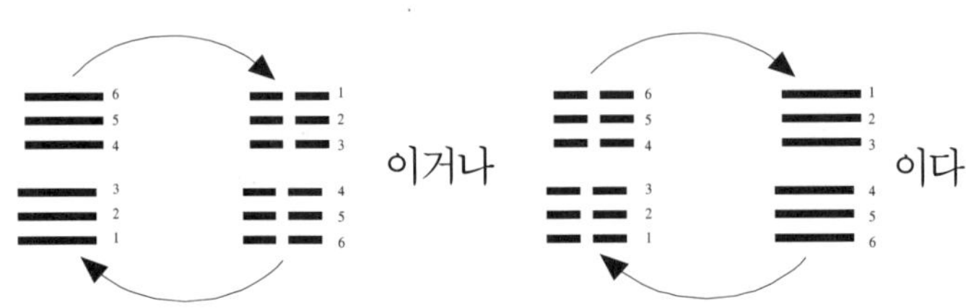

머리와 꼬리를 맞닿게 만든 것이다. 그래야 환을 이룬다.

어려우면 이렇게 생각해 보라. ▤와 ▦으로 환을 만들어 반원
을 그어 보자.

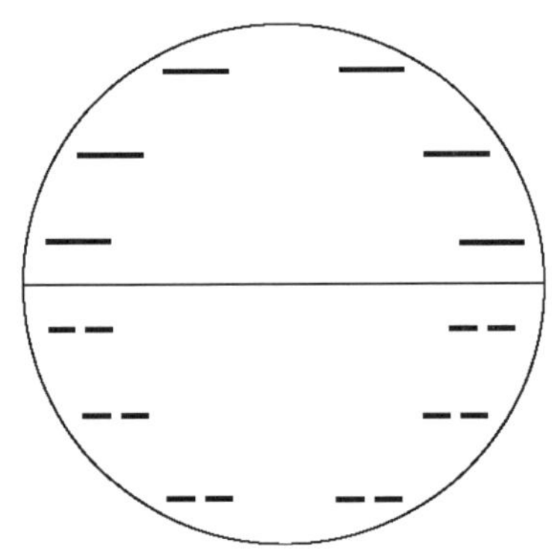

이것은 분명 ▤과 ▦을 함께 보여 주고 있다.

이제 시계 방향으로 숫자를 매겨 보자.

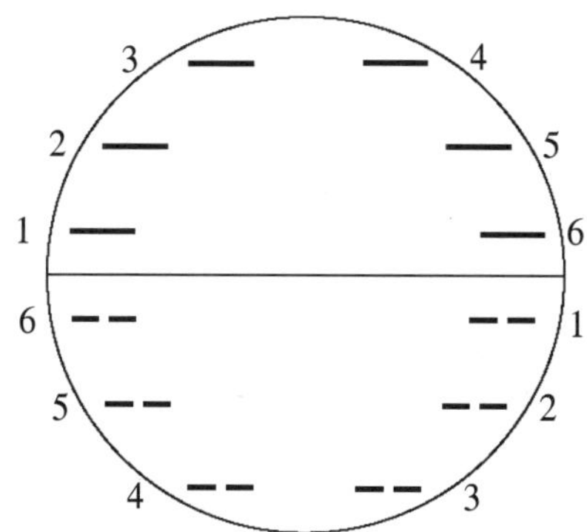

이렇게 된다.

이것에서 숫자는 놔 두고 환을 돌려 보자.

그러면 우선 이렇게 될 것이다.

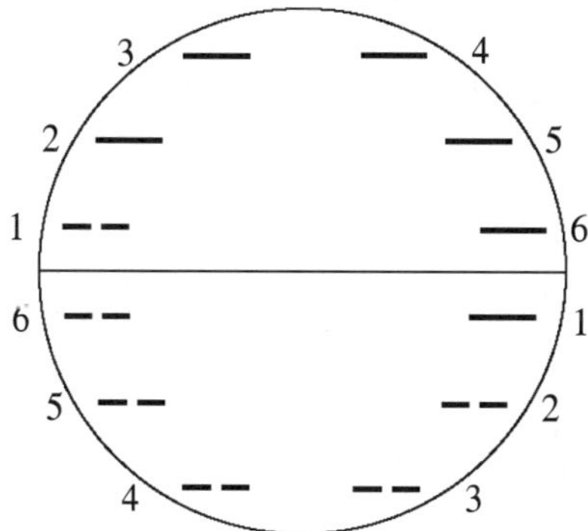

이것은 무엇인가?

▤과 ▤이 함께 나타나지 않는가! 한 번 더 돌려 보면 이렇게 된다.

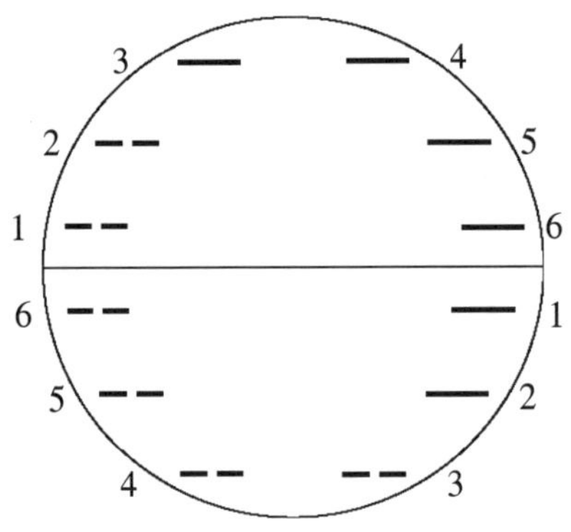

이것은 ▤과 ▤을 보여 주고 있다.

결국 군주괘라는 것은 음과 양을 반반씩 써 놓고 돌아가면서 본다는 뜻이다. 음양이 반반이라는 것은 태극이라는 것인데, 군주괘 12개는 태극 주위를 돌면서 바라본 형태이다. 오로지 한 개뿐인데, 열두 방향으로 보니 12개로 보이는 것이다. 한 번에 6개밖에 보지 못하기 때문이다. 태극은 12개의 요소로 되어 있는바, 괘는 6개의 요소로 되어 있다.

다시 보자.

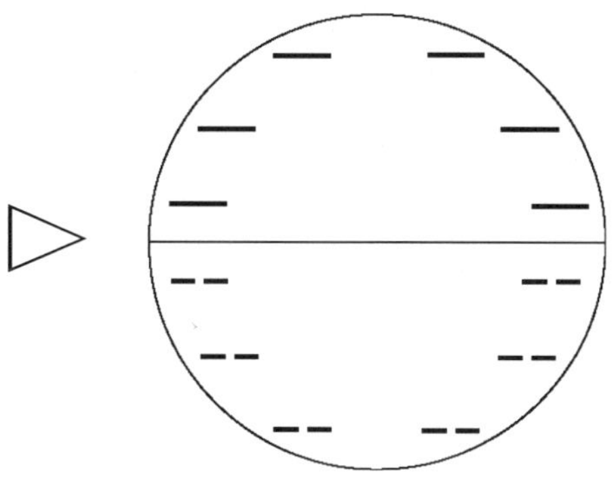

(↓) 방향에서 보면 순양만 보인다. 그러나 (▷)에서 보면 반반 씩 보이지 않는가!

이제 다른 괘열에 적용해 보자. 이제 같은 괘열에 속한 두 개를 합쳐 보는 것이다.

☷을 보자. 이것의 반대는 ☰이다. 이것을 합치면 다음과 같이 된다.

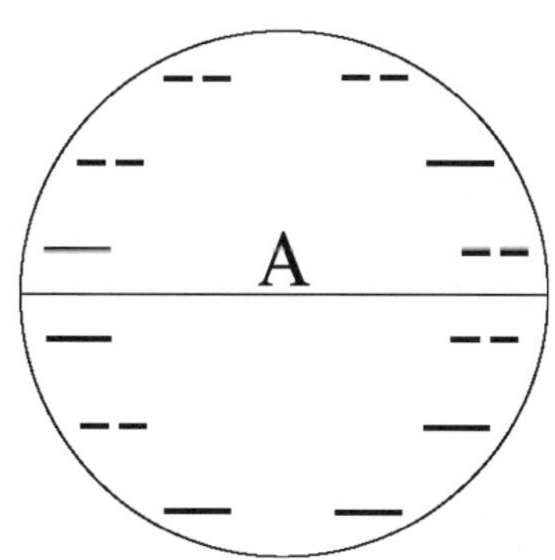

이번에는 ⚏과 ⚎을 합쳐 보자.

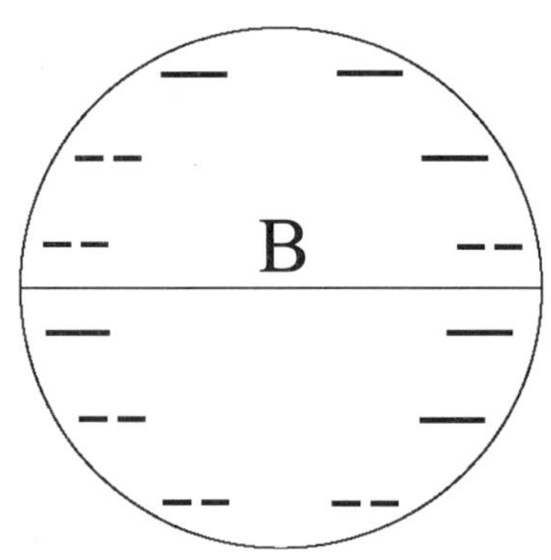

이제 (A)와 (B)를 비교해 보자. 무엇이 다른가?

똑같다! 보는 방향을 바꿔 가면 12개의 조합(組合)이 나오지만, 모두를 한 번에 보면 오로지 한 개의 형태뿐이다.

우리는 ⚎와 ⚏을 합쳤고, 또한 ⚍와 ⚏을 합쳐서 비교해 보았다. 결과는 같았다. 왜냐고? 비교한 괘들은 소속이 같았기 때문이다. 즉, 같은 순환군에 속했다는 뜻이다.

결론은 이렇다. 주역의 괘상 64개란 6개의 순환체(循環體)를 12방향에서 바라본 것뿐이라고! 존재하는 것은 6개의 순환군이 아니라 6개의 순환체인 것이다. 주역은 64개의 개체가 아니라 6개의 개체를 쪼개서 본 것이다.

이제껏 다소 복잡한 논의가 있었지만 다 잊어버리고(잊어도 된다) 다시 앞으로 돌아가자. 문제는 순환군 5개를 제외한 4개의 괘상이었다. 그것을 결론부터 얘기하면 다음과 같다.

이것들의 변화 방식은 어떤가?

똑같다. 진리는 평등하다.

그러면 왜 4개인가?

잘 살펴보라. 이들 4개는 자신의 구조상 짧게 순환하는 것뿐이다. 다만 이들은, 실은 4개가 아니고 12개인데, 같은 괘가 중복되어서 나타난다는 것뿐이다.

이것을 써 보자.

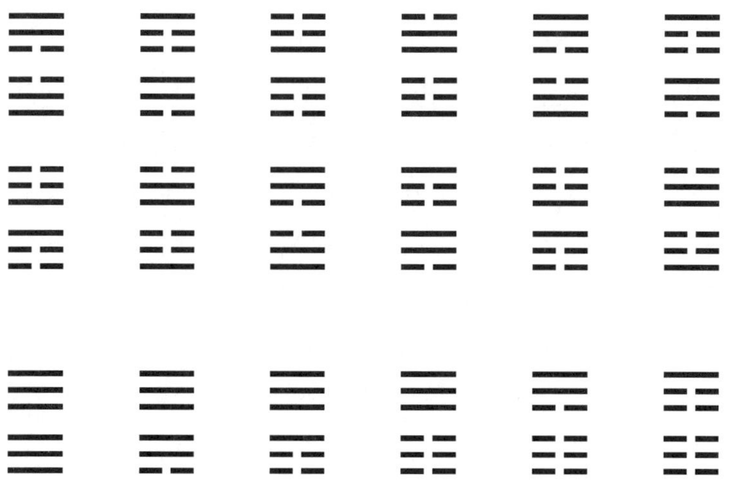

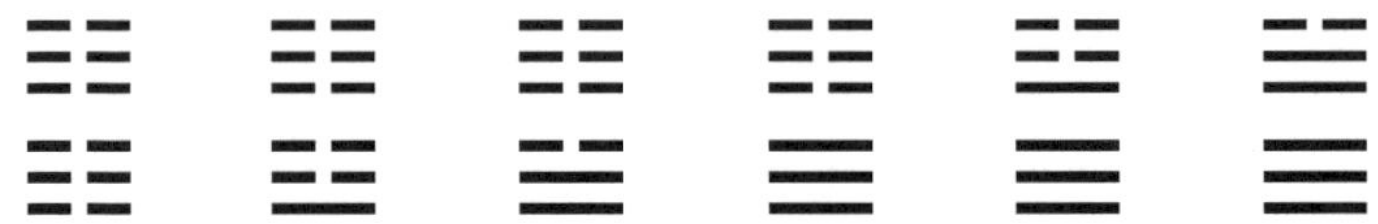

군주 괘열을 다시 쓴 것은 서로를 비교하라는 뜻이다. 즉, 개수는 12인데 종류는 4개라는 것이다.

이 대목은 아주 중요하다. 논의가 너무 깊어져 자세히 말할 수 없지만, 순환체 6개를 12방향에서 보면 72개가 되는 것이다. 72라는 숫자는 달력에도 나오는 중대 숫자로 주공(周公)의 72후(候)가 바로 그것이다.

이 문제는 다시 논의할 수 있을 것이다. 여기서는 주역 64괘가 6개의 군으로 나뉜다는 것을 알면 충분하다. 그리고 이것을 좀더 심오하게 이해하려면 6개 군이란 12개씩 모인 6개 그룹이 아니라, 4차원 초입체가 6개 있다고 이해하면 된다.

3차원에 사는 우리는 이것을 12단계로 살펴본다. 장님 코끼리 더듬기와 닮아 있다고 할 수 있다. 주역은 원래 이런 것이다. 복잡하면 처음 방식대로 '주역 64괘는 6개 소속으로 나뉜다'고 생각하라. 그리고 6개의 소속들 중 부대원이 4명밖에 없는 부대는 이렇게 생각해야 한다. 그 부대에는 세 쌍둥이 4마리가 있다고.

그러므로 3×4가 아닌가. 다시 말하지만, 종류는 4개, 식구 수는 12명인 것이다. 그러나 아무튼 세 쌍둥이 부대는 이상하기만 하다.

이제 그 부대는 제외시켜 놓고 12×5＝60인 부대를 연구해 보자.

이들은 과연 60간지와 일치하는 존재들인가?

주역의 논의가 깊어지고 있다. 지금껏 잘 따라온 독자라면 이미 주역의 바다에 깊게 들어왔다고 할 수 있다.

玉虛眞經 (31)

拾縫後園之廢重玉 吾謂此 道之寶物之用

저 후원의 내밀한 곳에 버려져 있는 중옥(重玉)을 꿰어
가지런히 들어올린다. 나는 이것을 도의 보물을 사용한다
고 말한다.

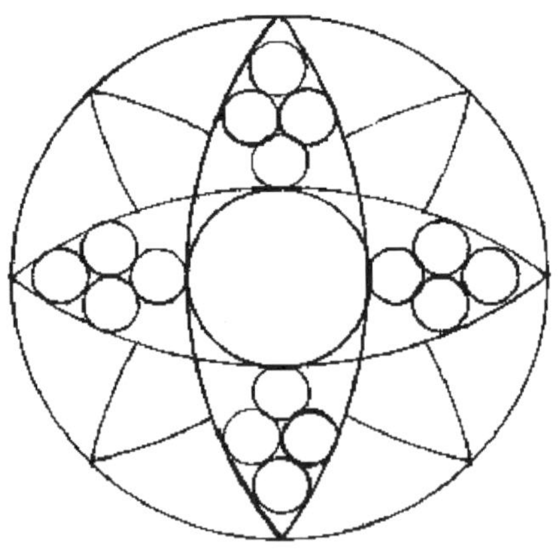

신비 또 신비

여행은 계속되고 있었다. 시간이 지날수록 필자의 탐구 열의는 깊어만 갔다. 주역 64괘는 이제 6개 군으로 분류되어 한결 편안한 상태이다. 괘상을 군 단위로 하면 아주 조직적인 상황이 되었다. 현재 문제는 6개 군의 특징을 살펴보면서 오행이나 60간지와의 합치 여부이다.

잠시 방향을 돌려 보자. 필자는 언젠가 둥근 선인장의 둘레 숫자를 세어 본 적이 있다. 33이었다. 이것에 무슨 뜻이 있을까? 불교에서는 온 우주의 전국의 숫사가 33개라고 한다. 소위 33천을 말한다. 물론 필자는 33천의 33이라서 관심을 갖는 것은 아니다. 필자는 그저 자연계에 널려 있는 많은 숫자에 관심이 많다. 주역의 숫자를 발견하기 위함이다.

주역의 숫자란 64괘와 관련된 숫자를 뜻한다. 64개에서 4개를 뺀 숫자, 즉 60은 간지의 숫자이며, 주역의 숫자이다. 64에다 8개를 더하면 72인데, 이것도 주역의 숫자이다. 64를 평면에 배치하면, 즉 8×8로 하면 둘레가 28이 된다. 28수(宿) 등에 쓰이는 마법의 숫자이지만 주역의 숫자이다.

33은 어떤가? 주역 64를 일원으로 둘러 놓으면 가장 낮은 곳에서 가장 높은 곳까지가 33이다. 33은 주역의 숫자인 것이다. 5는 오행이려니와, 주역의 사상(四象)에서 중앙 1을 더해 5개 숫자가 된다. 역시 주역의 숫자이다.

이제 우리는 괘열 5개와 오행을 비교할 것이다. 1개의 괘열은 4개의 괘상이어서 일단 제외시켰다. 물론 이 괘군을 제외시킨 것은 임시적인 것이다.

이제 5개 군을 조사하자. 먼저 생각할 것은, 각 군의 효(爻)는 어느 것을 막론하고 72개가 된다. 12개의 괘이고, 하나당 6획이니 효는 12×6=72가 되는 것이다. 그리고 이들은 정확히 음 36개, 양 36개이다. 따라서 음양의 개수로 따져 보는 시도는 당장에 실패한다. 특징이 없기 때문이다.

우리가 따지고자 하는 것은 오행인바, 오행은 각각 특징이 있다. 예를 들어 화(火)는 양기가 가장 강한 존재, 즉 양극(陽極)인 것이다. 5개 괘열 중에 이러한 성질을 가진 것이 있는가?

먼저 군주괘를 보자. 이 괘열에는 ☰이 있어 양극이 존재한다. 오행 중 '화(火)'로 볼 수 있다. 그러면 군주괘를 화열(火列)로 볼 수 있는가? 그럴 수 없다. 왜냐 하면 군주괘에는 ☷이 있기 때문이다. 이것은 순음으로, 오행 중 '수(水)'에 해당한다. 결국 군주괘에는 순음도 있고 순양도 있어서, 통째로 말해 '화'도 아니고 '수'도 아니다.

다른 괘열을 보자. ䷗와 ䷂이 속해 있는 괘열은 어떤가? 마찬가지이다. 양이 많은 ䷗이 있고, 음이 많은 ䷂이 있다. 역시 오행으로 분류할 수 없다. 이런 식으로 ䷓와 ䷳가 있는 괘열도 마찬가지이다. 나머지 괘열도 사정은 같다.

결국 괘열은 오행으로 분류가 안 된다. 그들은 자체로써 음도 있고 양도 있는 중성체인 것이다. 물론 중성체라 해도 음양의 강도가 다르게 마련이다. 예를 들어 ☰·☷ 순환군은 ☵·☲ 보다 양과 음이 모두 강하다.

하지만 그렇다 하더라도 이런 요소를 가지고 순환군을 오행으로 분류하기가 쉽지 않은 것이다. 우리가 바라기로는 어떤 순환군이 유독 양이 많거나 음이 많아서 화나 수로 분류할 수 있다면 좋을 것이다. 그러나 그런 기대는 할 수 없는 상황이니 다른 방식으로 분류해야만 한다.

우리가 현재 갖고 있는 정보는 5개라는 순환군이 있고, 오행이라는 범주가 있다는 것이다. 물론 숫자가 같다는 이유 때문에 우리는 그것들이 합치될 수 있을 것이라고 기대하는 형편이다.

여기서 또 다른 얘기를 해 보자. 예로부터 전해 내려오는 주역의 비법 중에 괘기설(卦氣說)이라는 것이 있다. 이것은 주역 64괘 중 60개를 일 년에 대비시키고, 나머지 4개를 24절기에 대비시키는 것을 내용으로 하고 있다.

괘가 60개면 효가 60×6＝360이므로 일 년 날짜에 해당되고, 4개의 괘는 4×6＝24 절기에 해당시킬 수 있다. 일 년 날짜에 괘효를 배당하는 것은 그 날짜가 가진 뜻을 유추한 것이니 상당한 가치가 있을 것이다. 특히 신선이나 도인들은 하루 생활 방식이 음양의 원리에 따르는 것이니 괘기설은 필수적일 수도 있다.

어쨌건 이 괘기설은 4개의 괘(☰ ☷ ☳ ☶)를 빼놓고 360효를 맞추고 있다. 그러나 우리는 4개의 괘에 문제가 있다는 것을 한 눈에 알 수가 있다.

4개의 괘는 ☷, ☳, ☶, ☷이길 바라는 것이다. 안성맞춤이기 때문이다. 하지만 4개의 괘를 빼놓고 나머지 5개 군은 여전히 오행으로 분류하기가 쉽지 않은 것이다.

필자는 이 문제를 가지고 수없이 연구를 시도했지만 깔끔하게 답을 찾을 수 없었다. 그래서 부득이 현대 과학의 기법을 사용해 보기로 한 것이다. 물론 그게 어떻다는 것은 아니다.

진리란 결과가 중요하지 그것을 찾는 방법은 문제가 되지 않는다. 단지 필자는 전래의 방식으로 답을 얻고자 했을 뿐이다. 주역 자체가 옛날 것이기 때문이다(물론 시간은 순환하는 것이므로 옛날이 미래일 수도 있다).

각설하고, 이제는 환군(環群)을 분류해 보자. 방법은 현대 과학적 기법이려니와, 선입견이 없이 6개 순환군 모두를 분류하고자 한다.

우선 각 군의 대표를 정하고 그것들의 이름을 정하자.

☰가 속한 군 ― E군

☷가 속한 군 ― C군

☵가 속한 군 ― L군

☶가 속한 군 ― F군

☳가 속한 군 ― D군

☱가 속한 군 ― H군

모든 괘상은 이상에서 열거한 환군에 속하는데, 영어로 이름을 붙인 것은 별 뜻이 없다. 단지 간편해서 정했을 뿐이다. 멋을 내려면 E군을 군주괘군, C군을 정승판서군 등으로 분류하면 좋을 것이다. 하지만 그래 봤자 주역을 아는 데는 크게 도움이 안 된다. 우리는 어디까지나 문자에 의존하지 말고 눈에 보이는 구조에 의존하자. 그것이 최고의 주역을 완성하는 길이다.

이제 우리의 면전(面前)에는 6개의 군 대표가 정렬해 있다. 이들의 특징을 살펴보자. 당장에 눈에 띄는 것이 있을 것이다. E군은 모조리 양효이다. 나머지는 2개씩 음효가 섞여 있다.

물론 대표괘 모두를 정반대로 해도 그만이다. 또한 대표괘를 다른 것으로 골라잡아도 좋다. 그러나 지금 우리가 하는 방식이 가장 알맞은 방식이다. 특징이 보이기 때문이다. 이제부터 그것을 살펴보자.

E군에 속해 있는 ䷀은 모든 효가 같다. 즉, 특이점이 없는 것이다. C군에 속해 있는 ䷁을 보자. 이것은 특이점이 있다. 특이점이라는 것은 음효인데, 양효 중 음효가 있으니 특이점이라고 하는 것이다. 예를 들어 ䷂은 특이점이 맨 아래이다. ䷃은 위와 아래가 특이점이다. 우리가 지금 하는 일은 특이점을 살펴보는 것이다.

䷄. 이것은 특이점이 가운데로 몰려 있다.

䷅은 아래위로 있는 것이다.

䷆. 이것은? 다시 말하지만, 이것은 특이점이 없다. 따라서 6개 군 중 E군은 유별나다. 역시 군주괘인 것이다!

하지만 나머지 괘는 꼭 2개씩 특이점이 있다. 이것에 매달려 우리는 환군을 분류하자는 것이다. 자세히 보자. 사물을 보는 방법에 따라 진리가 보이기도 하고 안 보이기도 하는 법이다.

䷀은 어떻게 봐야 하는가? ☴은 특이점이 보다 높게 있고 ☳은 특이점이 낮게 있다. 이것을 써 보자.

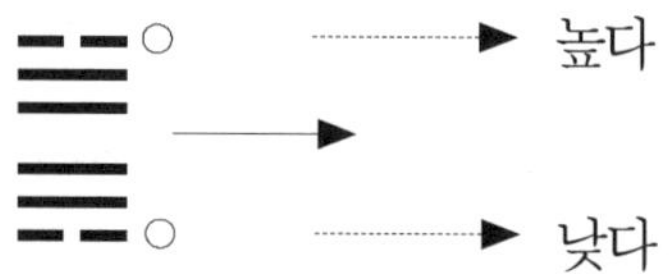

특이점만 쓴 것이다. 높다라는 말은 특이점의 위치가 높다라는 뜻이고, 낮다라는 말은 특이점이 낮다라는 뜻이다. 물론 ☵은 특이점이 중앙이다.

이제 이들을 유식하게 말해 보자. 주역의 용어로 말이다. 그러면 이렇게 된다.

    높다 ─ 천(天)
    낮다 ─ 지(地)
    중앙 ─ 인(人)

　천지인이란 소위 3재(三才)라는 것으로, 주역의 핵심 용어이다.
어쨌건 이제 주역 언어로 다시 써 보자.

　그렇다면 ䷁은 어떻게 써야 하는가?
　먼저 위의 것을 보자. ☷은 특이점이 낮다. 즉, 지이다.
　아래 것은? ☰은 특이점이 위에 있지 않은가! 즉 천이다. 따라서
䷀은 천지(天地)이다. 같은 방식으로 모두 써 보자.

☵은 특이점이 없다. 이것은 모든 것을 낳은 어머니와 같은 존재이다. ☷에서 특이점을 정함으로써 각 군이 발생하지 않는가! ☰은 공간에 해당된다. 더 정확히 말하면 위상 공간(位相空間)이다.

　이제 다시 한 번 재주를 부려 보자. 천은 원래 양이다. 그러므로 ―로 쓰자. 지는 원래 음이다. 그러므로 --로 쓰자. 인은 부호(符號)가 없으니까 그냥 놔두자. 자, 모든 것을 다시 써 보자.

☰ ⟶ ? ⟶ 어머니(근본)

☵ ⟶ 人人 ⟶ 중앙

☷ ⟶ 天天 ⟶ ☰

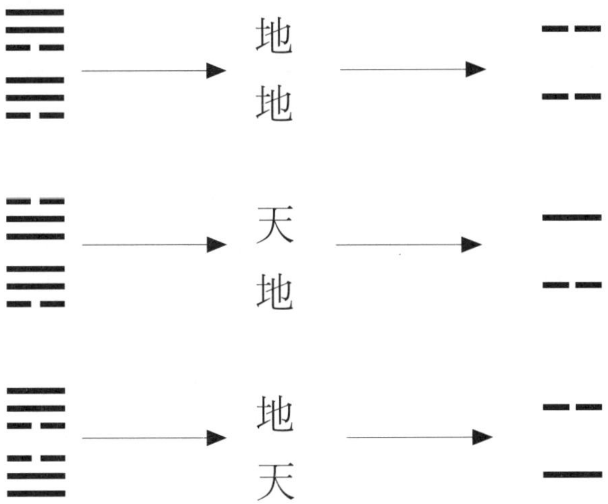

이 모든 것은 특이점 분류법이라는 것으로, 현대 과학의 기법이다. 어쨌건 분류는 척척 잘 되고 있다. 이제 최종적으로 추려낸 것으로 범주를 정해 보자.

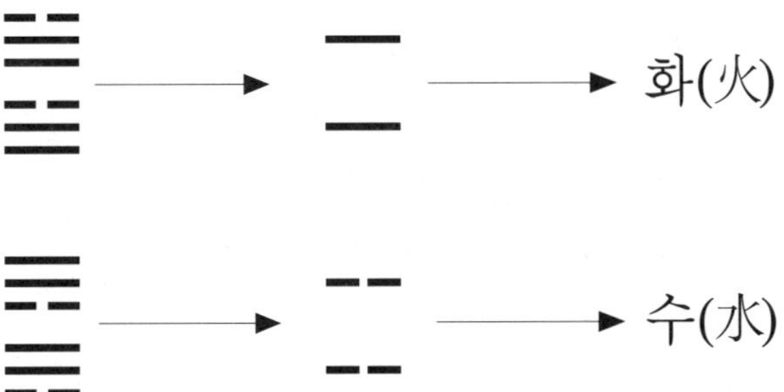

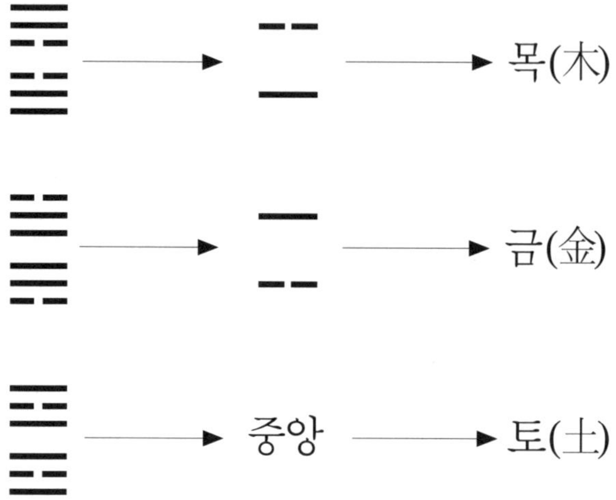

이제 다 됐다. 각 순환군은 이런 식으로 분류할 수 있다. E군은 바탕 그 자체여서 중앙 토보다 더욱 근원적인 것이다. 주역 용어로 태극이라고 말한다. 태극은 토(土)를 닮았지만 아니다.

이상의 방법 외에 다른 분류 방법이 있는가? 문자를 동원하든, 과학을 동원하든, 꿈풀이를 동원하든, 분류를 해 보라! 6환군은 결국 이상에 논의한 방식으로 분류될 뿐이다.

그런데 여기서 한 가지 아쉬운 것이 있다. H군이다. 이것은 괘의 종류가 4개뿐이다. 하지만 문제 삼을 것이 없다. 세 쌍둥이이니 숫자는 상관없다. 그래도 이상하다고? 좋다! 이 문제를 논해 보자.

각 군의 숫자를 더해 보자.

F + L + H + D + C이다(E군은 태극 군이니 뺀다). 합계는 52개이다. 12×4＝48에다 4개를 더한 것이다. 52이다. 60이 아니다.

60으로 하려면 세 쌍둥이를 다 동원하면 된다.

어쨌건 지금은 52를 궁리해 보자. 어떤 숫자인가? 48이면 화투장의 숫자이다. 화투장은 12×4＝48이다. 52는? 이것은 서양의 카드이다. 서양 카드는 13×4＝52로 되어 있다. 4는 같은데 13이 등장한다.

13이라는 숫자는 일 년 열두 달을 의미하는 게 아니다. 13은 다른 의미가 있다. 무엇일까? 이것은 아주 심오한 뜻이 있다. 13은 주역의 숫자려니와 《손자병법》이 13편으로 되어 있다. 일부러 13편으로 한 것이다. 13이라는 숫자가 신비한 뜻이 있는 주역의 숫자이기 때문이다.

중국 최상의 검법이라는 태극검법은 13식(式)으로 되어 있다. 마야의 승려들이 제사를 지낼 때 쓰는 달력도 13을 기본으로 되어 있다. 앞으로 13이라는 숫자는 자주 등장하게 된다. 여기서는 일단 환군 분류에만 신경 쓰자.

이제껏 우리는 기묘한 방법(과학적 방법)을 사용해서 환군을 분류했다. 즉 64괘 모두를 분류한 것이다. 여기서 우리는 무엇을 얻을 수 있는가?

사람에 따라 다를 것이다. 어떤 사람은 주역의 묘미 또는 심오한 일면을 보았을 것이다. 그러나 실망한 사람도 있을 것이다. 그런 사람들은 오로지 운명이나 예언이 나와야 좋아한다.

그러나 주역의 본질은 결코 그런 것이 아니다. 물론 지금껏 해 온 방식으로 풀어 나가다 보면 그러한 욕구도 충족할 수 있다. 귀신도 부르고, 미래도 보고, 자연의 모든 비밀도 알 수 있다. 그러나 그것은 주역의 일부분일 뿐이다.

이제 여행은 끝났다. 필자는 6환군을 찾아내고, 또한 그 성질을 분류하고 서울로 돌아왔다. 이는 매우 통쾌한 일이었다. 그러나 주역의 세계는 이제부터 펼쳐지기 시작했다. 어려웠던 주역이 쉽게 풀리는 듯하더니 다시 어려워진 것이다.

주역은 원래 그렇다. 그러나 가고 또 가면 깨달음은 높아질 것이다. 몰라도 가고 알아도 가자. 중도에 포기만 하지 않는다면 성인의 비밀을 밝혀 낼 수 있게 될 것이다.

玉虛眞經 (32)

眞人以輕風換重金 何比此 富者之多黃金

저 가벼운 바람을 무거운 황금으로 바꾸는 도인의 살림
을 어찌 부자의 황금 많음에 비하랴.

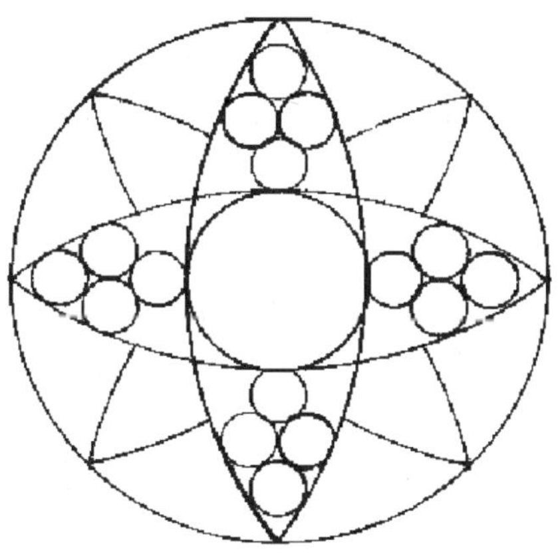

선천 복희 팔괘도

선천 복희 팔괘도라고 하는 그림은 소강절(邵嫌節)이라는 주역 학자가 처음 그린 것으로, 주역을 공부하는 사람이 제일 먼저 접하는 그림이다. 이것은 괘상이 갖는 수리적 성질을 보여 주거니와, 본 강좌에서 그 구성을 세밀히 조사해 보고자 한다.

복희 팔괘도는 다음과 같다.

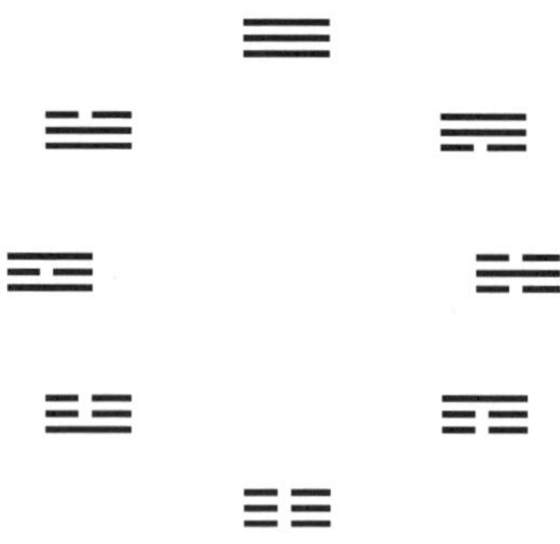

이들은 번호가 매겨져 성명의 획을 풀이하는 데 사용하기도 한다. 그들 숫자는 다음과 같이 되어 있다.

☰ (1) ☱ (2) ☲ (3) ☳ (4) ☴ (5) ☵ (6) ☶ (7) ☷ (8)

이제 이들 숫자가 갖는 의미를 살펴보자. 이것은 매우 단순하다. 먼저 각 괘상을 2진법(二進法)으로 값을 매겨 본다. 2진법이란, 중세기에 독일의 수학자 라이프니치가 최초로 사용한 바 있는데, 그것은 원소가 두 개인 체계를 정렬하는 데 쓰인다. 주역은 바로 원소가 두 개이므로 이진법으로 정렬하기에 안성맞춤이다.

우선 양을 1로 놓고 음을 0으로 놓는다. 이렇게 놓고 보면 천(天)은 다음과 같이 쓸 수 있다.

즉 ☰ → 111

그리고 지(地)는 다음과 같다.

☷ → 000

여기서 000은 0이나 마찬가지 숫자이다. 그리고 111이란 1+2+4=7이 된다. 어째서 1을 먼저 쓰고 2배씩 늘어나는가 하면, 바로 이진법이기 때문이다. 만일 우리가 평소 사용하는 10진법이라면 10배씩 늘어날 것이나. 즉 1+10+100=111이다. 눈으로 보기에 같은 숫자라도 진법에 따라 의미가 크게 다르다.

3진법으로 111은 물론 다음과 같다.

1+3+9=13

그럼 4진법이면?

1+4+16이 된다.

진법은 중학교 수학 교과서에 나오는 것으로, 오늘날 사용하는 컴퓨터의 논리 전개가 바로 그것이다. 이렇게 하면 구성 소자(構成素子)가 작동하느냐 안 하느냐의 두 가지 상태, 즉 1이냐 0이냐로 모든 것을 표현하기 때문에 아주 편리하다.

우리의 신경계도 바로 그렇게 되어 있는데, 신경의 상태란 흥분 상태, 즉 1이거나 혹은 평상 상태, 즉 0인 것이다. 주역의 괘상도 양은 활동 중인 것이므로, 신경 세포의 흥분 상태, 또는 컴퓨터 소자가 불이 들어와 있는 상태와 대응시킬 수 있다.

우주인들도 이진법을 사용할 것이다. 우리 인류는 손가락이 열 개였기 때문에 우연히 십진법을 사용했지만, 이것은 불편하기 그지없다. 이진법은 1과 0을 사용하는 데 비해 십진법은 0, 1, 2, 3, 4, 5, 6, 7, 8, 9 등 열 개를 사용한다. 이런 식으로 한다면 컴퓨터는 아예 만들어질 수 없었을 것이다. 그리고 자연계의 모든 생물에게 있어서 절대 필요한 신경계도 만들어질 수 없었을 것이다.

어쨌거나 이진법이란 자연계의 수리 작용에는 절대적인데, 라이프니츠는 이것을 발견하고 나서 너무 대견스럽게 여겨 중국을 교화하려고 하였던 것이다.

중국은 십진법의 원조였다. 한문을 보라.

一, 二, 三, 四, 五, 六, 七, 八, 九, 十.

이 얼마나 복잡한가!

라이프니치는 이진법을 통하여 수리 논리의 힘을 보여 주려고 했던 것이다. 그러나 이진법의 사상은 중국에서 이미 수천 년 전에 사용하고 있었던 것이다. 그것은 바로 주역이거니와, 양과 음으로써 수를 표현할 수 있었다.

다시 팔괘도를 보자. 111은 1+2+4=7인데 다른 괘들은 어떻게 되는가?

태(兌 : ☱)를 보자. 이 괘상은 풀어 쓰면 110이 된다. 물론 여기서 110은 십진법의 110이 아니고 이진법의 110이란 것을 명심해야 한다. 이것은 우리에게 익숙한 10진법으로 번역될 수 있다.

즉, 110 ——4+2+0=6이다.

다른 괘도 따져 보자.

火(☲)는 101 —— 4+0+1=5
雷(☳)는 100 —— 4+0+0=4
風(☴)는 011 —— 0+2+1=3
水(☵)는 010 —— 0+2+0=2
山(☶)는 001 —— 0+0+1=1
地(☷)는 000 —— 0+0+0=0

이제 모든 괘의 값을 매겼는데, 이 때 괘상은 아래에 위치한 것이 가치가 크다는 것을 알 수 있다. 그림을 보자.

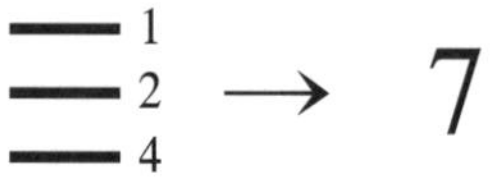

$$\begin{matrix}\underline{\quad}\ 1 \\ \underline{\quad}\ 2 \\ \underline{\quad}\ 4\end{matrix} \longrightarrow 7$$

이런 방식으로 괘상을 다시 보자.

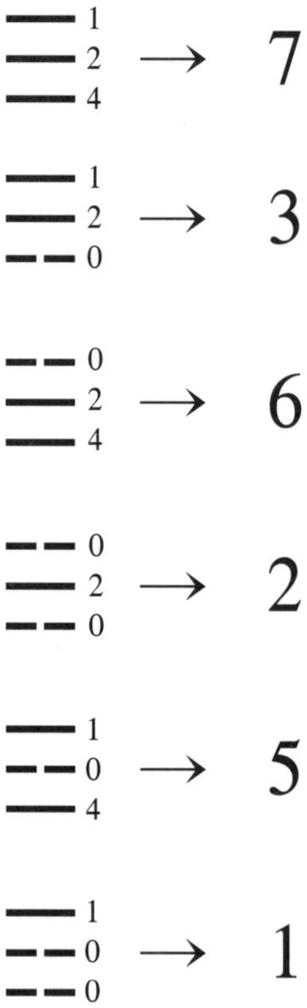

$$\begin{matrix}\underline{\quad}\ 1 \\ \underline{\quad}\ 2 \\ \underline{\quad}\ 4\end{matrix} \longrightarrow 7$$

$$\begin{matrix}\underline{\quad}\ 1 \\ \underline{\quad}\ 2 \\ \underline{\ }\ \underline{\ }\ 0\end{matrix} \longrightarrow 3$$

$$\begin{matrix}\underline{\ }\ \underline{\ }\ 0 \\ \underline{\quad}\ 2 \\ \underline{\quad}\ 4\end{matrix} \longrightarrow 6$$

$$\begin{matrix}\underline{\ }\ \underline{\ }\ 0 \\ \underline{\quad}\ 2 \\ \underline{\ }\ \underline{\ }\ 0\end{matrix} \longrightarrow 2$$

$$\begin{matrix}\underline{\quad}\ 1 \\ \underline{\ }\ \underline{\ }\ 0 \\ \underline{\quad}\ 4\end{matrix} \longrightarrow 5$$

$$\begin{matrix}\underline{\quad}\ 1 \\ \underline{\ }\ \underline{\ }\ 0 \\ \underline{\ }\ \underline{\ }\ 0\end{matrix} \longrightarrow 1$$

이제 여기서 얻은 수의 값을 가지고 성명 풀이에서 사용하는 숫자와 비교하자.

성명	괘상	이진법의 값
1		7
2		6
3		5
4		4
5		3
6		2
7		1
8		0

비교치는 무엇을 뜻하는가? 이진법의 값을 점수라고 한다면 성명 풀이의 값은 크기를 순서대로 쓴 것이다. 즉, 점수의 석차인 것이다. ☰은 양값이 제일 많은 괘상이고, ☷은 양값이 가장 적다.

물론 다른 방식으로 전개할 수도 있다. 그것은 음값으로 따지는 방법인데, 그렇게 하면 ☷의 값이 가장 크고 다음이 ☶, 차례로 ☵ ☴ ☳ ☲ ☱이 되어 ☰은 음값이 가장 적다.

이제 음양의 값을 모두 따져 보자.

☰은?

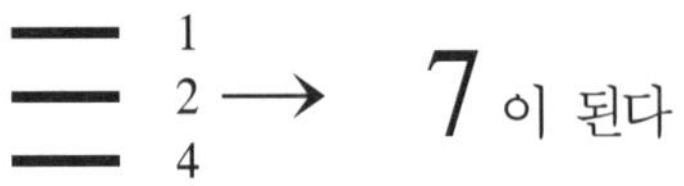

$$\equiv \begin{matrix} 1 \\ 2 \\ 4 \end{matrix} \longrightarrow \quad 7 \,\text{이 된다}$$

이것은 위의 그림과 같이 된다.

☱은?

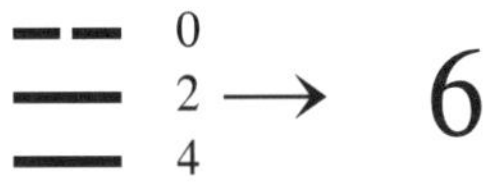

$$\equiv \begin{matrix} 0 \\ 2 \\ 4 \end{matrix} \longrightarrow \quad 6$$

이 아니다. 음을 무조건 0으로 하지 말고 평등히 대우하자. 그러면 이렇게 된다.

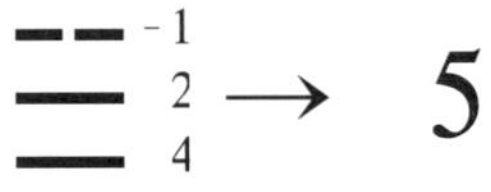

$$\equiv \begin{matrix} -1 \\ 2 \\ 4 \end{matrix} \longrightarrow \quad 5$$

마찬가지로 다른 괘에 적용하면,

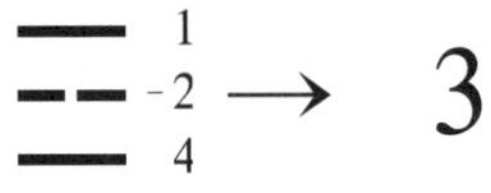

$$\equiv \begin{matrix} 1 \\ -2 \\ 4 \end{matrix} \longrightarrow \quad 3$$

$$\begin{array}{ll} \text{☷} & \begin{array}{l} -1 \\ -2 \\ 4 \end{array} \end{array} \longrightarrow \quad 1$$

$$\begin{array}{ll} \text{☶} & \begin{array}{l} 1 \\ 2 \\ -4 \end{array} \end{array} \longrightarrow \quad -1$$

$$\begin{array}{ll} \text{☵} & \begin{array}{l} -1 \\ 2 \\ -4 \end{array} \end{array} \longrightarrow \quad -3$$

$$\begin{array}{ll} \text{☴} & \begin{array}{l} 1 \\ -2 \\ -4 \end{array} \end{array} \longrightarrow \quad -5$$

$$\begin{array}{ll} \text{☳} & \begin{array}{l} -1 \\ -2 \\ -4 \end{array} \end{array} \longrightarrow \quad -7$$

이제 모든 것을 비교해 보자.

괘상	성명값	양값	음값	음양값
☰	1	7	0	7
☱	2	6	1	5
☲	3	5	2	3
☳	4	4	3	1
☴	5	3	4	-1

☷	6	2	5	−3
☳	7	1	6	−5
☶	8	0	7	−7

이 비교표에서 우리는 무엇을 알 수 있는가? 성명값은 단순한 석차를 나열한 것뿐이다. 양값은 음을 무시하고(0으로 놓고) 양만 계산한 것이다. 음값은 양을 무시하고(0으로 놓고) 음만 계산한 것이다.

음양값은 어떤가? 이것은 음과 양을 모두 계산한 것으로 지극히 평등하다. 그리고 여기서 계산되어 나온 값은 단순한 이진법보다 더욱 심오한 내용을 품고 있다. 이러한 표현 방식은 아직 인류가 사용하지 않고 있는 방식이다. 과연 우주인이나 사용할 법한 방법이 아닌가!

어쨌건 우리는 이제 괘상의 수치화에 성공했다. 그것은 이미 선천 복희 팔괘도라고 하는 것에 암시되어 있었거니와, 구체적인 값은 ☰ 7에서 시작하여

☱ 5, ☲ 3, ☳ 1, ☴ −1, ☵ −3, ☶ −5, ☷ −7 등으로 음과 양이 모두 사용된 이진법으로 고도의 조직을 갖추고 있다. 우리는 이 값을 가지고 괘상을 이해하는 데 쓸 수 있다. 예를 들어 보자.

음극은 어떤 괘상인가?

이 질문은 음값이 가장 많은 괘상을 묻고 있는 것이다. 그것은 우리가 살펴 값을 보면 즉시 알 수 있다. 바로 ☷으로서 ,이것은 음값이 가장 크고, 그 크기는 −7인 것이다. ☰은 양극, 즉 양값이 제일 큰 것이다. 이런 식으로 모든 괘에 대해 음양을 정할 수 있고,

그 크기도 계량할 수 있게 되었다. 복희 팔괘도를 다시 보자.

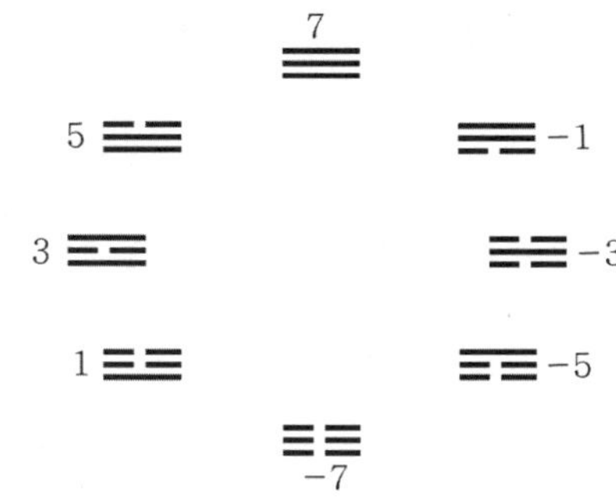

괘상에 값을 매겨 놓았는데, 좌측은 모두 양으로서 ☶으로부터 차츰 양기가 성장하고 있다. 마침내 양값이 7인 ☰에 이르면 극대치가 되고, 이 때부터는 음기가 자라나는 하강의 국면이 된다. 이것은 절기라든가, 하루의 기운과 완전히 부합한다. 하루는 밤 12시를 기점으로 해서 점점 태양의 기운이 강해지다가 낮 12시가 되면 다시 약해지기 시작한다.

이제 팔괘에다 시간의 흐름을 나타내는 지지(地支)를 붙여 보자. 이것은 전편에 이미 공부한 것이지만, 지금은 색다른 의미가 느껴질 것이다.

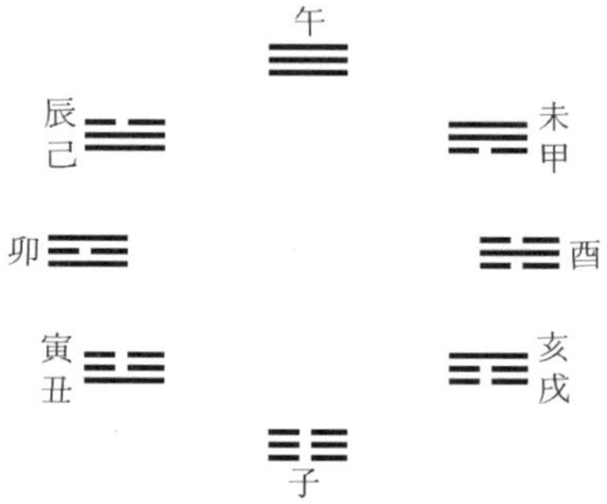

여기서 자는 음극으로 ── 여기에 이르면 더 이상 음이 성장할 수 없으므로 ── 양이 발생한다. ☳도 마찬가지이다. 이 곳에 이르면 결국 음기가 나타나게 마련이다. 주역 원전에 이르기를, '만물은 궁극에 이르면 변한다'고 했던바, 선천 복희 팔괘도는 바로 이러한 이치를 극명하게 보여 주고 있다.

다시 복희 팔괘도의 구조를 음미해 보자.

　이것은 음의 기운과 양의 기운을 높낮이로 하여 일직선으로 배열한 것이다. 이것은 절반이 음값, 절반이 양값이다. 이제 이것의 가운데를 끊어서 위아래를 붙이면 복희 팔괘도가 된다.

　화살표는 기운의 운행을 표현한다. 여기서 팔괘에 다른 표시를 해보자.

　가운데 표시는 전형적인 태극 모양인데, 중앙으로부터 곡선을 따라가면 음양이 각각 증가하여 극한에 이르게 된다. 또한 태극의 모양은 음과 양이 서로 상대방 쪽으로 쫓아가는 형국을 보여 주고 있다. 선천 복희 팔괘도는 —— 거창한 이름이 붙어 있지만 —— 자연스런 음양의 조화를 나타내고 있는 것이다.

이것으로 우리는 팔괘 모두에 대해 수치화(數値化)를 이루게 되었고, 이로써 팔괘에 대한 신상 명세를 보다 정확히 알게 된 것이다.

예컨대 ☵은 최소의 양으로서, 음에서 처음 탈출한 모습이며, 반대로 ☴은 음이 슬슬 생겨나는 모습이다. 그리고 ☱은 양이 가득 차기 직전이고, ☶은 음이 가득 차기 직전이다. 또 ☲과 ☵은 양과 음이 적당한 상황인 것이다.

이제 우리는 복희 팔괘도를 이용해서 대성괘, 즉 64괘에 대해 같은 식으로 신상 명세를 파악할 수 있다.

玉虛眞經 (33)

俗人以身爲財 道人以財爲身也

속인은 몸으로써 재물을 위하고, 도인은 재물로써 몸을
위한다.

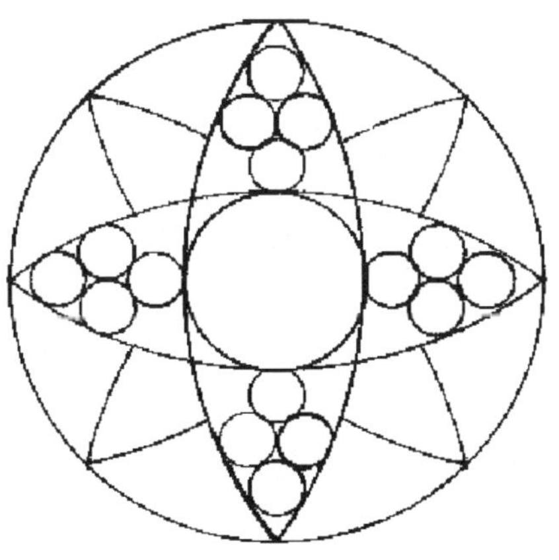

64괘 순환도

앞절에서 익힌 팔괘도의 값을 확대해 보자. 방법은 아주 단순하다. 팔괘의 값은 음이든 양이든 위에서부터 2배씩 증가하는 방식으로 정해져 있다. 그것은 2배씩인 것은 주역이 이진법 체계이기 때문이다. 3진법이라면 3배, 10진법이라면 10배였을 것이다. 이것은 매우 중요하지만 이제 그만 강조하자. 확실히 해 둘 것은 원소(元素)가 두 개인 괘상을 체계화하기 위해 이진법이 필수적이라는 것이다.

그건 그렇고, 대성괘의 예를 들어 보자.

━━ 1
━ ━ 2
━━ 4

▬ 8
▬▬ 16
▬ 32

숫자는 각 효에 이진법적인 값을 매긴 것이다. 1, 2, 4 다음에 계속해서 8, 16, 32로 붙인 것은 당연한 귀결이다. 십진법이라면 일, 십, 백, 천, 만 등으로 열 배씩 계속해서 나아갈 수 있다.

▦은 63으로 양값이 가장 크다. 즉, 양극인 것이다. 음극은 ▦으로 값은 당연히 -63이다. 음값과 양값이 서로 부호만 다르고 크기가 같은 것은 음양이 평등하기 때문이다. 자연과학에서는 이를 '대칭 구조'라고 하는데, 음과 양이 대칭이란 것은 아주 중대한 진리이다.

값을 계속 매겨 보자. 가장 낮은 값인 음극에서부터 시작하자.

-63   -61   -59   -57   -55   -53   -51   -49

이런 식으로 계속된다.

▦ 의 값은?

▬ 1
▬▬ -2
▬ 4

$$\text{☷} \begin{array}{l} {}^{-8} \\ {}^{-16} \\ {}_{32} \end{array} \rightarrow \quad \mathbf{11}$$

다른 모든 괘상도 이런 식으로 값을 정할 수 있다. 지면을 아끼기 위해 모든 괘에 대해 값을 나열하지는 말자. 다만 음미할 것은, 음과 양이 바뀌는 과정이다. 양의 시작은 값이 1인바, 이는 ䷗이다. 이 괘상은 양의 기운이 최초로 돌아온 것을 상징하는 유명한 괘상이다. 괘상의 이름은 복(復)이라 하여 한가닥 따뜻한 기운이 도래한 것을 의미한다. 이 괘상에 부합되는 절기로서 '동지(冬至)'라 하여, 이 날은 외출을 삼가는 전래의 습관이 있다. 양의 기운이 더욱 자라기를 기대하는 뜻에서일 것이다. 우리 나라에서는 팥죽을 먹으며 양의 출발을 기원한다.

지뢰복 다음의 괘상은 ䷒이고, 이어 ䷊ ䷡ ䷪ …… 등으로 발전하여 종래에는 ☰에 이르게 된다. 여기에 이르게 되면, 양은 더 이상 성장할 수 없게 되어 음이 자라나게 된다.

최초의 음은 ䷫로 표시되고 이는 값이 -1인 괘상이다. 절기로서는 하지(夏至), 이 때부터 추운 기운이 시작되는 것이다. 이어지는 괘상은 ䷠ ䷋ ䷓ …… 등으로, 이 괘열은 ䷖이 될 때까지 계속된다. ䷁에 이르게 되면 다시 ䷗이 시작되어 결국 순환을 이루게 된다. 이것이 바로 64괘 순환도인데, 선천 복희 순환도라고도 한다. 이 순환도는 선천 복희 팔괘도의 확장형으로, 아주 단순한 원리에 의해 정리된 것이다.

이제 우리는 모든 괘상에 대해 음인지 양인지를 정할 수 있고,

그 값을 통해 그들의 신상 명세를 파악할 수 있게 되었다.

값을 안다는 것은 괘상을 이해하는 첩경으로, 과학에서는 이를 정량적(定量的) 이해라고 말한다. 주역은 원래 정성적(定性的) 구조를 갖고 있는바, 이를 더욱 정밀하게 이해하기 위해 값을 등장시킨 것이다.

당초 자연의 모든 사물을 음과 양 두 가지 종류에서 8가지로 확대시키고, 나아가 64가지로 확대시켰으니 정량적 이해란 필수 불가결한 조건인 것이다. 64괘 순환도는 이토록 중요한 것으로, 단순히 신기한 그림이 아닌 것이다. 누구나 주역을 공부하게 되면 머지않아 이 순환도를 익히게 되는데, 그저 지나치는 정도로 그칠 뿐이다.

지금 이 글을 읽는 독자들도 진작부터 64괘 순환도를 알고 있었을 것이다. 하지만 그 의미는 다시 새롭게 음미해야만 한다. 그것은 바로 정량화이고 음양의 순환성이다.

사물은 극한에 이르면 반드시 변화가 온다. 물론 모든 변화가 시계바늘처럼 단계적으로 일정하게 오는 것은 아니다. 하지만 괘상의 뜻을 확실히 이해하기 위해 정량화를 통한 정렬(整列)이 필요하다. 그렇게 되면 모든 괘상을 서로 비교하여 이해할 수 있다.

이것이 사물을 과학적으로 이해하는 방법이다. 어떤 괘상이 과연 어떤 성질을 띠고 있느냐는, 그것을 구체적인 사물에 적용해 보는 것도 중요하지만, 괘상끼리의 비교는 절대적인 것이다.

자연과학도 그렇게 하고 있다. 예를 들어 산소와 질소를 보자. 두 가지 원소는 각각의 성질을 갖고 있다. 우리는 그 성질을 실험을 통해 이해할 수 있고, 특성을 잡다하게 설명할 수도 있다. 그러나 가장 중요한 것은 정량화이다. 산소는 전자가 8개 돌고 있는 원소이고, 질소는 전자가 7개 돌고 있다. 이렇게 말하는 것은 산소와 질소에 대해 가장 훌륭하게 말한 것이다. 산소와 질소에 대해 이보다 더 잘 말할 방법이 없는 것이다.

우리는 전자가 8개 혹은 7개라고 말함으로써 그 원소를 거의 완벽하게 이해한 셈이다. 원소가 갖고 있는 전자의 성질은 소위 그 원소의 화학적 성질이라고 해서 그것들이 자연에서 작용하는 것을 예측할 수 있게 된다. 예를 들어 산소는 수소를 만나게 되면 두 개만 받아들이고 질소는 세 개만을 받아들인다. 이 이유는 바로 전자 때문에 갖게 되는 성질이다. 주역의 괘상도 음양의 값에 따라 독특한 성질을 갖게 되는 것이다.

물론 음양의 값만 가지고 주역의 괘상을 완전히 이해할 수 있는 것은 아니다. 우리가 사람의 몸무게만 안다고 해서 그들을 전부 알았다고 할 수 있겠는가? 키도 알아야 하고 혈액형·학식·재산·성격 등을 알아야 하지 않겠는가! 우리는 지금 괘상이 갖고 있는 중요한 특성 중의 하나를 알았을 뿐이다. 그렇다. 괘상의 음양값도 중요한 특성이다. 그것으로 수박 겉핥기 식으로 괘상을 어느 정도 이해했다고 할 수 있기 때문이다. 이제 음양의 값이 괘상을 이해하는 데 어떻게 작용하는지 살펴보자.

玉虛眞經 (34)

富者坐錦席 道人坐自心之上矣

부자가 깔고 앉아 있는 것은 두툼한 비단이지만, 도인은 스스로의 마음을 깔고 앉아 있는 것이다.

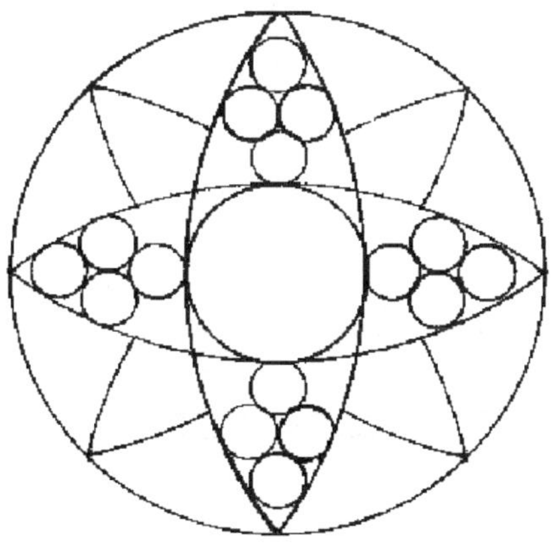

군주괘의 이해

우리는 지금 주역의 깊은 단계에 진입하고 있는 중이다. 앞에서 공부한 괘상의 값을 이용하여 군주괘를 음미해 보자. 군주괘는 변화가 가장 단순 명료해 보이는 괘열로서 그 내용은 과연 무엇일까? 눈으로 보이는 특징 외에 무엇을 감추고 있을까?

군주괘는 다음과 같다.

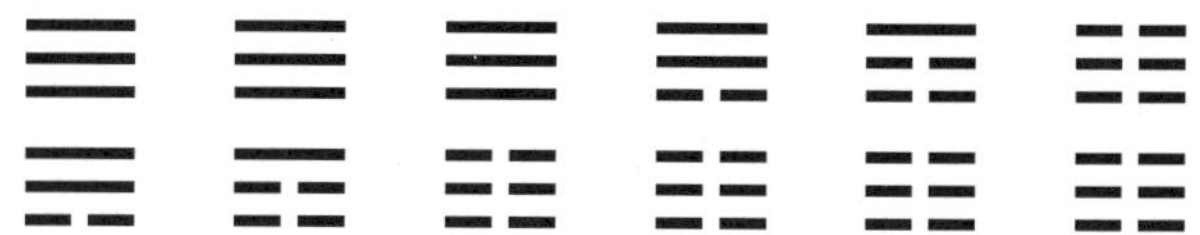

이 괘열은 순환을 이루거니와, 이들을 분석함으로써 괘상이 갖고 있는 특성을 보다 세밀히 살필 수 있을 것이다.

먼저 눈에 띄는 것은 ▦이다. 이것은 ▦ 다음에 나오는 괘상으로 값을 따지면 1, 즉 최초의 양이다. 이는 음이 극한에 이르면 양으로 전환되는 모양으로 되어 있다. ▦도 같은 형식으로 -1의 값을 취하고 있다.

군주괘는 전편에서도 대충 논의했지만, 양극에 음극까지 두루 순환하는 체계를 이루고 있는 것이다. 모양은 아주 단순하다. 모양 외에도 이들은 양극과 음극을 모두 포함하기 때문에 군주괘라는 이름이 붙여졌을 것이다. 군주괘는 주역의 괘상들 중에서 가장 특색 있는 것은 분명하다. 먼저 이들의 값을 매겨 보자.

▦ 은 1이다. ▦ 은

```
━ ━  -1
━ ━  -2
━ ━  -4

        →    33

━ ━  -8
━━━   16
━━━   32
```

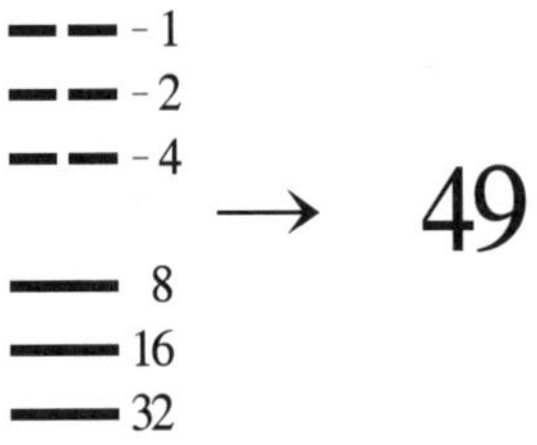
- 1
- 2
- 4
8
16
32
49

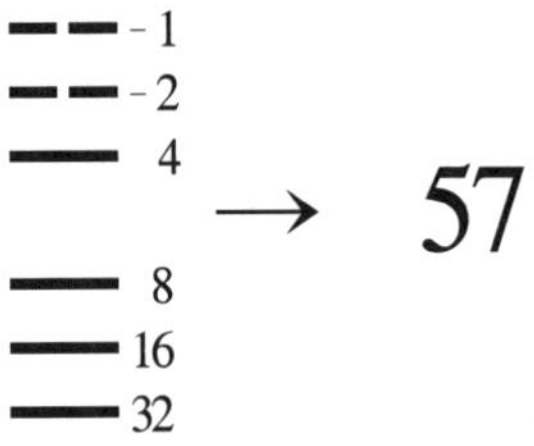
- 1
- 2
4
8
16
32
57

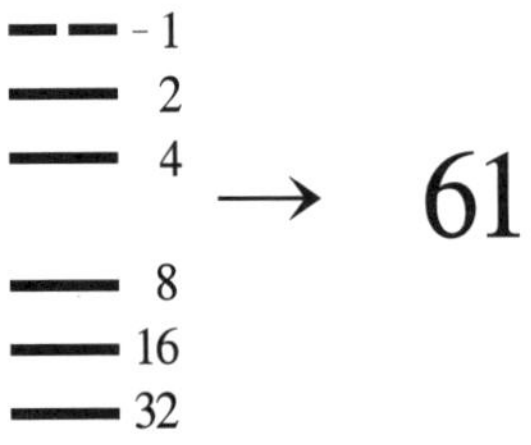
- 1
2
4
8
16
32
61

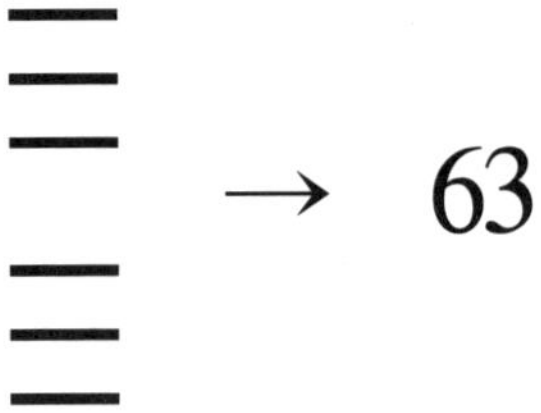
63

그 다음부터는 음으로서 ䷀ — -1, ䷠ — -33, ䷋ — -49, ䷓ — -57, ䷒ — -61, ䷖ — -63이 된다.

군주괘는 절반이 양이고 절반이 음이다. 또한 계속해서 양이 나오다가 음이 나오고, 마찬가지로 음이 계속 나오다가 양이 나온다. 서로 6번씩 나오는 것이다. 게다가 그 값들은 계속해서 증가한다. 나중에는 뚝 떨어지지만, 그것은 음양이 바뀔 때이고, 바뀐 후에도 최소한의 값이 다시 시작된다.

이제 이들의 숫자만 나열해 보자.

1, 33, 49, 57, 61, 63, -1, -33, -49, -57, -61, -63……

이들은 무슨 뜻이 있을까? 숫자를 이렇게 나열한 것을 소위 수열(數列)이라고 하는데, 중학교 수학에 나오고 IQ 검사에서도 흔히 나온다. 수열의 예를 들어보자.

1, 3, 5, 7, ( ), 11……

( ) 속에 무슨 숫자가 좋을까? 9이다. 수열은 2씩 증가하고, 우리는 그것을 발견했기 때문에 7 다음에 9가 나올 것을 미리 알 수 있었다.

수열 하나를 더 보자.

1, 2, 4, 8, 16, ( )……

이것은 두 배씩 늘어나는 것으로서, ( ) 속에는 32를 쓰면 된다.

수열이란 것은 그 규칙성만 알면 얼마든지 확장할 수 있는 것이다. 그렇다면 군주괘가 갖는 수열은 어떤 규칙성일까? 일견 단순해 보이지가 않다. 다시 보자.

1, 33, 49, 57, 61, 63……

양값만 써 보았다. 이들의 규칙성은 무엇일까? 쉽지 않을 것이다. 수학에 능숙한 사람이라 할지라도 마찬가지일 것이다. 그러나 걱정할 것 없다. 요령만 알면 아주 단순하다. 규칙이란 원래 그런 것이다. 규칙을 모르면 갑갑하지만 그것을 알고 나면 단순한 법이다. 학문이란 것은 바로 그 단순한 규칙을 발견하는 데서 시작하거니와, 주역의 괘상도 내재한 규칙성을 찾음으로써 이해가 시작된다. 지금 관건이 된 것은 군주괘의 규칙성이지만, 다른 괘열도 마찬가지 구조로 되어 있다. 철저히 연구를 해 보자.

군주괘열의 수치를 이해하기 위해 수열을 조금만 더 공부하자. 다음 수열은 어떤 규칙이 있는가?

1, 3, 9, 7, 1, 3, 9, 7, 1, 3, 9, 7……

이들은 순환하고 있다. 그리고 처음 숫자, 즉 1, 3, 9는 세 배씩 증가하는 것이다. 문제는 7 다음의 1이고, 또한 4번만에 순환하는 이유이다. 이 수열을 다시 써 보자.

1, 3, 9, 27

이 수열은 이해하는가? 세 배씩 증가한다. 하나를 더 써 보자.

1, 3, 9, 27, 81

이 수열도 역시 세 배씩 증가한다.
이제 이것을 처음 수열과 비교하자.

1, 3, 9, 27, 81……
1, 3, 9, 7…….

두 수열은 닮았는가? 수열은 10 이상 큰 것은 다 버리고 첫째 자리만 쓴 것이다. 이 수열은 1로 시작해서 무작정 세 배씩 쓰고, 10이 넘으면 첫째 자리만 사용하여 계속 세 배로 하는 것이다. 아주 단순하다.
다른 수열을 한 번 더 보자.

1, 3, 9, 5, 4, 1, 3, 9, 5, 4……

이 수열은 몹시 신기하다. 1, 3, 9까지는 세 배씩이다. 그런데 돌연 5, 4가 나온다. 이 수열은 복잡하니까 그냥 해석해 보겠다. 결론적이지만 우선 세 배씩 써 보자.

1, 3, 9, 27, 81

이제 이 수열에서 11이 넘는 것은 11씩 제해 보자. 27은 11을 두 번 제할 수 있으니 5가 남는다. 81은 11씩 7번 제하고 나면 4가 남는다. 처음 수열은 이렇게 만들어진 것이다. 10씩 제하느냐 11로 제하느냐에 따라 수열의 모습이 변한다. 이러한 수열은 우리 생활에 아주 빈번하다.

25시는 몇 시인가? 1시이다. 시간은 24시간이 지나면 없애 버리고 나머지만 사용한다.

13월은? 이것은 1월이다. 12개월이 제외된 값이다.

원둘레 370도는? 이것은 10도다. 한 바퀴 돌고 10도 더 돌아간 것이다.

이런 식으로 한 순환 단위를 수학에서는 법($法$) 또는 mod라고 말한다. 수학의 형식을 보자.

$25 \equiv 1 \,(\mathrm{mod}=24)$

이 표현은 24를 한 순환 단위로 한다면 25나 1은 같은 뜻이라는 것이다. 25시나 1시는 같다는 표현에 지나지 않는다. 순환 체계에 대한 이러한 분류법은 아주 단순한 방식이지만, 인류가 이런 방식을 발견하는 데는 아주 오랜 세월이 걸렸던 것이다. 이런 방식은 자연과학 연구에 아주 유용한 방식인데, 주역의 괘상에도 그대로 적용된다.

이제 주역의 괘상으로 돌아오자. 군주괘의 수열은 다음과 같다.

1, 33, 49, 57, 61, 63

이제 앞의 방식으로 뜻을 알 수 있겠는가? 무엇이 보이는가?

여전히 어렵다! 지면 낭비가 심하니 직접 결론을 설명하겠다.

설명은 단순하다. 그러나 필자가 이 수열의 뜻을 이해하기까지에는 많은 세월이 걸렸다. 물론 보람은 있었다. 이 과정에서 태극을 수량화하는 데 성공했기 때문이다. 태극을 수량화하다니, 신기하지 않은가!

우선 이것을 따져 보자. 태극은 과연 값이 어떤 것일까? 태극에 대한 이러한 질문은 태극이 무엇인가 하는 질문과 상통하기 때문에 상당한 의미가 있다. 우리는 태극의 값을 통해서 태극의 뜻을 더 깊게 통찰할 수 있다.

우선 묻겠다. 태극은 숫자로 말하면 무엇이겠는가? 무한대? 글쎄……. 0이면 어떨까? 이것은 그럴 듯하다. 태극의 값은 0인 것이다. 왜 그런가를 자세히 따지자면 상당히 복잡하다. 그저 제일감으로 생각해 보자.

0은 음도 양도 아닌 중성의 숫자로서 아무런 시비거리가 되지 않는 수이다. 그리고 음과 양을 합치면 0이 되지 않는가! 0이란 숫자는 사물로 말해 무(無)지만 만물은 이것에서 나오는 것이다.

태극의 성질이 바로 이렇다. 옛 사람들이 쓴 글에 보면 '무극(無極)이 태극(太極)'이라는 것이 있는데, 바로 태극의 무성(無性)을 뜻하는 것이다. 태극에 관한 상세한 논의는 후로 미루자. 여기서는 태극을 만물의 시작인 무(無), 또는 숫자의 시작인 0으로 생각해 두자.

이제 이것을 이용해 보자. 시간에는 0시가 있는데, 이는 몇 시인가? 바로 24시이다. 각도 0은 몇 도인가? 이것은 360도이다. 0이란 결국 출발점이고, 수학적으로 유식하게 말하면 법(法) 또는 mod라고 한다.

시계의 경우, mod는 0 또는 24다. 일 년의 달 수는 12가 mod이다. 각도는 360도가 mod이다. 이런 식으로 순환하는 모든 것은 mod가 있게 마련이다.

그렇다면 주역의 mod는 얼마인가? 0은 물론 mod이다. 이것 말고 다른 숫자는 없는가? 결론부터 말하자. 주역의 mod는 65이다. 왜 하필 65냐 하면 괘상 64개에다 태극수 1을 더한 것이다. 우리가 사용하는 십진법 숫자를 보자. 우선 0에서 시작한다.

0, 1, 2, 3, 4, 5, 6, 7, 8, 9

이 수열은 원소가 10개인데, 9 다음 숫자는 몇인가? 10이다. 10은 두 자리 숫자의 시작이다. 0과 뜻이 같다. 십진법의 mod는 10이다. 시계의 mod가 12인 것처럼 우리가 일상적으로 사용하는 숫자는 10을 주기로 하는 것이다. 별 내용은 아니다. 하지만 아주 중요한 뜻이 내재되어 있다.

아무튼 주역의 mod가 65인 것을 기억하자. 이것을 수학적으로 써 보자.

$$\text{mod}=65, \quad 0\equiv 65$$

이렇게 된다. 그 동안 얘기가 길어졌다. 중요한 개념을 숙지시키기 위해서 그랬던 것이다. 수학에 능통한 사람은 지루했을지도 모른다. 그리고 수학을 아예 싫어하는 사람은 더욱 지루했을지도 모른다. 그러나 그런 사람(수학을 지겨워하는 사람)은 다소 반성을 해야 한다. 사물을 이해하는 데 수학만한 것이 없기 때문이다. 주역도 마찬가지이다. 주역을 완벽하게 터득하기 위해서는 수학이 필요하다.

너무 고도의 수학은 아니니 염려할 것은 없다. 수학이라 봤자 상식적인 생각으로 이해할 수 있는 것이다. 진리란 것이 원래 그렇게 되어 있다. 복잡하면 진리가 아닌 것이다. 주역도 비록 수학을 통해 손쉽게 이해할 수 있지만, 수학이 너무 고등적이라면 주역은 진리가 못 되는 것이다.

각설하고, 군주괘를 분석하자. 군주괘 수열을 다시 쓰자.

1, 33, 49, 57, 61, 63

무엇이 보이는가? 주역의 mod 65를 가미시켜서 생각해 보자. mod란 더하거나 빼거나 그 체계를 변화시키지 않는 숫자이다. 시간에다 24를 더하는 것과 마찬가지이다. 27시는 바로 3시인 것이다.

이런 식으로 군주괘 수열로 따져 보자. 우선 1에다 65를 더해 보자. 그러면 66이 되는데, 이는 바로 1과 같은 뜻이 있는 수이다. 즉, $1 \equiv 66$인 것이다. 여기서 $1 = 66$로 쓰지 않고 $1 \equiv 66$로 표현한 것은 '같아도 너무 같다'는 강조법으로 이해하면 된다.

이제 66을 사용해서 수열을 정리하자.

66, 33……

무엇이 보이는가? 당장에 66과 33은 2배수 관계인 것이 드러났다. 33에도 65를 더해 보자.

그러면 수열은 다음과 같이 된다.

66, 98, 49……

98과 49는 배수 관계이다.

이제 모든 비밀이 드러났다. 49의 다음 숫자는 57인바, 이것은 $57 = \frac{1}{2}(49+65)$인 것이다. 그 다음도 마찬가지이다. $61 = \frac{1}{2}(57+65)$. 결국 다음 숫자가 앞 숫자의 반이 되고 있는 것이다. 왜 하필 반인가 하는 문제는 나중에 따질 일이다. 우리는 지금 군주괘의 음양 값을 분석해 본 결과 반 배씩 감소하는 수열인 것을 알았을 뿐이다.

이제 군주괘 수열을 모두 살펴보자.

1, 33, 49, 57, 61, 63, -1, -3……

이 수열 중 1에서 63까지는 반 배씩 감소하는 수열이다. 이제 63과 -1을 보자. 우선 이제껏 해 온 방식대로 63+65로 따져 보자. 63+65=128이다. 이것의 절반은? 64이다. 64는 무엇인가? 이번에는 여기에서 65를 빼 보자. 빼도 상관없다.

 mod란 빼든 더하든 상관없는 숫자이다. 시간에서 1시는 25지만, 23시는 -1시가 아닌가. -1시란 말은 0시가 되기 1시간 전이란 말이다. 별것 아니다. 이런 식으로 주역의 숫자 64를 보자. 이것은 65가 되려면 하나가 모자라는 숫자이다. 즉, -1인 것이다.

 지루하니까 이 정도로 하자. 요점은 주역의 mod는 65라는 것이고, 이것을 사용하면 군주괘의 수열이 질서 있게 나열될 수 있다는 것이다. 군주괘의 규칙은 반 배씩 감소하는 것이다. 그런데 왜 수열은 하필 감소하는 것일까? 여기에는 함정이 있다. 실은 감소하는 것이 아니다. 시계를 보자. 12시에서 출발한 시간이 6시로 가면서 점점 멀어진다(증가한다). 그러나 6시가 지나면 다시 가까워지지 않는가?

 이런 식으로 보면 순환이란, 가는 것이 바로 오는 것이다. 여름에서 멀어져 가는 계절은 다음 여름을 향해 오고 있는 것이다.

 주역에서 반 배라는 말은 33배라는 뜻과 같다. 33배? 이것은 별게 아니다. 1 나누기 2는 66 나누기 2와 같다. 왜냐 하면 1≡66이기 때문이다.

 이제 다시 말하자. 군주괘는 33배씩 증가하는 수열이다. 이제 됐는가? 반 배씩보다는 33배씩이 쉽게 보이는가? 마찬가지이다.

 우리는 숫자의 뜻을 새롭게 인식할 필요가 있다. 주역이란 숫자의 뜻을 해석한다는 뜻도 있다. 그것을 수성론(數性論)이라 하거니와, 이는 숫자를 단순히 개수를 세는 사물로 보지 않고 뜻을 헤아리는 것이다. 수성론의 한 예를 들어 보자.

1은? 이것은 고독일까?

3은? 이것을 사랑의 숫자라고 말하기도 한다.

6은 완전수라고 말한다.

세세한 내용은 앞으로 공부하게 될 것이다. 여기서는 만물의 뜻이 있듯이 숫자도 뜻이 있다는 것만 알면 된다.

다시 보자.

0은 태극의 수로 모든 것의 근원이다.

1은 태초의 숫자로 천(天)을 상징한다. 기독교에서 신을 하나님이라고 하는 것도 이런 뜻이다.

2는 지(地)이다. 만물은 이 곳에서 나왔다.

3은 인(人)이라고 하는데, 만물 또는 인간을 뜻한다.

그러면 4는 무엇인가?

이제 그만하자. 복잡하기 때문이다. 주역에는 0을 포함해 65개 숫자가 있다. 주역을 공부한다는 것은 바로 이들 숫자를 일일이 이해한다는 뜻이다. 상당히 어렵고 또한 신비한 내용이다.

우리는 수성(數性)을 자세히 모르는 상태에서 군주괘를 분석해 봤다. 여기서 가장 중요한 것을 지적하고자 한다. 우리가 저 앞에서 상정한 음양값은 그저 단순한 숫자가 아니라, 깊은 뜻이 있는 사물인 것이다. 그 숫자들은 주역의 괘상을 이해하면서 점점 뜻이 분명해질 것이다.

예를 들어 주역의 숫자는 4라고 해도 2×2=4가 아니다. 이는 3월에 태어난 사람 두 명을 합친다고 해서 6월인 사람 한 명이 되지 않는 것과 마찬가지이다. 우리가 주역의 숫자를 가지고 수열을 만들고 분석하는 것은 단지 비유적 이해일 뿐이다.

모름지기 주역을 공부하는 사람은 사물을 단순하게 봐서는 안 된다. 언제든지 그 내면의 뜻을 통찰해야 할 것이다. 이제껏 한 가지 분야를 너무 길게 얘기했다. 아직도 알고 넘어가야 할 내용이 많지만 그것들은 장을 바꿔서 논의하기로 하자.

우리는 괘상을 여러 각도에서 살펴보고 있는 중이다. 이는 마치 장님이 코끼리 더듬는 식이지만, 언젠가는 괘상의 전모가 찬란하게 떠오를 것이다.

이 장에서 공부한 것은 군주괘의 내적 규칙성과 그것이 오늘날 수학에서도 논의되는 군환(群環) 분류법이 적용되었다는 것이다. 아울러 사물을 이해하는 데 수리(數理)가 중요하다는, 또한 숫자에는 개수를 세는 것 외에 중요한 상징, 이를테면 범주적 의미가 있다는 것이다.

玉虛眞經 (35)

凡人不能帥自身 故 吾謂人不可爲自主也

사람은 누구나 자기 스스로를 뜻대로 움직일 수 없다.

그래서 나는 사람이 스스로의 주인이 못 된다고 말한다.

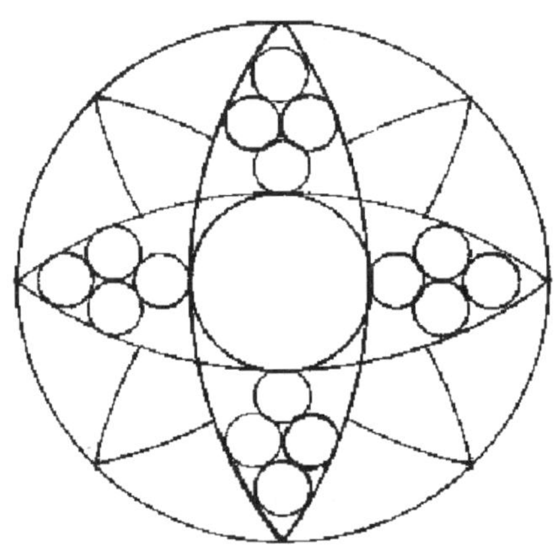

태극이란 무엇인가?

주역은 왜 공부하는가? 이에 대해 만물의 이치를 규명하기 위해서라면 간단한 대답일 것이다. 하지만 사람에 따라 주역을 공부하는 데는 여러 가지 의도가 있다. 대단하다고 하니까 막연히 주역을 공부하는 사람도 있을 것이고, 또 어떤 사람은 운명을 알고자 주역을 공부하기도 할 것이다.

그러나 주역은 그런 것들이 아니다. 실로 깊고 다양한 의미를 함축하고 있는 것이 주역이다. 주역을 공부하는 사람들은 그 많은 것 중에 이느 하나를 얻으면 보람을 느낄 수 있을 것이다. 무엇이든 주역에 관계되는 이론은 기초를 튼튼히 해야 한다.

태극론(太極論)은 그 중에서도 가장 중요한 것이려니와, 이는 주역이 아니라 해도 그 자체로 심오한 뜻이 있다. 기실 오늘날 자연과학의 절대 원리들은 태극에서 추론할 수 있다.

지금 이 글을 읽는 독자들은 사주 팔자나 운명·옥황상제 등 신비한 이야기를 좋아할지도 모르겠다. 또 어떤 사람은 괘상에 통달하여 당장에 도사가 되고 싶기도 할 것이다. 하지만 주역이 그렇게 쉽게 이루어지는 것이 아니다. 온 우주를 통해 최고의 학문이 그토록 쉽다면 이미 모든 사람이 통달해 있을 것이다. 물론 주역이 담고 있는 진리는 단순하다. 하지만 단순을 이해한다고 하는 일은 그리 단순한 일이 아니다.

태극은 특히 그렇다. 온 우주의 모든 사물을 통틀어 태극처럼 단순한 것이 없다. 그러나 이 곳에서 우주의 모든 진리가 나온다. 그럼 태극이라는 것을 살펴보자.

태극의 성질로서는 우선 평등성을 들 수 있을 것이다. 이것은 자연의 보편적 성질로 모든 곳에 나타난다. 주사위를 던진다고 하자. 우리는 각 숫자가 평등하게 나타날 것을 안다. 이는 대수의 법칙이라고 하는 것으로, 주사위를 던지면 던질수록 모든 숫자가 1/6씩 나타나게 된다. 이는 실험으로도 입증되고 있는 진리이지만, 우리의 상식적 판단으로도 이견(異見)이 있을 수 없다. 어떤 숫자가 특별히 많이 나올 리 없다는 이것은 평등을 바탕으로 예견된 진리이다.

평등, 이것이 바로 태극의 원리인 것이다. 만일 태극의 원리가 없다면 주사위 숫자는 평등하지 않게 나타날 것이다. 자연의 모든 현상도 공연히 특수성을 띠게 될 것이다. 태극은 모든 사물에 대해 평등히 대해 주고, 어느 편을 들어 주지 않는 것이다.

이러한 태극의 원리, 즉 평등의 원리는 자연히 존재하는 원리로서 누가 만든 것이 아니다. 옥황상제도 하나님도 알라신도 부처님도 태극의 원리를 만들지 않았다. 그것은 만들 필요조차 없는 너무나 순수한 것이다.

자연의 모든 법칙은 태극의 원리 다음으로 존재할 수밖에 없다. 세계에 어떠한 법칙들은 신이나 하나님, 또는 부처님이 만들었을 수도 있다. 하지만 태극만은 절대 누가 만든 것이 아니다.

태극의 다른 면을 살펴보자.

자석은 같은 극끼리는 밀고, 다른 극은 서로 당긴다. 같은 극끼리 서로 당긴다면 어떻게 되겠는가? 우선 같은 것끼리 모이니 점점 쌓여 나갈 것이고, 우주는 양극으로 갈라질 것이다. 산은 공연히 높아질 것이고, 연못은 공연히 깊어질 것이다. 뜨거운 물은 점점 더 뜨거워지기만 할 것이고, 차가운 물은 점점 더 차가워질 것이다.

이래서는 우주가 성립될 수 없다. 서로 다른 것끼리 당겨 서로 상쇄되어야만 우주는 질서가 유지되는 법이다. 검은 것이 있으면 흰 것이 있어야 하는 것이 태극의 법칙이다. 태극은 주역을 성립케 한다. 양이 있으므로 음이 있게 된다. 음양이 존재하면 서로 작용하여 주역의 작용이 이루어지는 것이다.

시간의 흐름을 보자. 이 또한 태극의 작용인데, 자연과학에서는 시간의 화살이라고 말한다. 시간을 화살이라고 표현하는 것은 시간이 방향을 갖기 때문이다. 그 방향은 미래라고 하지만, 그 방향이 어디일까? 미래라고 하는 것은 그냥 시간이 가는 방향을 일컬었을 뿐이다.

과학자들은 구체적으로 그 방향을 따지고 있는 것이다. 소위 시간의 화살이라는 것인데, 현재 5가지 종류가 발견되고 있다. 그 중 하나를 보면 '엔트로피 증대의 법칙'이라는 것이 있다. 이는 섞임의 법칙이라고 할 만한 것인데, 뜨거운 것과 차가운 것을 함께 놓으면 둘다 미지근해지는 법칙이다. 뜨거운 것은 차가워지고 차가운 것은 더워진다. 둘은 평균이 될 때까지 끊임없이 변화한다. 주사위를 한도 없이 던져 보자. 시간이 지날수록 평등해진다. 고춧가루와 소금을 병에 넣고 흔들어 보자. 시간이 지날수록 점점 더 평등하게 섞일 것이다.

바로 이것이다. 시간의 방향이란 섞여서 평등해지는 방향인 것이다. 시간이 흐름에는 저절로 분리되는 일은 일어나지 않는다. 오로지 섞일 뿐이다. 산은 낮아지고 연못은 얕아진다.

이러한 시간의 화살은 왜 있는 것일까? 그것은 바로 태극 때문인 것이다. 우주는 태극 때문에 시간이 흐르고, 시간이 흐름으로써 작용이 존재하는 것이다.

또 다른 태극의 작용을 보자. 완전성이라는 것인데, 동쪽이 있으면 반드시 서쪽이 있다는 법칙이다. 다시 말해 그 반대가 반드시 있다는 뜻이다. 태극의 성질로 완결성이 있다.

산소를 보자. 이것은 바깥 궤도에 전자가 6개 돌고 있다. 그래서 2개를 받아들이려는 성질이 있다. H_2O는 물인데, H_2가 바로 그것이다. H_3O나 H_4O 등은 존재할 수가 없다.

질소를 보자. 이것은 외각 전자가 5개이다. 그래서 전자 3개를 받아들이려는 성질이 있다. NH_3는 암모니아인데, H_3가 그것이다. NH_5 등은 없는 것이다. 이렇게 자연계의 물질도 태극의 원리에 따라 완결을 이루려고 하는 것이다.

여자와 남자가 만나서 사랑하는 것도 바로 태극의 원리이다. 사랑이 바로 그것이다. 모가 난 것은 먼저 부서지고 깊은 곳은 메워진다. 물은 낮은 곳으로 흘러 쌓이게 된다. 이 모두가 태극의 작용인 것이다.

자연계에는 무수히 많은 태극의 작용이 있다. 오로지 태극의 작용인 것이다. 모든 자연의 법칙은 결국 태극의 원리로 귀결하게 되어 있다.

한 가지만 더 살펴보자. 우주는 어떻게 생겨났는가? 자연과학의 결론에 의하면, 우주는 무에서 돌연 생겨난 것이다. 이는 금세기 최고 물리학자인 스티븐 호킹 박사가 발견한 법칙인데, 우리의 우주가 바로 그렇게 발생한 것이다. 창조의 힘인바, 이것이 태극의 힘인 것이다. 태극은 없는 곳에서 창조를 이루고, 그것을 평등하게 하고, 나중에는 온 곳으로 되돌아가게 한다. 만난 것은 흩어지게 하고, 태어난 것은 죽게 만든다. 모두 태극의 힘인 것이다.

주역은 이렇게 말한다.

'태극은 음과 양을 낳았다.'

음과 양 중 하나만 낳은 것이 아니다. 둘 다 낳은 것이다. 태극은 평등한 원리에 입각하여 음과 양을 낳은 것이다. 태극의 원리는 단순한 반면 수없이 많다. 그것을 다 열거하자면 이 책 한 권을 다 써도 모자란다. 앞으로 주역을 연마해 나가면서 필요할 때마다 태극의 원리를 등장시켜 보겠다.

태극에 관한 몇 가지를 간추려 보았다. 그것을 보고 또 다른 태극의 작용을 유추해 보기 바란다. 주역의 모든 원리는 태극에서 나온다. 음과 양의 원리가 바로 태극의 원리이다. 주역 공부란 결국 태극의 작용을 음미하는 것에 지나지 않는다.

그러나 그 세계는 무한하다. 또한 아무것도 아닌 0의 세계인 것이다. 밖에서 보면 0이고, 그 안에 들어서면 무한하다. 우리는 때로 태극의 밖에서 휴식하고, 그 안으로 뛰어들어, 그 작용을 체득해야 한다.

玉虛眞經 (36)

在人之上帥下者 謂高貴 然帥自者實上尊也

남의 위에 있어서 아랫사람을 뜻대로 움직일 수 있는 자는 고귀하다고 할 수 있으나, 스스로의 아래에 있는 자신을 뜻대로 움직일 수 있다면 그야말로 상존(上尊)이라 할 수 있다.

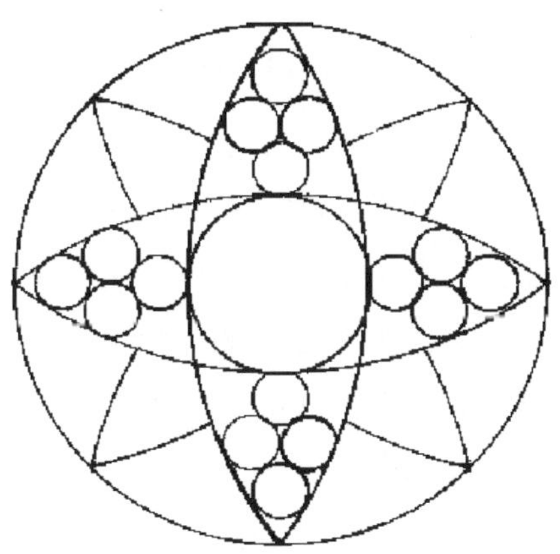

인생과 주역

《삼국지》의 위인 제갈공명은 일찍이 주역을 터득하여 빛나는 인생을 풍미하였다. 그는 주역을 병법에 응용하여 천하를 휘저었다. 당시 그의 앞에는 감히 나설 자가 없었다. 또한 제갈공명은 주역의 깊은 도리를 통해 인격을 수양하며 자연과 더불어 하나가 되어 살았던 것이다.

제갈공명이 요절했던 것도 자연, 즉 주역의 이치였으며, 그토록 신출귀몰했던 제갈공명이 천하를 통일하지 못했던 것도 주역의 이치였다. 당시 천하의 거대한 흐름은 한 개인의 힘으로는 감당할 수 없었던 것이다. 애석한 일이었지만 제갈공명은 이를 알고 있었다. 그래서 그는 이렇게 탄식했다.

"사람을 만났으나 때를 만나지 못했구나!"

여기서 때라고 하는 것은 천하의 대세를 일컬음이다. 때를 아는 것은 참으로 중요하다. 이에 대해 얘기를 해 보자.

어느 날 제후가 맹자를 방문하여 어떤 사람을 거론하며 그의 인격에 대해 물었다.

맹자는 옳지 못한 사람이라고 대답했다.

제후는 물었다.

"그렇다면 그 사람을 쳐 없애야 합니까?"

맹자는 그렇다고 대답했다.

그러자 그 제후는 그 사람을 쳐 없애기 위해 전쟁을 벌였다. 그러나 그는 오히려 그에게 패하고 돌아왔다.

제후는 맹자에게 따졌다.

"선생님께서는 그 자를 쳐도 된다고 했지요?"

"그렇습니다."

"그럼 어째서 제가 패했습니까?"

"나는 누군가 그 사람을 쳐 없애야 한다고 말했을 뿐 꼭 당신이 그 사람을 쳐 없애야 한다고는 말하지 않았습니다. 그리고 만일 당신이 그 때 직접 그 사람을 쳐 없애겠다고 했다면, 나는 때가 있다고 말했을 겁니다."

제후는 할 말을 잃었다. 세상 일이란 적임자가 있고, 또한 때가 있는 법이다. 적임자란 인격이나 지혜·자격 등을 말하는 것이려니와, 때라고 하는 것은 흐름을 살펴 기회를 잡으라는 것이다.

주자학으로 유명한 주자(朱子)는 만년에 점을 쳐서 천산돈(天山遯)괘을 얻었는데, 이는 주자가 은퇴를 해야 할 때임을 뜻하는 것이었다. 그래서 주자는 즉각 관직에서 물러나 향리로 돌아가 은거를

했었다.

이상의 얘기들은 주역을 통해 인생의 흐름을 조절한 내용이다. 우리는 주역의 심오한 이치를 깨닫고, 또한 그를 응용하여 위대한 인생을 살아야 할 것이다. 주역은 모든 것을 가르치고 있다. 인생이란 끊임없이 변화하여 어느 새 새로운 상황에 봉착하거니와, 주역에는 그때 그때마다 적절한 처세법을 보여 주고 있다.

특히 공자는 64괘의 모든 상황에 대해 어떻게 처신해야 할 것인가를 밝혀 놓았다. 이는 주역을 공부하는 우리가 반드시 깨달아야 할 내용이다. 주역의 이치는 수리적(數理的)이어서, 이는 괘상의 섭리로 깨우쳐야 하겠지만, 상황에 따른 처신법을 글로써 배울 필요가 있다.

공자는 늦게 주역 공부를 시작하여 크게 깨달은 성인이다. 공자가 주역을 공부하여 글까지 남겨 놓은 것은 우리에게는 너무나 다행이다. 성인의 보살핌이 아니고 무엇이랴.

세상을 살면서 변화하는 상황이란 64괘로 표현되는 흐름 외에 아무것도 아니지만, 우리는 그럴 때 어떻게 행동해야 할지를 모르고 있다. 이것은 주역 원전에 자세히 나타나 있다. 우리는 이를 외고 생각하여 체득해야 할 것이다.

玉虛眞經 (37)

能擧自身於首上 實有力者矣

자기 자신을 자기 머리 위에 올려놓을 수 있다면 참으로
힘이 있다고 할 것이다.

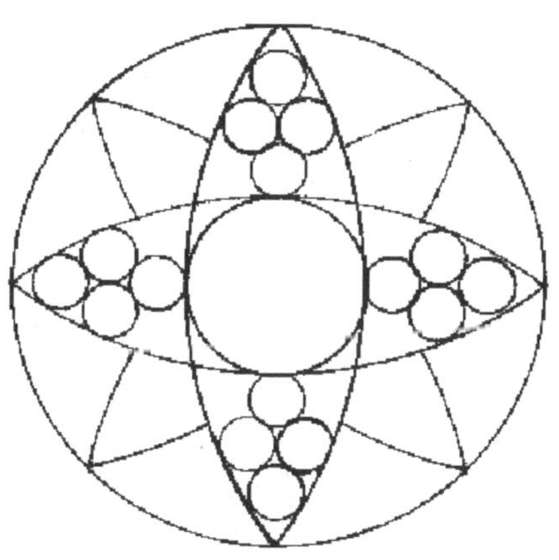

우주와 주역

　'우리가 사는 우주가 어떻게 생겼는가?'는 주역을 공부하는 사람이라면 필수적으로 알아야 할 사항이다. 왜냐 하면 주역이란 바로 우주 자연의 이치를 밝히는 학문인바, 우주를 모른다면 모처럼의 학문도 관념적으로 흐르고 말 것이기 때문이다. 주역은 물론 인생 사회에 우선적으로 필요한 진리이지만, 자연의 저 깊은 곳도 주역의 섭리가 지배하고 있다.

　일찍이 아인슈타인은 주역 공부를 통해 그 자신의 학문을 깊게 했다. 물리학자인 닐스 보어도 그 자신의 주된 이론을 주역에서 얻어 왔다. 심리학자 융은 주역을 깊게 공부하여 원형(原型)이라는 개념을 확립한바, 이 원형은 바로 주역의 괘상인 것이다. 미적분학의 창시자인 라이프니츠는 주역을 보편학, 즉 우주 최고의 학문으로 삼았다. 제갈공명이나 공자·서산대사·하이젠베르크 등도 마찬가지이지만, 신선들도 주역을 최고의 학문으로 삼는다.

어째서일까? 대답은 간단하다. 그것은 주역이 우주 자연의 모든 것을 설명해 주고 있기 때문이다. 자연의 면모를 보자. 생물계에는 암컷과 수컷이 있다. 이는 분명 주역의 음양이려니와, 주역의 음양은 결코 생물계의 음양을 본뜬 것이 아니다. 음양은 주역 자체의 절대 요소이다. 자연계에는 미생물인 세균도 음양이 있는데, 비단 생물뿐 아니라 무기물질에도 음양이 있다. 자석을 보라. 자석에도 음과 양인 N극과 S극이 있지 않은가? 전기도 +극과 −극의 전극이 있다.

물질 세계를 보자. 원자는 중앙에 원자핵이 있고, 그 둘레에 전자가 배치되어 있는바, 핵은 +의 성질을 띠고 있고, 전자는 −의 성질을 띠고 있다. 그리고 물질이란 것 외에 반물질이란 것도 있다. 이것도 바로 음양이려니와, 이에 대해 조금 부연해 보자.

아인슈타인은 생각해 봤다. 원자는 중앙에 +전기를 띤 핵이 있고, 그 둘레에 −전기를 띤 전자가 있는데, 하필 중앙에 +가 있을까?

아인슈타인은 그 반대, 즉 중앙에 −전기와 그 둘레에 +전기를 상정했던 것이다. 만일 원자가 중앙에 −핵이 있고 둘레에 +전자가 있다 해두 이상할 것이 없나. 누가 말리는 것도 아니고 금지하는 법도 없다. 그래서 그는 생각했다. 그러한 원자는 존재한다고 없을 이유가 없기 때문에 존재한다고 생각한 것이다. 과연 아인슈타인답다. 얼마나 자유로운 착상인가!

후에 그러한 원자가 발견되었다. 그것을 반원자 또는 반물질이라고 하는데, 물질과 완전히 반대 성질을 갖는다. 물질과 반물질이 서로 만나게 되면 둘은 완전히 소멸하여 빛으로 변한다. 자연은 참으로 신비하다. 그러나 그 내용은 단순하다. 단지 음양일 뿐이다.

이제 우주 허공을 보자. 허공에는 헤아릴 수 없이 많은 별이 있다. 이들은 좁쌀보다도 작은 우주 알로부터 폭발되어 나온 것이다. 좁쌀이라니? 아니, 오히려 그보다도 훨씬 작다. 좁쌀이 지구 덩어리만큼 크다고 할 때 우주 알은 먼지 정도보다도 작았던 것이다. 그러한 우주 알이 모든 별을 만든 것이다.

그렇다면 우주 알은 어디서 온 것일까? 그것은 무에서 왔다. 주역적으로 말하면 태극에서 온 것이다. 그럼 태극은 어디서 온 것일까? 그것은 어디서 온 것이 아니다. 태극은 없어도 있고, 오지 않아도 온 것이다. 물론 있어도 없고, 가도 가지 않은 것이 태극이다. 이러한 태극이 돌연 우주 알을 만든 것이다.

이는 호킹 박사가 발견한 이론이지만, 그 기초는 하이젠베르크라는 물리학자가 제창한 불확정성 원리에서 나온 것이다. 불확정성 원리에 의하면, 시간과 에너지는 불확정 관계로 주어지기 때문에 불시(不時)에 에너지, 즉 물질이 생긴 것이다.

이러한 원리는 하이데거라는 철학자도 주장한 바 있는데, 그는 무의 자기 은폐성(自己 隱蔽性) 때문에 우주가 생겨났다는 것이다. 올바른 말이다. 주역에서는 무의 짝으로 유(有)가 생긴 것이다. 무가 양이라면 유는 음인 것이다. 이는 태극의 원리로서, 태극은 음과 양으로 하여금 짝을 이루게 하는 성질이 있다. 그래서 평등하기 때문이다.

우주 자연을 더 보자. 우주에는 만유 인력이 있어서 물질끼리 서로 당겨 응축된다. 그러나 허공은 팽창하고 있는 것이다. 허공의 팽창, 그리고 물질의 수축은 음과 양의 관계인 것이다.

이제 차원을 아주 낮추어 실생활을 보자. 우리의 뇌는 소위 교감 신경이란 것이 있어서 흥분을 유발시킨다. 그런데 부교감 신경계라는 것도 있어서 억제 역할을 한다.

냉장고를 보자. 더워지면 냉각 펌프가 작동한다. 차가우면 정지한다. 보일러도 마찬가지이다. 물이 차가우면 연료가 발화하고 뜨거우면 정지한다. 자동차를 보자. 엑셀이 있고 브레이크가 있다. 서로 반대의 작용을 하는 것이다.

가정을 보자. 야단치는 엄마가 있고 말리는 아버지가 있다. 술에는 안주가 있다. 할아버지와 어린아이가 서로 놀면 정서에 좋다.

신체를 보자. 엄지손가락과 그 외 네 개의 손가락은 방향이 서로 반대이다. 그래서 물건을 잡을 수 있는 것이다.

다시 차원을 높여 보자. 뉴턴의 운동 법칙 중에는 작용 반작용의 법칙이 있는데, 이는 로켓의 원리가 된다. 로켓은 뒤로 가스를 분출함으로써 몸체가 앞으로 나아간다. 걸음도 그렇다. 한 발로 땅을 밀면서 앞발이 나아간다. 한 발로는 절대 나아갈 수가 없다. 목발을 짚거나 깡충 뛸 수는 있지만, 역시 땅이 있거나 목발이 있어야 한다.

짝이 있어야 하는 것이다. 짝이라는 것, 이것은 바로 음양이지만, 우주는 음양으로 가득 차 있는 것이다. 운동 경기도 적과 나, 즉 짝이 있어야 이루어지고, 사랑도 님이 있어야 된다.

우주란 무엇인가? 바로 음양이다. 우주는 음의 성질인 공간이 있고, 양의 성질을 띤 시간이 있어, 변화하고 유지되면서 발전으로 나아간다. 우주는 음과 양의 작용을 통해 영구히 나아가는 것이다.

언젠가 우주의 작용은 끝날 것이다. 그러나 우주는 또다시 생겨난다. 그것은 태극의 원리, 또는 음양의 원리인 것이다. 음양 외에 우주는 없다. 인생이든 우주이든 음양인 것이다.

철학자들은 인생이란 무엇인가 하고 심각하게 묻는다. 그러나 대답은 의외로 간단하다. 음양인 것이다. 나고 죽고, 또한 죽어서 다시 나고, 모이고 흩어지고, 만들어지고 파괴되고, 인간이 자연을 해치면 자연도 인간을 해치고, 이익을 주면 자연도 인간을 이롭게 한다. 하늘도 인간의 태도에 따라 상이나 벌을 준다.

우주는 무엇인가? 답은 음양이다.

인생은 무엇인가? 역시 답은 음양이다.

과학은 끝이 있는가? 있다. 종래에는 음양의 원리로 귀결하는 것이다.

그렇다면 음양은 무엇인가? 그것은 아무도 모른다. 계속해서 공부해 나갈 뿐이다.

인간은 우주에서 태어나 우주에 관심을 갖고 살아왔다. 그런데 인간이 바로 음양이고, 우주가 바로 음양인 것이다. 인생의 원리, 그것은 바로 우주의 원리이다. 먼 곳을 알고자 하면 가까운 곳을 규명하라. 그리고 먼 곳에 있는 것도 실은 아주 가까이에 있는 것이다.

남자를 알면 여자도 알 수 있고, 노인을 알면 어린아이도 알 수 있다. 동쪽을 보면 서쪽도 보이는 것이다. 음양이 있기 때문이다.

이제 세상이 간단해진 것을 느낀다. 그 간단한 것을 더욱 깊게 알기 위해 우리는 주역을 공부한다. 주역 속에 우주가 있는 것이다. 앉아서 천 리 밖을 본다는 말은 바로 이런 뜻이다.

생물계를 보자. 모든 생명체는 유전자를 가지고 있는데, 그것은 A·T·C·G라는 염기의 사슬이다. 그런데 이것은 세 개씩 짝을 이루어 아미노산을 지정하는 코드를 만드는데, 그 코드의 종류는 모두 64개이다. 64괘의 숫자와 정확히 일치한다.

그리고 A는 T와, C는 G와 연결이 되는데, 여기에도 주역적인 뜻이 있다. 염기가 4개인 것은 주역의 사상(四象)이다. 또한 세 개씩 짝을 이루는 것은 천지인(天地人)으로, 역시 주역의 삼재(三才)인 것이다.

게다가 A·T와 C·G가 결합하는 것은 그들이 서로 대응하는 짝으로, ⚏은 ⚍과, ⚎은 ⚌과 상응하는 것에 해당된다. 모든 생물이 이러한 체제를 갖추고 있는 것이다. 당초 생물이 만들어질 때 자연 기본 법칙인 주역의 원리에 입각하여 만들어진 것이다. 모든 생물의 근본은 같은 것이다.

물론 우주 생물의 경우 DNA 나선 구조의 회전 방향이 반대일 수는 있다. 두 가지 종류가 있을 수 있기 때문이다. 우주의 모든 원소는 전자를 갖고 있는바, 그 외각의 숫자는 주역의 숫자를 향하려는 성질이 있다. 하늘에서 내리는 눈을 보라. 그것은 6각형인데, 이는 어느 곳에서나 그렇고, 어느 해에도 마찬가지이다. 왜 하필 6각형일까? 만 년 전에도 눈은 육각형이었다. 저 우주 어딘가에서도 육각형의 눈이 내릴 것이다.

여기에는 중대한 뜻이 있다. 6은 수학에서 완전수라고 하거니와, 주역은 6개의 효(爻)를 가지고 있다. 허공도 6개의 방향이 있다. 이 모든 것이 음양, 또는 삼재의 원리인 것이다.

주역을 통해 우주의 모든 것을 이해할 수 있다. 왜냐 하면 우주는 그 외의 원리가 있을 수 없기 때문이다.

—— 2권에서 계속 ——

주역의 진리를 과학적으로 밝혀 놓은 세계 최초의 책

주역 원론

1. 시간과 공간

공자가 평생을 두고 연구했던 주역의 신비가 오늘날에 와서 차츰 풀리고 있는 중이다. 이는 주역에 대한 인류의 관심이 증대된 데 기인하지만, 실은 20세기에 들어서서 인류의 지성이 발전했기 때문일 뿐이다. 인류는 이제서야 주역을 이해하기 시작했다.

주역에는 오늘날 인류의 첨단 과학인 양자 역학·위상 수학·카오스 이론·프렉탈, 카타스트로피·생명 창발 등 모든 것이 들어있으며, 우주의 시각과 끝, 그리고 그 과정을 낱낱이 설명하고 있다. 이로써 신의 섭리를 엿볼 수 있을 것이다.

20세기 최대의 과학자인 아인슈타인은 그의 과학적 원리의 핵심을 주역에서 얻었고, 양자 역학의 창시자인 닐스 보어도 그 원리를 주역에서 얻었다. 먼 옛날, 신출 귀몰했던 제갈공명도 그의 위대한 병법 원리를 바로 주역을 통해 깨달을 수 있었던 것이다. 주역을 알면 귀신도 부릴 수 있다는 말이 있는데, 어찌 귀신 뿐이겠는가. 주역의 섭리에 따라 인간이 앞서면 하늘도 이를 어기지 않는 법이다.

2. 질서와 혼돈

시간이라는 존재는 인류의 최대 관심사가 아닐 수 없다. 시간의 세계는 공간의 세계처럼 망원경 등으로 내다볼 수 없는 신비의 영역인바, 이러한 세계를 다루는 것이 주역이다. 주역은 당초 시간의 비밀을 풀어 인류의 생활에 이바지하도록 만들어진 것이다.

주역을 이해하기 위해서는 발달된 과학적 지성이 절대로 필요하다. 이로써 시간의 비밀은 그 모습을 드러낼 것이다. 과학적으로 바르게 규명된 주역이 인류 발전에 크게 이바지할 것은 더 말할 나위가 없다. 주역은 원자 문명만큼이나 인류에게 중요한 학문인 것이다. 그것은 바로 시간의 문제이기 때문이다. 앞으로 인류는 시간을 이해하고 정복해야 한다. 시간을 이해하는 데에는 주역만큼 심오한 학문이 없다.

인류는 주역을 통해 시간을 정복할 것이다. 과학자인 닐스 보어는 노벨 물리학상을 타는 자리에 8괘 무늬의 옷을 입고 등장했는데, 그는 자연의 모든 법칙이 주역에서 나온다는 것을 알았던 것이다. 만일 초문명을 가진 우주인이 등장한다 하더라도 그들의 문명 원리는 반드시 주역의 원리와 합치할 것이다.

3. 자연의 대조직

주역이 만들어진 지는 실로 7천 년이나 된다. 그 당시 인류는 글자도 없었고, 농사도 지을 줄 몰랐으며. 집도 없이 동굴이나 숲에 살았었다. 이러한 시대에 돌연 주역이 등장했던 것이다.

주역에는 온 우주의 원리와 성인의 섭리, 초자연의 비밀이 담겨 있는데, 이 같은 신의 지혜가 인간에게 다급히 전해진 까닭은 무엇일까?

우리는 인류와 우주에 있어 우선 이 까닭을 규명하여야 할 것이다. 주역은 하늘이 내린 것인지 성인이 만들었는지, 또는 초문명의 우주인이 남겨둔 것인지 증명할 수는 없다. 하지만 우리 앞에 일찍이 출현한 주역은 엄청난 내용을 전개하고 있다. 그것은 과학의 극한을 넘어서 있으며 인간을 초월하여 신의 세계를 깨닫게 한다. 주역은 하늘이 인간에게 베푼 최대의 은혜가 아닐 수 없다.

인간은 주역의 지혜를 획득하여 영원한 세계를 보다 행복하고 안전하게 살아갈 수 있을 것이다.

4. 신의 지혜

아인슈타인은 언젠가 인류의 지혜가 좀더 발전한다면 시간의 미래를 완전히 알 수 있는 해법을 찾을 수 있을 것이라고 생각했다. 하지만 이미 수천 년 전에 그러한 해법이 존재했던 것이다. 주역이 바로 그것이다. 오늘날 인류는 주역의 지혜를 통해 시간의 미래를 예측하는 것이 가능한 시점에 이르고 있다. 만일 현대의 초고속 슈퍼 컴퓨터의 기능과, 주역의 이론이 합쳐진다면 일기 예보처럼 사건 예보가 이루어질 수 있을 것이다. 물론 주역의 이론이 당장 시간의 미래를 세세하게 예보하는 데 이르지 않는다 해도 주역이 갖는 광대한 지혜는 인류의 복지를 크게 증진시킬 것이 틀림없다.

현대에 와서 세계의 많은 과학자들이 주역의 연구에 몰두하는 것은 실은 이러한 배경이 있는 것이다. 이는 인류의 급격한 지성 발달을 위해 크게 바람직한 일이 아닐 수 없다. 다만 애석한 일이 있다면 오늘날 우리 나라의 경우 주역의 과학적 연구가 이루어지고 있지 않다는 것이다. 이러한 상황에서 본 저서는 우리 나라의 주역 과학 발전에 원동력을 제공해 줄 것이라고 믿는다.

5. 사물의 운명

인류의 문명에는 수많은 신비가 있다. 피라미드를 필두로 해서 스핑크스·모아이·잉카제국·만리장성 등등이 그것이다. 그런데 그것들은 모두 건축물에 국한되어 있다. 인류에게 건축물 말고 다른 신비는 없단 말인가. 결코 그렇지 않다.신비란 원래 물질보다는 정신에 존재하는 법이다. 그렇다고 할 때 인류의 모든 신비를 통틀어 주역에 필적할 만한 것이 없다. 주역의 섭리는 성인의 지혜나 과학자의 지혜를 능가하고 있는 것이다.

신이 우주를 창조했다 하더라도 그 원리는 주역의 법칙을 넘어서지 않는다. 실로 주역은 자연의 모든 비밀을 함유하고 있는바, 이를 떠나서 더한 신비는 있을 수 없다. 인류는 5천 년간이나 주역의 깊은 비밀을 모르고 있었지만 이제서야 그것이 풀리고 있다.

이 책은 현대의 첨단 과학을 통해 주역의 신비를 파헤치고 있다.

6. 무한을 넘어서

오늘날 인류는 물질의 궁극에 도전하고 있는 중이다. 이는 우주가 어떻게 만들어져 있는지, 또한 그 안에 있는 물질의 구조가 어떻게 되어 있는가를 완전히 파헤치려는 것이다. 그렇게 되면 우주 자연의 비밀이 모두 풀리게 되는 것일까? 실은 그렇지 않다.

우리가 사는 이 세계는 물질뿐 아니라 초물질·생명·영혼·세계이전, 시공의 끝, 초법칙 등 알 수 없는 신비로 가득 차 있다.

인류는 아직 이러한 영역에 발을 들여놓지 못하고 있는 것이다. 하지만 주역은 오천 년 전부터 이미 자연과 초자연의 모든 비밀을 간직하고 있었다.

인류는 주역을 통해 극한적인 지혜를 습득할 수 있을 것이다. 우리가 사는 세계에 주역이 있다는 것은 하늘의 더할 수 없는 축복이다.

주역 김승호 ● 대하소설

1권/연진인의 천명재판

세상과는 멀리 떨어진 깊은 산, 범상한 신통력과 전생을 간직한 사람들의 마을, 지존한 신선들의 은밀한 행보는 지상으로 향하고, 정마을은 상상조차 할 수 없었던 기이한 사건의 소용돌이 속으로 휘말려 드는데……. 연이은 긴박한 사건 속에 속세에서 폭력에 맞섰던 한 사나이가 정마을로 숨어든다.

2권/평허선공, 염라전에 들다

정마을 촌장의 기이한 행적으로 인한 의문은 쌓여만 가고, 건영이의 신비한 힘이 주역을 통해서 서서히 드러난다. 이 때 천계에서는 우주의 이상현상에 대한 답을 구하기 위해 특사가 파견되지만 요녀들의 방해로 죽임을 당해 뜻을 이루지 못한다. 한편 정마을을 떠난 촌장 풍곡선은 천계에서 심문을 받고…….

3권/종잡을 수 없는 천지의 운행

천계에서 서신 연행이었던 전생의 기억을 회복한 남씨는 숙명이 어머니와의 이루지 못한 슬픈 사랑에 가슴 아파한다. 우주의 이상현상의 하나로 나타난 혼마 강리는 정마을 사람들을 위협하고, 천계의 대선관 소지선은 평허선공을 피해 하계로 숨어 버린다.

4권/단정궁의 중요 회의

우주의 혼란을 바로잡을 방법을 구하기 위해 단정궁에 파견된 특사는 아리따운 총관 본유의 유혹에 넘어가 정력을 소진한 채 자멸하고 만다. 한편 지상에 나타난 혼마 강리는 땅벌파에게 무술을 가르쳐 세상을 지배하려 한다. 그러나 풍곡선의 부탁을 받아 그를 뒤쫓던 검의 명수 좌설과 일전을 치르는데…….

5권/선혈로 물든 인연의 늪

정마을 주변에서는 또 한번의 기이한 일이 발생한다. 빗자루를 든 괴노인이 나타나 닥치는 대로 사람을 죽이고 서울로 향하는 인규를 위협한다. 정마을이 지원하는 조합장측과 혼마 강리가 지원하는 땅벌파 간의 오랜 이권 다툼 끝에 드디어 협상이 이루어져 새로운 전기가 마련된다. 천계에서는 동화궁과 남선부 간에 전쟁이 일어나 아수라장이 되어 버린다.

6권/옥황부의 긴급 사태

건영이는 하루가 다르게 도를 깨우치고 혼마 강리도 극강의 힘을 얻기 위해 땅벌파를 동원해 여체를 찾아 나선다. 그들은 드디어 무척 날쌔며 힘이 장사인 미친 여자를 만난다. 그러나 혼마는 뒤쫓던 좌설과 능인의 일격을 당해 중상을 입는다. 이 결투로 능인도 목숨을 잃을 위기를 당하지만 때마침 천계에서 건영이를 만나러 내려온 염라대왕의 도움으로 살아난다.

7권/여인의 숭고한 질투

빗자루 괴인은 마침내 정마을로 쳐들어오고 이를 미리 알아챈 건영이는 마을 사람들을 산으로 대피시킨다. 건영이는 염파를 보내 괴인을 자신에게로 이끌어 전생에 역성 정우였음을 밝히며 주역에 대해 문답을 나누어 위기를 넘긴다. 한숨 돌린 건영이는 또다시 천계에서 내려온 염라대왕을 만나 우주의 이변에 대해 상세히 진단을 내려준다.

8권/기습당한 옥황상제

좌설과의 결투로 중상을 당한 혼마 강리는 거지 무덕의 덕으로 목숨을 구했을 뿐만 아니라 극강의 힘을 향해 치달렸다. 이에 강리는 조합장측에 도움을 주고 있는 정마을의 위치를 알아내 단번에 섬멸해 버리기 위해 땅벌파들을 지방으로 내려 보낸다. 한편 정마을의 남씨는 전생에 천계에서 친구였던 수지선의 방문을 받는다.

9권/다가오는 정마을의 위기

풍곡선은 평허선공의 추적을 뿌리치기 위해 옥황부의 특사가 되어 요녀들이 들끓는 단정궁으로 향한다. 평허선공은 염라전에 나타나 염라대왕과 일전을 벌이는데……. 지상의 혼마 강리는 드디어 무덕의 신통력으로 극강의 힘을 얻고 정마을을 정복하기 위해 땅벌파와 함께 춘천으로 떠난다.

10권/슬픈운명

정마을로 침투하려던 강리 앞에 수지선이 나타나 결투를 벌인다. 극강의 힘을 발출하며 강물 위에서까지 혈투를 벌인 끝에 강리가 생을 마감하여 바람처럼 사라져 버린다. 한편 천계에서는 평허선공의 사주를 받는 동화궁의 선인들이 옥황부로 쳐들어가고, 살상은 계속되었다. 지상과 천계의 이변을 수습할 방법은 없는 것일까? 그리고 단정궁으로 떠난 풍곡선의 운명은…….

카네기 인생론

삶에 대한 모든 물음은 우리 스스로 체득할 수밖에 없을 것이다.

삶에 대한 어떤 설명도 우리 자신의 삶에 지침이 되기에는 어렵기 때문이다.

이 책은 막연한 설명이 아니라 구체적인 제시를 한다.

우리가 어디에서나 부딪히는 삶의 현장에서 함께 이야기하고자 하기 때문이다.

카네기 출세론

이 세상을 살면서 주어진 삶에 충실하다는 것은 모든 이들의 소망이다.

그리고 가능한 모든 일이 이루어 낸다는 것은 유능한 사람들의 의무이다.

이 책은 유능한 사람들이 나아가야 할 바를 참으로 절실하게 제시해 주고 있다.

또 유능해지고자 하는 모든 이들의 삶을 위하여 봉사하고자 하고 있다.

카네기 지도론

참다운 지도는 함께 나아가는 것이다. 무엇을 제시하거나 지시하기 전에 피지도자가 무엇을 하고자 하는가, 무엇을 할 수 있는가를 알아서 그것을 이끌어주고, 또 그것이 이루어지도록 함께 노력하는 것이다.

이 책은 무엇이 참다운 지도인가를, 즉 어떻게 함께 나아갈 것인가를 그려내 보여주고 있다.

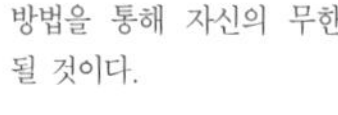

카네기 대화술

올바른 언어의 선택은 의사소통을 보다 원활하게 한다. 훌륭한 대화는 인간 행위의 가장 승화된 형태라고 할 것이다.

이 책은 청중을 향하여 효과적으로 이야기하는 방법이 제시되어 있으며, 화술 훈련에 임하면서 경험한 실례를 중심으로 쓰여졌다.

현재를 출발점으로 당신은 효과적인 화술 방법을 통해 자신의 무한한 능력을 깨닫게 될 것이다.

카네기 처세론

최고의 처세라는 것은 우선 최선의 목표를 정하고 그 성취에 이르는 길을 갈고 닦는 것이다. 거기에다 자기를 세우고, 삶을 키워내고, 세상을 이끌어 갈 수 있는 힘을 닦는 것이다.

이 책은 거기에 있는 불후불굴의 조언을 새겨주고 있다.

카네기 자서전

노동자들의 온정에 보답하려는 깨끗한 마음을 갖고 있다. 적어도 진실로써 다른 사람을 대하고 어떤 문제가 발생했을 때 성의를 다해서 전력한다면 그들이 사용자에게 어떻게 대할 것인가 하는 염려 같은 것은 전혀 할 필요가 없다. 그러므로 덕은 외롭지 않다. 덕을 베풀면 반드시 그에 대한 결과가 있기 때문이다. 그리고 사업에 성공할 수 있는 가장 큰 원인은 완전한 계산을 통하여 금전과 자재 등의 책임을 충분히 인식시키는데 있다.

신념의 마력

인간은 마음 먹기에 따라서 세상의 모습을 바꾸어 놓을 수 있다.

인간이 지닌 많은 힘 가운데 가장 큰 힘이 마음의 힘인 것이다.

신념은 일상생활을 통하여 우리의 이상을 그려낼 수 있는 강한 추진력이다.

이 추진력을 바탕으로 우리는 우리의 생활을 삶을 뜻대로 이루어 갈 수 있는 것이다.

정상에서 만납시다

미국의 유명한 저술가이며 자기개발 성공학의 권위자인 지그지글라가 진정한 성공에 다다를 수 있는 가장 빠른 방법을 제시하고 있다.

29년에 걸친 판매 경험과 인간개발 경험을 살려 각계 각층에서 활약하고 있는 최고 전문가들의 성공철학을 파악, 여섯 단계로 그 비결을 밝혔다.

머피의 마음만 먹으면 당신도 부자가 된다

당신이 만약 풍족하지 않다면 행복하고 만족한 생활을 결코 영위할 수 없을 것이다. 여기에 풍족한 삶을 누리기 위한 과학적인 방법이 있다. 당신이 성공과 행복과 번영이라는 달콤한 과일을 얻고 싶다면, 이 책에서 이야기하는 것을 정확하게 되풀이해 배우라. 그러면 당신의 앞날을 보다 아름답고, 보다 행복하고, 보다 풍족하고, 보다 고귀하고 보다 웅장한 큰 규모로 펼쳐질 것이다.

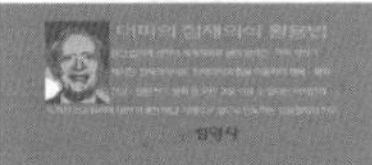

머피의 잠자면서 성공한다

머피의 이론을 바탕으로 하면 자기가 바라는 바 지위나 돈을 어떻게 얻을 것인가, 또는 우호적인 인간관계를 어떻게 실현할 것인가를 터득할 수 있다. 따라서 이 책에 명시된 대로 따르기만 하면 당신은 인생 전반에 걸쳐 기적적인 효과를 얻을 수 있다.

머피의 인생을 마음대로 바꾼다

이 책 속에는 당신의 인생을 변하게 하는 마법과도 같은 방법이 제시되어 있다. 다시 말해 기적이라고 할 만한 이야기들이 가득 차 있다. 당신의 마음속에 내재되어 있는 마법과도 같은 잠재의식을 어떻게 사용해야만 당신이 인생에서 성공할 수 있는지 흥미진진한 실례들을 통해 상세하게 알려주고 있다.

오사카 상인의 지독한 돈벌기 76가지 방법

오사카 상인의 13대 후손이며 미쓰비시 은행의 상무를 역임한 저자가 오늘날 일본 경제를 일군 오사카 상인들의 정신을 분석 수록했다. 무일푼으로 출발하여 그들만의 돈벌이 노하우와 끈질긴 생존능력, 아이디어를 바탕으로 세계적으로 유명한 유태상인과 어깨를 겨룰만큼 성장한 오사카 상인들의 경영비법을 바탕으로 부와 성공을 이룰 수 있는 방법이 자세히 제시되어 있다.

머피의 승리의 길은 열린다

당신이 이 책에서, '인생은 마음먹기에 따라 달라진다'는 평범한 진리가 당신의 인생에 있어서 얼마나 중요한가를 실감하게 될 것이다. 이 책에 제시된 인생의 법칙을 읽고 그것을 당신의 인생에 응용하면, 당신은 당신의 인생을 건강하고 즐겁게, 그리고 유익하고 성공적으로 가꿀 수 있는 힘을 얻게 될 것이다.

중국 상인의 성공하는 기질 74가지

미국, 일본의 뒤를 이어 세계 3대 경제대국으로 뛰어오른 중국의 숨은 잠재력, 서서히 이론의 경제를 위협하는 존재로까지 급부상한 그들에게 끈질긴 생명력과 강력한 경제력을 지닌 화교 사회는 중국 대륙의 비밀 병기였다.

그들이 성공하기까지 철저히 지켜지는 상인정신의 기본 자세를 배워 현재의 어려움을 극복하는 지혜를 배운다.

머피의 인생에 기적을 일으킨다

마음의 힘에 관해서는 많은 책 속에 여러 가지로 쓰여 있으나, 이 책에서는 당신의 모든 생활을 변환하기 위하여 이 힘을 어떻게 이용할 것인가. 건설적이며 성공할 수 있는 사고방식, 그리고 자신의 생활을 보다 풍족히 할 수 있는 방법 등을 기록했다.

유태상인의 지독한 돈벌기 74가지 방법

유태인들은 화교와 함께 세계제일의 상인으로 손꼽히고 있다.

그것은 2천 년 동안 국가도 없이 흩어져 살면서 수없이 쏟아지는 박해와 압박을 견디며 일군 끈질긴 민족성의 승리였다. 그들은 열약한 환경 속에서도 자신들만의 독특한 상술을 발휘하여 오늘날 세계 경제를 좌지우지하는 지위에까지 오르게 된 것이다.

머피의 100가지 성공법칙

인생에서 성공한 사람들을 보면 하나같이 잠재의식이 법칙을 실천했던 사람들이다. 만일 당신이 지금 충분히 행복하지 않고, 충분히 부유하지 않으면, 충분히 성공하지 못했다면 그것은 당신이 잠재의식을 충분히 이용하지 못하기 때문이다. 이 책에는 당신이 가고자 하는 성공의 길, 부자가 되는 길, 인생을 한껏 즐길 수 있는 기술이 감추어져 있다.

임어당의 웃음

우리의 심리적 소질 가운데는 진보와 개혁을 저해하는 어떤 요소가 존재하고 있다. 즉 모든 이상을 웃어넘기고 죄악 그 자체조차 인생의 필요한 부분으로 미소로서 바라보는 유머임을 발견한다.

중국인의 특성의 장점과 단점이 흥미진진한 소재와 감동적인 문체로 전해지는 임어당 문학의 진수!

오늘 같은 내일은 없다

동화 속 새처럼 맑은 영혼을 가진 헤세가 열에 들뜬 내 눈동자에 가까이다가와 옛 노래의 추억을 속삭여 줍니다.

가장 달콤하고 이상적인 충고, 세월이 흐른 지금도 그의 이야기는 멋진 동화책처럼 우리들 앞에 펼쳐져 생생하게 되살아납니다.

인디언 우화

동물과 인간의 구분도 없고 생물과 무생물도 구별 할 줄 모르는 그래서 어쩌면 첨단을 달리는 현대과학의 분위기와 맛을 그대로 간직한 채 우주 속에서 살았던 북아메리카 인디언들의 이야기들은 오늘날 잊혀져버린 인간의식의 고향을 찾을 수 있는 오솔길이 될 것이다.

인간의 마음을 탐구하는 총서
선영심리학선서

1 프로이트심리학 해설

마음의 행로를 찾아나서는 이들을 위하여, 인간과 그 심리 세계를 탐구하려는 이들을 위하여 인간심리의 틀을 밝혀 주는 프로이트심리학의 해설서.

인간이 인간답게 살아갈 수 있도록, 심리학에 입문할 수 있도록 인도하는 최고의 해설서.

INTERPRETING FREUD PSYCHOLOGY
S.프로이트/C.S.홀

2 융 심리학 해설

인간의식의 뿌리를 찾아서 아득한 무의식의 세계까지 탐색하고, 그 심대한 체계를 세운 융 사상의 깊이와 요체를 밝혀 주는 해설서. 무의식의 세계까지 헤아리는 융 심리학의 인간생활에서의 실제와 응용을 설명해 주는 정신세계에 대한 최고의 입문 참고서.

INTERPRETING JUNG PSYCHOLOGY
C.S 홀 / J.야코비

3 무의식분석

프로이트의 「정신분석 입문」과 쌍벽을 이루며, 또 그것을 능가하는 폭과 깊이를 담고 있는 융의 '무의식의 심리'에 관한 최고의 해설서.

인간의 정신세계의 연구에 있어서 끝없는 시야를 제시하는 그리고 미지의 무의식 세계를 계발하려는 융 심리학의 핵심 해설서.

ANALYSIS OF UNCONSCIOUSNESS
C.G.융

4 프로이트심리학 비판

인간의 정신세계의 틀을 제시하는 프로이트 사상의 근거와 사회적 영향을 검토하고 검증하려는 비판서.

이 책을 통하여 우리는 프로이트심리학의 출발과 실제와 한계를 생각할 수 있다. 우리가 프로이트심리학에 무엇을 기대하며 무엇을 문제시해야 할 것인가를 말해주는해설서.

CRITICISM FREUD PSYCHOLOGY
H.마르쿠제/E.프롬

5 아들러심리학 해설

프로이트 본능심리학 및 융의 분석심리학과 함께 꼭 주지되어야 하는 것이 아들러의 개인심리학이라고 할 때 그 개인심리학이 논구하여 설명하려는 개개인의 의식세계를 또 다른 시각으로 설파해 주는 해설서.

개인 의식세계에 대한 간결하고도 이해하기 쉬운 참고서.

WHAT LIFE SHOULD MEAN TO YOU
A.아들러/H.오글러

6 정신분석과 유물론

인간의 정신을 의식·무의식의메카니즘으로 파악하는 프로이트사상과 철저한 일원론적 자세로 설명하는 마르크스 사상이 어떻게 영합하며, 어떻게 상반되며, 그리고 무엇을 문제로 빚는가를 사회사상사적 입장에서 논한, 우리시대 최대의 관심사에 관한 해설서.

PSYCHOANALYSIS AND MATERIALISM
E.프롬/R.오스븐

7 인간의 마음 무엇이 문제인가? (I)

현대 정신의학의 거장 K. 메닝거 박사가 이야기형식으로 밝혀주는 인간심리의 미로,그 행로의 이상(異常)과 극복의 메시지. 소외와 불안과 갈등과 알력과 스트레스 속에서 온갖 마음의 문제를 안고 사는 모든 이들의 자아발견과 자기확인과 정신건강을 위한 일상의 지침서.

THE HUMAN MIND (I)
K.메닝거

8 인간의 마음 무엇이 문제인가? (II)

제 1 권에 이어 관능편·실용편·철학편 등이 실려 있는 K.메닝거박사의 정신의학 명저.

필연적으로 약점과 결점을 지닐 수 밖에 없는 인간의 마음에서 빚어지는 갖가지 정신적 문제들에 대처할 수 있는 메닝거식(式)퇴치법이 수록되어 있다.

THE HUMAN MIND (II)
K.메닝거

9 정신분석 입문

노이로제 이론에 있어서 새로운 영역을 개척함고 아울러 거기서 획득할 수 있는놀라운 입장과 견해를 프로이트는 스물 여덟 번의 강의에서 총망라해 다루고 있다. 인간의 외부생활과 내부생활의 부조화로 인해 빚어지는 갖가지 문제점들을 경이롭게 파헤친 정신분석의 정통 입문서.

VORLESUNGEN ZUR EINFÜHRUNG IN DIE PSYCHOANALYSIS
S.프로이트

10 꿈의 해석

꿈이란 어떤 형태의 것이든 욕구충족의 수단이며, 꿈을 꾸는 사람은 그 자신이면서도 현실의 자기 자신과는 완전히 단절되어 있다는 꿈의 '비논리적 성질을 예리하게 갈파해 주는 꿈 해석 이론의 핵심 이론서.

DIE TRAUMDEUTUNG
S.프로이트

************ 자신있게 권합니다! ************

◇ **선영사**가 가장 자랑하는 양서 **선영심리학선서**는 기초심리학의 정수만을 엄선해서 편역한 알기쉬운 심리학서로서, 독자 여러분의 지적 만족과 정신문제 해결에 도움이 될 것입니다.

주역 원론 ①

1999년 3월 10일 1판 1쇄 인쇄
1999년 3월 20일 1판 1쇄 발행
2022년 2월 10일 3판 4쇄 발행

지은이 / 한국주역과학연구원 · 김승호
편집인 / 장상태 · 김범석
표지디자인 / 정은영
펴낸이 / 김영길
펴낸곳 / 도서출판 선영사
주소 / 서울시 마포구 서교동 485-14 영진빌딩 1층
전화 / (02)338-8231~2
팩스 / (02)338-8233
E-mail sunyoungsa@hanmail.net
등록 / 1983년 6월 29일 (제02 01 51호)

ISBN 978-89-7558-371-9   93150